Why Will No One Play with Me

The Play Better Plan to Help Children of All Ages Make Friends and Thrive

聪明却孤单的孩子

利用"执行功能训练"提升孩子的社交能力

[美] 卡罗琳·马奎尔 (Caroline Maguire)
特蕾莎·巴克 (Teresa Barker) 著

张海龙 郭霞 译

机械工业出版社
CHINA MACHINE PRESS

图书在版编目（CIP）数据

聪明却孤单的孩子：利用"执行功能训练"提升孩子的社交能力／（美）卡罗琳·马奎尔（Caroline Maguire），（美）特蕾莎·巴克（Teresa Barker）著；张海龙，郭霞译．-- 北京：机械工业出版社，2022.1（2024.4 重印）

书名原文：Why Will No One Play with Me: The Play Better Plan to Help Children of All Ages Make Friends and Thrive

ISBN 978-7-111-69516-5

I. ① 聪… II. ① 卡… ② 特… ③ 张… ④ 郭… III. ① 儿童-心理交往-能力培养 IV. ① C912.3

中国版本图书馆 CIP 数据核字（2021）第 227780 号

北京市版权局著作权合同登记　图字：01-2021-4262 号。

Caroline Maguire, Teresa Barker. Why Will No One Play with Me: The Play Better Plan to Help Children of All Ages Make Friends and Thrive.

Copyright © 2019 by Caroline Maguire.

Simplified Chinese Translation Copyright © 2022 by China Machine Press. Published by agreement with Folio Literary Management, LLC and The Grayhawk Agency Ltd. This edition is authorized for sale in the Chinese mainland (excluding Hong Kong SAR, Macao SAR and Taiwan).

No part of this book may be reproduced or transmitted in any form or by any means, electronic or mechanical, including photocopying, recording or any information storage and retrieval system, without permission, in writing, from the publisher.

All rights reserved.

本书中文简体字版由 Folio Literary Management, LLC 和光磊国际版权经纪有限公司授权机械工业出版社在中国大陆地区（不包括香港、澳门特别行政区及台湾地区）独家出版发行。未经出版者书面许可，不得以任何方式抄袭、复制或节录本书中的任何部分。

聪明却孤单的孩子
利用"执行功能训练"提升孩子的社交能力

出版发行：机械工业出版社（北京市西城区百万庄大街 22 号　邮政编码：100037）	
责任编辑：刘利英	责任校对：殷　虹
印　　刷：固安县铭成印刷有限公司	版　次：2024 年 4 月第 1 版第 7 次印刷
开　　本：170mm×230mm　1/16	印　张：22
书　　号：ISBN 978-7-111-69516-5	定　价：79.00 元

客服电话：（010）88361066　68326294

版权所有·侵权必究
封底无防伪标均为盗版

献给我的孩子露西和费恩、我的丈夫克雷格，
感谢你们对我的信赖与支持。

Why Will No One Play with Me

引 言

我永远忘不掉有个孩子第一次问我"那个问题"的情景。那时候,我是一名儿童学习和社交技能教练。我的事业蒸蒸日上,我的职业梦想正在逐步实现。我的日程安排得满满当当,还有很多事情等着我去处理。我在一家世界著名的多动症中心工作,身边有一群在多动症领域备受尊敬的先锋人物。我组织过各种讲座和专业工作坊,致力于帮助孩子集中注意力,培养有效学习的能力和自我管理的技能。我满怀欣慰,因为我的工作正在改变着成千上万名儿童和他们的家庭。那些受到学业或者行为问题困扰的孩子,正在取得显著的进步。

有一天,一个8岁的男孩提出了一个简单的问题,但这个问题却揭示了一个通常被人忽略的现象。无论这些孩子在学业上取得怎样的成绩,始终都无法摆脱这类问题的困扰。

约拿是个很可爱但爱发脾气的男孩。他在学校麻烦不断,于是将怒火全部发泄在家庭作业上。当我们开始讨论他混乱的学校生活时,我问他:"如果你可以改变任何事情,那你会改变什么呢？"我以为他想改变老师，或者那些标注出来需要晚上回家完成的阅读记录单，当时他还在抵触那些阅读记录单。然而出乎我的意料，约拿纠结了很长时间，开口说："为什么没有人跟我玩？"

为什么没有人跟我玩？

这个问题所反映的绝望感让我震惊不已。

约拿的父母最关心的事情，如学习成绩、家庭作业以及那些把孩子请进老师办公室的各种原因，却是孩子心中最不在意的。更为糟糕的是，他们忽略了孩子每天都在纠结的深层次原因。约拿希望知道自己为什么总被排除在外，为什么别的孩子对他视而不见，或者恶意对待。他希望减少与同学的冲突。他感到非常孤独，希望学会如何结交朋友，问我能否教会他这些技能。

约拿不是爱笑的孩子，但是当我告诉他，他只要改变自己的方法，就有可能交到更多的朋友时，在那一刻，他笑了！那个笑容是如此动人！那一刻，我突然发现，数百万从没有接受过诊断的儿童心中的那份渴求从来没有得到回应，而随着日后的研究我才认识到，这些渴求如果不能得到回应，将在日后引发严重的后果。我找到了帮助他们的办法，也找到了自己的使命。于是，我开始着手做一些事情，尽可能不让任何孩子独自一人应对这个问题，不让家长独自想办法帮助孩子解决。于是，就有了社交技能训练计划，再后来就是眼前这本书了。

我真希望只有约拿曾经遇到过那么令人伤心的问题。但是多年来，越来越多的孩子以不同的方式提出了同样的问题。有的孩子问我为什么别人对他们视而不见；有的孩子在琢磨为什么别人会觉得他们古怪、令人讨厌或者专横霸道；有的孩子不明白为什么自己是班里唯一没有被邀请参加生日聚会的人；还有的孩子告诉我，篮球队的队友不给他传球，或者在休息时间对他不理不睬；还有的孩子只是说自己没有朋友，没有人和自己一起玩，一起分享欢笑或者秘密。这些孩子的家长都感到沮丧、痛苦、悲伤、困惑甚至绝望。

或许你是从孩子口中听到了类似的信息，或许你是亲自发现了类似的情况。现在，你甚至可以做孩子最好的伙伴和知己，因为他没有朋友可以一起玩。但是，无论如何，孩子都并不打算和你一起度过童年里每个周六的夜晚。你很清楚自己孩子的缺点和问题，也了解他的优势，也就是你希望每个人都能够了解的可爱的样子，但这些是别的孩子看不到的。

你现在遇到的情况也许是你家孩子在幼儿园里大声吵闹，不肯安静下来，四处捣蛋，干扰了别的孩子；也许是你家上四年级的孩子不愿直视别人的目光；也许是你家8岁的孩子在小朋友家玩时，每当你要她离开，她就大发脾气，导致小朋友的父母再不愿邀请她去家里玩；也许是你家10岁的孩子说了一些疏远别的孩子的话，之后那些孩子就不再愿意跟他一起玩了。

看着自己的孩子形单影只，真让人痛苦。你也许曾经尝试和孩子谈论他的行为，恳求他在公众场合再努力一点，表现得更好一些。你也许曾经带他去未曾去过的公园或儿童俱乐部，希望他能结交新的朋友。可这一切努力往往事与愿违，结果总是令人失望。或许你也曾经尝试和老师或其他家长沟通，告诉他们你家孩子如何被别的孩子孤立甚至欺负。但是，如果你正在阅读本书，你就会发现所有这些做法都不能带来持久的改变。非常遗憾，这个问题不会自行解决。你家孩子希望和他人友好相处，希望能融入环境，结交新朋友，却不知如何才能做到。

有的孩子不会识别社交信号，或者在自我行为管理方面有困难，儿童发展专家把这种情况称为社交技能缺乏，或者称其为缺陷。社交技能缺乏，主要是指孩子的社交感知和回应系统不够灵敏，以致无法准确地解读社交信号，无法理解社交关系中的潜规则，或者无法根据别的孩子的反应或社交场景的变化，调整自己的行为。孩子不具备这样的技能，而父母又希望通过强迫和督促让他变成更好的玩伴，就如同让一个从来没有学过游泳的孩子游到湖的对岸，这显得非常不切实际。如果他们能做到，那么他们自然会做。但是，如果孩子不知道如何做，那么施加压力只会给他们带来更多的紧张情绪，让他们的头脑进入"战斗—逃跑—僵直"那种条件反射式的求生模式。这种模式在群体交往方面毫无益处。人生在世，孩子和我们一样，迟早要学会面对身边的人和压力。

本书和社交技能训练计划中的方法得到了越来越多科学文献的支持。这些科学文献针对有执行功能缺陷的儿童，提供了全方位的临床辅导干预方法。基于这些科学支持，我认为社交技能训练计划能够解决儿童可能存在的一系列问题以及症状，包括注意力缺陷多动障碍（ADHD）、注意力缺陷障碍（ADD）、非语言学习障碍、阅读障碍、学习障碍以及自闭症。但是，有一点需要明确，社交技能训练计划不仅适用于上述问题儿童，也适用于任何在社交方面有困难的孩子。无论是孩子害羞、刚搬到新社区、刚刚转学，还是孩子为现实情况感到焦虑或沮丧，社交技能训练计划提供的训练方法和活动内容都能帮助孩子与他人交往并成为朋友。

我就是"那个孩子"：孤单、无助、受排挤

我童年的经历让我对这个问题有着深刻的理解。在五年级时，我去了一所私立学校。班级很小，碰巧我所在的班级中，大部分都是运动型男孩。除了我之外，班里还有另外两个女生。她们总是充满敌意，不幸的是，我经常成为她们残忍行为的目标。她们不断地嘲弄我、羞辱我。一次次的戏弄通常发生在午餐时间。"卡罗琳，过来和我们坐一起吧。"她们声音甜美，因此我总是开心地接受邀请，加入她们。然而，当我打开餐盒、放好食物时，她们就会立刻起身离开。在阅读时间，她们会让我先读，然后模仿我结结巴巴的样子。有一天，她们甚至将我骗到学校地下室的洗手间，把我锁了起来。20世纪40年代用旧砖砌成的校舍，木门很厚重，隔音效果很好，所以没有人能听见我的尖叫和哭喊求助声。当老师发现的时候，我已经被锁在洗手间长达半个多小时了。

后来，我对社交变得非常敏感，时刻保持警惕，甚至感到焦虑不安。我更习惯和成年人打交道，他们觉得我有点"心思细腻，少年老成"。其实那时候，我只是不知道如何和别的孩子沟通交流。我不理解其他女生为什么要捉弄我，而我每次都会中她们的圈套。那一年，我的焦虑让我不堪一击。我害怕上洗手间，宁愿憋着回家。在班里，只要可以，我都不再大声朗读和说话。和大多数同龄女生

一样，我对自己的形象格外关注。但是我避免参加体育运动和其他需要积极参与的社交活动，导致我体重上升，变得越来越敏感内向，越来越痛苦。我的成绩和自尊一落千丈，人也变得郁郁寡欢。

母亲注意到了我的状况，但完全不知道该如何帮我。她与老师和管理员的沟通也无济于事。后来，我被诊断出患有注意力缺陷多动障碍和阅读障碍。在那个年代，人们对这些名词毫无概念，所以也不知道到底是什么困扰着我。那时，我的父母和老师对学习障碍、注意力缺陷/注意力缺陷多动障碍或者社交技能缺陷这些事情一无所知。

社交困难和学习障碍让我童年时期的学校生活变得非常艰难。我记得自己曾经有过这样的想法："如果我无法解决这个问题，那么我一定很蠢。"如果不是母亲持续不断地鼓励我，我可能就完全放弃了。后来，我们搬了家，我转到了一所新学校。一位老师发现了我的问题，她教我用各种方法来克服自身的缺陷，努力融入集体。此外，她告诉我要注意倾听别人的谈话内容，想一想自己和他们有什么共同之处。她还教我如何冷静下来，告诉我有时候要保持安静，并且告诉我如何更加自信。她的教导让我明白了这个世界不会主动来适应我。她引导我学习如何与一群孩子交往。我结识了新朋友，逐渐重拾信心。或许，我学到的最重要的一课就是：我自己可以帮助自己，只是我需要学会如何去做，这时就需要别人的指导和帮助。

这本书将教你在生活中为孩子提供这样的帮助。

社交的重要性和关于社交的悖论

社交技能缺乏是由多种因素引起的。最常见的一个原因是大脑中管理社交行为复杂联系的部分，即大脑中的执行功能网络，没有得到均衡发展。这就是本书的主题。执行功能网络是各种能力的汇聚中枢，这些能力包括注意力、记忆力、组织能力、计划能力、其他的认知或批判性思维能力、自我调节能力、元认知

（大局观、全局感），以及根据他人的反应适当调整自身行为的能力。

这些是孩子进行良好社交活动所需要的基本能力。简而言之，如果孩子的这些基本能力薄弱，那么他在理解和把握社交活动方面就有困难，以下这些方面就会出问题。

- 在社交环境中关注到的内容
- 对朋友需求和反应的观察理解
- 应对失望、沮丧或其他情绪的方式
- 看待友谊的方式
- 应对新环境或者社交环境变化的方式

玩耍是最早且最自然的学习途径。社交行为，顾名思义，就是指孩子需要在与人交往的环境下，感知社交活动，理解人与人之间的关系，了解自己的行为如何影响他人，练习站在他人的角度看待问题，学习与他人相处。过去的孩子在那些老式的日常游戏中可以反复试错，与今天的孩子相比，他们有更多的机会来学会这些技能。近些年来，自由活动时间的减少剥夺了孩子们相处和交友的机会。那些执行功能有问题的孩子受到的影响尤其明显，因为他们没有机会调整自己，从而逐渐找到与他人相处的适当方式。在只有收到邀请才能参加游戏的环境里，不擅长社交或者不好相处的孩子都会被冷落，结果只能让他们更难跟上同龄人成长的步伐。随着差距的扩大，这些孩子通常都会被社会孤立。这是一个悖论，那些最需要在玩耍中与人互动的孩子却最缺乏与人一起玩耍互动的机会。这让那些孩子和他们的父母面临的挑战更加复杂。

很多缺乏社交技能的孩子都非常聪明，或者在其他某些领域极有天分，例如运动、数学或者音乐领域。社交能力仅仅是各种能力中的一种。不幸的是，这些孩子在童年时期要为此付出高昂的代价。等到进入青春期以及成年之后，他们付出的代价更大，因为在人际交往和职场中，社交能力至关重要。

好消息是，和其他技能一样，社交技能也是可以培养的。科学研究发现，有社交困难的孩子，只要坚持参加提升社交技能的活动，就能够学会在社交环境中与他人有效地互动。也就是说，无论现在的情形让你感到多么无望，你家孩子在社交方面的困难都并非无法克服。孩子在你的帮助下，完全可以建立社交意识，提升与执行功能有关的能力，学会交友和维持友谊。这就是社交技能训练的核心，也是社交技能训练对于你和孩子来说如此重要的原因。

什么是训练，训练为何有效

训练是指给孩子讲授、指导、示范社交技能以及让孩子练习的过程。社交技能训练不同于事必躬亲的直升机父母的管教方式，也不是对孩子的行为和人际关系进行事无巨细的管理。训练的目的不是保护孩子，使他们免于遭受正常的挫折和打击。正常的挫折和打击是孩子健康成长、学会自我管理必然要经历的。训练是要帮助孩子掌握他们所需的基本技能，特别是要学会看清所面临的挑战，学会制定策略、设定目标，学会在失败之后重新站起来，学会解决问题，在自己再次面临挑战时能够不被困难打倒。

对于学习踢足球的孩子来说，如果有一个教练能够向他们解释运动规则、亲自示范运动技巧，带着他们一起练习，观察他们在球场上如何应用这些技巧，并在积极拼抢或者比赛结束之后，给他们建设性的反馈意见和鼓励，孩子就会受益匪浅。假如足球教练只是告诉孩子"争取进球"，而没有说明怎样才能进球，那么你就不能指望孩子有出色的表现。孩子必须亲自在球场上运用这些技巧，受一些摔打，吃一点苦头。教练指导和单项技能练习的目的是让孩子提前熟悉比赛规则，打磨个人技巧，在比赛中发挥出最佳水平。

缺乏社交技能的孩子需要在他人的帮助下学会这类活动的基本技能，这样他们才能参与到群体活动中，才不至于总是犯规或者每次比赛都当替补。在集体活动项目中，你家孩子如果总是搞不清状况而显得笨手笨脚，就很可能会遭到大家的责备。告诉孩子"用点心"或者"跟上大家"，就好像让一个没有受过训练的孩子直接上场比赛一样。技巧是这件事的关键，而训练和练习就是为了帮孩子掌握这些技巧。

父母在孩子成长过程中扮演着教练的角色，要学会通过提问和倾听了解孩子的感受。父母需要教会孩子理解社交行为中的潜规则，学会识别他人发出的社交信号，并学会根据场合调整自己的言行。要鼓励和赞赏孩子每一个微小的进步，这都是孩子日积月累发生重大转变的必经之路。父母可以和孩子一起制定规则，约定活动内容和总体目标，让孩子更轻松地交到朋友，与他人融洽相处。

父母作为孩子的教练，需要注意的情况包括：不要想当然，不要自以为理解孩子行为背后的原因，不要批评、唠叨、羞辱孩子，也不要把自己的目标强加给孩子。你应该充当孩子的伙伴，帮他设立自己的目标。不要给孩子施加压力，也不要催促孩子。最重要的是，不要忘了表达你对孩子学习成长的信心。

我经常讲，教练活动就是拿着剧本开展的养育活动。在多数情况下，孩子在社交活动中面临的问题，并不是缺乏一个关心他们的家长。我相信你也像很多家长一样，多年来不断地建议、指导、纠正孩子，或者哄着孩子让他们努力和其他孩子相处，但这些办法都没有什么持久作用。然而，一旦你能够采取简单、有效的办法，做一个有效的倾听者、伙伴、与孩子一起想办法解决问题的人，这些问题全部会迎刃而解。

孩子也像成年人一样，当他们感到被倾听、被理解时，就会更愿意分享。他们就会放下戒备心理，主动配合训练活动，更努力地尝试学习社交技巧，为自己的进步投入更多的精力。后面你将会学习的"双向对话训练法"，可以教孩子对自己的行为、给他人造成的影响，以及别人对待他们的方式有所反思。你可以和孩子一起，搞清楚他们的行为所传达出的信息，以及这些信息是帮助还是阻碍了他人的理解和回应。你也可以和孩子一起，采用解决问题的步骤，判断适合孩子的训练方法，并且在孩子们一起玩耍时尝试一下这种方法。方法奏效所带来的全新体验有助于孩子建立自信，并且让他更加有意识、有意愿、有能力积极愉快地参加社交活动。

"孩子会做肯定做"将改变你对孩子的理解

很久以前，有位客户跟我说，我给她带来的最重大的改变就是当我指导她女儿克服一些早期学习问题和行为问题时，我曾经提醒她："如果你女儿会做的话，她肯定会去做。"

在我做家庭教练的15年时间里，"孩子会做肯定做"这个看似简单的思路，解决了很多孩子身上看起来最顽固的问题。这句话可以彻底改变你对孩子的看法，改变你对孩子多年以来形成的理解，为孩子打开一个训练和成长的全新领域。

现代心理学和儿童发展研究告诉我们的一个最基本的事实是，一般来说，孩子不会故意失败而让父母失望。每个孩子都希望能做好。每个孩子都渴望长大，掌握所需要的技能。为了达到这个目的，他们必须学会利用自己独特的大脑线路，搞清楚是什么阻碍了他们成长以及该如何克服。

"孩子会做肯定做"的认识很重要：当你按照这种思路梳理一件事情时，你会立即调整你观察具体场景和孩子的角度，认识到孩子积极适应和成长的潜力。孩子一旦学会有效社交互动所需要的行为技能，那么巨大的进步会给他继续坚持的动力，你自然也会看到意想不到的结果。

相信"孩子会做肯定做"的说法需要你在信念上做出跨越。当孩子没有顾及他人的感受或者没意识到自己的行为影响了别人对待他们的方式时，家长希望通过反复说教让他们意识到这一点，这听起来顺理成章，可是既然人人都懂得重复相同的做法而期待不同的结果是愚不可及的行为，那么为什么还要反复说教呢？

在很多方面，采用这种明智的思路可能比你想象中容易得多。毕竟你比任何人都了解自己的孩子，孩子社交问题的背后都有一定的原因。一个最基本的事实就是，每个人都有自己当下的事情，孩子应该考虑他人在当下的感受，这是孩子发生改变最有利的起点。

为什么要提升孩子的社交技能，为什么社交会成为当前的问题

几年以前，有学生家长和同事鼓励我把社交技能训练的方法做些推广。我想家长和孩子都很忙碌，于是就把社交技能训练计划写成了一本易读易用的书。

社交技能训练的内容、材料、活动都来自我的教学实践，编排方式便于充当教练角色的家长和孩子一起讨论和练习。活动内容都是特别制定出来的，既有趣味性，又设置了一些奖励以激励孩子。在这些活动中，我们可以适时地注意到孩子出错和做得不到位的地方，活动结束后可以进行总结讨论，并将其转化为良好的学习机会，这样就能发现做得正确的地方，以及下一次活动中可以改进提高的地方。

社交技能训练工具箱里提供了一些方便好用的活动工具，比如问卷、活动表格以及练习，这些都有助于家长和孩子一起学习更多的技能。

通过在家里或者家庭以外进行对话式的训练和练习，社交技能训练计划中介绍的方法可以使孩子掌握根据社交信号做出调整的能力，理解自身行为在特定场合下给他人带来的影响，与他人进行有效互动、建立朋友关系、一起玩耍，在社交活动中培养自信心。

我见过很多孩子，从原来在社交活动中痛苦纠结、孤单寂寞、遭受误解，逐渐变得对自己的社交能力充满信心，进而可以从容应对曾经让他们感到不知所措的情况。家长也从开始的焦虑失望逐渐变得积极乐观，这些改变完全出乎意料。这一切都是可以做到的，因为当孩子在学习这些技能、练习如何解决问题时，家长也在一起努力。在这个过程中，你对孩子和自己都加深了认识。对话训练在亲子关系和家庭生活的很多方面都可以产生持续的积极效果。

没错！你能做到

如果训练方式让你觉得复杂困难，那么我可以向你保证：你一定能做到。家长们告诉我，制订社交技能训练计划可以让他们更容易理解孩子，更容易和孩子

沟通，同时也可以帮助孩子找到应对社交问题的办法。说句实在话，你不是已经为应对孩子面临的社交困境付出巨大的努力了吗？

作为父母，你比任何人都更适合充当提供指导意见的教练。这是你应该承担的任务，并且你也非常重视。你总是能够和孩子站在同一条战线上面对困难。正是因为有这些"最佳指导时刻"，社交技能训练计划这一整套办法才能发挥作用。

我曾记得一位母亲跟我说，她参加了我们的训练课程几周以后，就看到了她6岁儿子的转折点。她儿子第一次主动和她说："我还想再听听你讲的内容。"我还记得一个五年级的孩子跟我说，他忽然意识到："我需要主动和别人说话，因为别人并不总是主动搭理我。"这些孩子以前从来没有表达过他们对社交活动的认识，甚至从来没有想过这些事，因为从来没有人告诉过他们，他们自己也从来没有形成这样的意识。有了这样的意识，他们就可以在行为上有所改变。他们在别人讲话的时候会选择倾听，会主动与别人打招呼，而不是等待别人发起对话。他们每次积极主动的行为都会给自己带来新的机会，给父母帮助和指导的机会，这让他们在简单的社会交往中体验到了成就感。

每个孩子都是与众不同的，他们参加训练的进展也各不相同。我设计的社交技能训练计划可以让你根据孩子的进度随时调整节奏。在训练过程中，孩子掌握某些技能要比掌握其他技能迅速。一般来说，训练一个月以后，孩子在社交意识方面都会表现出明显的进步。

如何使用本书

本书分成四部分。

第一部分（第1～4章）用通俗的语言解释了造成孩子不合群的脑科学和行为因素、行为调整的科学依据、社交技能训练的工作原理，以及你作为家长如何使用社交技能训练计划帮助孩子获得显著的改变。这几章可以帮助你快速理解社交技能训练计划的主要内容。如果你打算立刻上手演练，可以直接阅读第二部分；如果想了解整套理念，可以随时回到第一部分。

第二部分（第 5～10 章）主要介绍实操的内容，社交技能训练计划的主要目标是让书中的方法更为简便易学。我会介绍练习方法和技巧，帮助你和孩子互动，给你一份指导孩子的"方法手册"，让你们在家里和真实的社交场景中有章可循。其他的内容还包括：

- 处理一些简单问题的技巧和示例；暖场的话；可以迅速展开各种话题的指导语。
- 衡量进度的工具。这些工具将告诉你如何判断孩子在某些方面取得了进步、进步程度如何以及是否适合进入下一个训练阶段。
- 问卷等练习材料，包括训练安排、活动表格、图表以及一些其他实用工具。这些材料可以让你和孩子更容易完成训练任务，记录孩子的进步。

训练工具还包括执行功能问卷、互动式对话指南以及一些其他资料和手册，可以帮你发现孩子的优势和社交方面的问题。一旦完成这些内容，你就可以根据问题的迫切程度，选择练习目标和练习方法，让孩子学会有效应对挫折和遇到的新问题。书中有一部分内容专门讲解了如何采用激励和奖赏的方式，让孩子保持对训练的兴趣，如何坚持完成整个训练，以及后续如何保持训练效果并持续提高。你还可以学会判断孩子是否已经在家庭训练中做好准备，是否可以完成一些实际社交活动中的具体任务。这样做的目的是将在家演练的具体技巧运用到实际生活场景中。不管具体活动场景中其他方面的情况如何，只要孩子在这次活动中展示出了曾经演练的行为，那就说明我们的目的已经达到了。

第三部分（第 11～19 章）包含执行功能问卷和技能训练活动的分解步骤。你可以使用这些训练和活动帮孩子规划、练习和培养新的技能。为孩子定制的活动和练习包括"社交侦探""注意举止得体""不要让别人看到你的窘迫""随机应变"以及其他让孩子感兴趣的练习。

第四部分（第 20 ~ 24 章）把训练重点从家庭练习转向实际场景，你和孩子继续运用任务报告、制定目标的方法在实际社交活动中进行技能训练。练习手册包括活动策划、场外指导以及事后总结与纠错。社交技能训练计划设计了给家长和孩子的分步骤指导，根据孩子最迫切需要掌握的技能和目前的技能水平，进行了相应的规划。

各就各位！预备！开始

作为一个曾经在社交方面非常挣扎的人，我非常理解其中的痛苦。如今我身为人母，更加理解存在社交问题的孩子父母所面临的困境。我写这本书就是希望给那些需要应对不同年龄、不同阶段所遇到的社交问题的家长和孩子，提供一本常备身边的实用手册。对于那些首次接触这一话题和社交技能训练计划的人，我希望你们保持乐观的态度。情况可以好转，一旦你家孩子掌握了改变的技巧，改变就会随之发生。

Why Will No One Play with Me

目 录

引言

第一部分
孩子有自己的叙事逻辑 | 1

第 1 章　真实的情况是怎样的 | 2
第 2 章　执行功能 | 19
第 3 章　教养计划 | 38
第 4 章　人人都需要的 7 项社交必杀技 | 47

第二部分
社交技能训练手册 | 53

第 5 章　高效社交技能训练的 8 个原则 | 54
第 6 章　关于学习模式的问卷 | 66
第 7 章　执行功能问卷 | 75
第 8 章　执行功能问卷相对应的训练清单 | 83
第 9 章　给孩子介绍"社交技能训练计划" | 97
第 10 章　家庭优势 | 111

第三部分

社交技能训练 | 117

第 11 章　入门训练　| 118
第 12 章　随机应变　| 147
第 13 章　注意举止得体　| 163
第 14 章　谁是你的目标听众　| 183
第 15 章　合作式对话　| 199
第 16 章　友谊是条双行线：你打算走多快　| 216
第 17 章　换位思考　| 237
第 18 章　适可而止　| 249
第 19 章　不要让别人看到你的窘迫　| 262

第四部分

社交技能训练之实操及其他 | 279

第 20 章　制订结伴玩耍的计划　| 280
第 21 章　结伴玩耍　| 291
第 22 章　活动进行得如何　| 300
第 23 章　纠错　| 312
第 24 章　你做到了　| 320
附录 A　活动观察记录　| 326
附录 B　活动规划清单　| 327
附录 C　积分奖励表　| 329
附录 D　社交侦探徽章　| 330
附件 E　你的目标听众是谁　| 334
参考文献⊖

⊖ 见 http://www.cmpreading.com，注册后搜索本书，可在相应页面下载。

1

第一部分

孩子有自己的叙事逻辑

Why Will No One Play with Me

Why Will No One Play with Me

第 1 章

真实的情况是怎样的

对于那些困扰我们的问题，我们都有自己的理解，但仅仅是自圆其说，实际上于事无补。

山姆是个聪明的孩子。他在很多方面比班里同样 8 岁的孩子表现得更优秀，他的同学都这么觉得，但就是不愿意和他一起玩，一起外出或者一起进行团队活动。也就是说，同学们不喜欢他。他那种自我感觉良好的聪明劲儿完全没人买账。

罗里是班里的调皮大王，但是他更多时候是让人生气而不是让人开心。在 10 岁这个年龄，他想方设法搞笑，却丝毫没有分寸。他反复讲笑话，讲到人人厌烦。别人觉得没意思的事情，他觉得好玩就没完没了地讲，停不下来。

萨拉 8 岁了，在任何情况下都要当头儿。她在每件事上都要说了算，容不得任何不同意见。如果别人受到表扬或者取得了好成绩，她马上就会把话题转移到自己身上，然后吹嘘自己。

梅根已经五年级了，她是个不起眼的女生，不管是社交活动还是体育运动，她都显得害羞和笨拙。只要允许，她宁可不吃午饭，也要留在教室里给老师帮忙。如果不得不去吃午饭，她就选择两拨人的中间位置坐下，这样就不太引人注意，也不会有人去搭理她。

丹尼今年5岁，是个恐龙迷。他通常自己一个人玩。如果有其他小朋友侵犯了他的地盘，他马上就像霸王龙一样大吼。班里同学都和他保持距离。

这些孩子看起来各不相同，但他们有一个共同点：他们的行为妨碍了自己参与社交活动。他们很难交到朋友，不知道怎么和他人相处，在学校里，因为不知道怎么和他人融洽相处，结果往往是独自一人。通常没有人邀请他们一起活动或者参加生日聚会。他们即使有机会参加这类活动，往往也会搞得不欢而散。他们的行为显得古怪、有敌意或者招人反感。他们和伙伴互动的时候，有时候表现得太急躁，比如太吵闹、太主动、太着急、太喜欢搞破坏，有时候又表现得太消极，比如太焦虑、太退缩、太紧张或者太笨拙。他们不论是遭到有意的排挤还是无意的忽视，结果总是成为不合群的孩子。

这些孩子的另一个共同点是，他们都有自己的"故事"。当孩子不能理解社交信号，不理解为什么没人愿意和他们玩，和他们做朋友时，他们总有自己的一套叙事逻辑，对自己的行为和他人的反应有一套过于简化的逻辑。这种做法也是人之常情。人们面对反感的事物时会启动自我保护机制，不管是遇到反感的人，还是面对反感的某种场合、某种想法或者与我们自身有关的事情。不合群的孩子用来自我保护的逻辑通常是：

我不在乎学校里是否有朋友，
他们都是垃圾，
我自己一个人挺好的。
他们关心的事情愚蠢透顶，

他们太刻薄了。

反正我不喜欢社交活动,那我不参加就好了。

就你总觉得我有问题。

　　有些家长总是跟我说,孩子的社交行为让人费解。孩子一边抱怨说自己没有朋友,一边又拒绝别人一起玩耍的提议。问他们是否想和别的孩子一起玩,他们又说不想,或者即使说想,但他们的行为又拒人千里之外。有个家长曾经告诉我,他带孩子参加别的孩子组织的蹦床生日聚会。当所有孩子跑着玩闹的时候,他家孩子坐在旁边凳子上玩一个口袋玩具。对于一个自称需要朋友的孩子或者我们觉得需要朋友的孩子来说,这种行为让人无法理解。

　　与此同时,家长也不愿意把孩子的这种行为表现称为"社交问题",即便这些孩子的行为经常干扰别的孩子,引起反感,甚至给别的孩子造成困扰,他们也不愿意承认。毕竟,没人下定决心要培养一个没有个性的孩子。人们不想让自己的孩子成为讨好别人的人,也不想让自己的孩子随大流。人们希望孩子有个性、有主见,这当然也很重要。所以当你观察到孩子的这种行为时,虽然未必赞赏,但也只是觉得那不过是个古怪的个性特点而已。这是除了孩子自己的叙事逻辑以外,父母对孩子社交问题的最普遍的看法。

　　为了在本书后续章节能够更方便地识别孩子社交中的问题行为,帮助他们掌握社交技能,有效面对不同的社交场合,我在此给"社交问题"下一个简单定义:**任何阻碍孩子加入社会群体,结交朋友,维持友谊,与同伴相处,以及参与社交活动的行为,都是社交问题。**

　　脑科学和行为科学表明,不管一个行为问题有多顽固,孩子都能够学会必要的技能,改善这种状况并成为最优秀的自己,让自己既另类独特,又能够在社交场合从容不迫。我会在后面的章节里,详细讲解如何利用社交技能训练计划的原则和方法,指导孩子取得这样的效果。但是有一点要讲清楚：孩子参与解决问题过程的第一步，也是你作为家长参与进来的第一步。

你家孩子在社交方面有问题吗？你了解为什么会有问题吗？背后真实的情况是怎样的呢？

独行还是落寞？我们对事物的理解将会塑造我们的行为

也许你家孩子不合群的原因显而易见；也许你家孩子就是性情古怪，兴趣爱好与大多数同龄孩子不一样；也许你家孩子太沉迷于电脑游戏，很少出去玩，也不和其他孩子一起玩耍；也许你家孩子每次和别的孩子约着一起玩，到了散场的时候没玩够，或者遇到不合心意的事就大吵大闹。即使年龄很小的孩子，因为某些行为而成为别人眼里的"爱哭鬼""捣蛋大王""小霸王""独行侠""怪胎"，也会妨碍他们与他人相处。还有的时候，孩子在社交场合比较笨拙，感到紧张或者过于在意自己喜欢的事物，让他们看起来退缩在自己的小世界里，不愿意走出来与人交往。

你可能觉得，上述这些具体情况并不能完全解释清楚孩子的困境，毕竟在你看来，孩子通常只是不做尝试，或者即使他们尝试着去做了，也往往不免重蹈覆辙。

帮助孩子培养社交技能的一部分内容就是要搞清楚是什么妨碍了孩子的社交活动。为什么别的孩子很轻松自然地理解了社交期待，并且能够在社交活动中应对自如，而你家孩子却做不到？根据脑科学、行为科学研究以及我在儿童领域的经验来看，儿童根据对自己和他人的理解形成了内心深层次的叙事逻辑。这套叙事逻辑会限制他们对社交规则运作方式的理解，以及对如何才能与他人友好交往的认识。他们对社交场合以及自己身处其中的角色所持的看法，构成了他们看待每一次社交互动、期待或回避某些情境的基本态度。这套逻辑会成为他们认知理解的过滤器，也就是大脑处理、解释和学习各种经验的方式，因此其影响会越来越大。通过一个消极的或者防卫性的透镜，大脑会把任何场景进行负面解释，并引发连锁反应，强化负面感受，抑制正面感受，因此更难取得积极的社交经历。

消极的过滤器不仅影响一个人对既往社交经验的理解，而且会影响他对未来社交互动的期望。

如果孩子觉得，只要我生气了，就可以想说什么说什么，其他孩子就得接受，那么这套叙事逻辑就会让他认为生气的时候就可以口无遮拦，可以毫不顾及对他人的影响以及可能的后果。我们比较一下另外一种思维模式，其中有一些重要的不同：如果我生气了，我要考虑一下可以怎么做、怎么说，而不是马上爆发。

叙事逻辑也会塑造孩子自身的社交角色，妨碍他交友和反思自身需要调整的行为。"我就站在大厅里，其他孩子应该过来请我一起玩啊"，一个9岁的女孩这样跟我说。她的这种想法导致她不明白自己需要主动跟别人表达自己的意愿，其他孩子不一定因为她站在那儿想加入就会主动邀请她。她对事物的理解是错误的，但是如果她没有意识到这一点，她就仍然会以错误的方式理解这种社交场合和自己在其中的角色。然而，即使她对社交活动有理性的认识，也理解需要采取哪种行为，也仍然必须掌握实际的技能，有信心调整看待事物的基本态度、自我对话的模式，从"我做不到"转化成"我能做到"的模式。

孩子甚至可能意识不到自己这种不起眼的叙事逻辑。社交训练会引导孩子观察、思考，让他对自身处境形成深入的认识，并根据这种认识采取新方法和新的行为方式，进而取得社交方面的成功。这就是带来真正的转变所需要付出的努力，也是训练的价值所在。

帕特里克：想好方法、采取行动、实时监控

帕特里克的家人和亲戚每年夏冬两季都会去一个度假屋聚会，一起做

户外运动，一起聚餐，还有兄弟姐妹们格外期待的电影之夜。他们叽叽喳喳地选一部电影，然后扑到充气沙发上一起看。我是这一大家子的家庭朋友，有一次我恰巧在附近社区工作，有幸接到帕特里克一家的邀请，与他们共进晚餐。

这一大家子有男男女女7个孩子，分别在6岁到10岁不等。他们匆匆忙忙吃几口饭，就冲到楼下的活动室里。孩子父母事先在一个巨大的平板电视前面摆好了充气沙发椅子。此前，孩子父母准备晚餐的时候就说起，7岁的帕特里克在这种场合总是搞得大家不愉快，尤其是与他同龄的两个表妹强迫他接受她们选定的电影时，场面就会变得一发不可收拾。他觉得自己受到了别人的强迫，因此他要么大发脾气，要么就哭闹一场。其他人也早有预料，完全不把他的哭闹当回事儿，只是把他当成一个哭闹耍赖的孩子或者招人讨厌的角色。这是帕特里克过去的经历。这种痛苦的经历让他对聚会蒙上了阴影。这不仅仅是他的经历，也是他两个表妹的共同经历，因此她们心里早有准备，估计帕特里克的参与是整个聚会最糟糕的部分，而帕特里克也总是不出所料。

由于有了前几年不愉快的经历，尤其是帕特里克的行为问题和每个人都不满意的结局，他父母开始采取一些预防措施。刚刚到了下午时分，他们就把帕特里克拉到一边，提醒他选电影的时候，要"乖一点"。帕特里克满脸不高兴地嘟囔着。临近晚饭时间，父母的提醒显然变成了警告，他们忧心忡忡地说："你记住啊，好好玩，别惹麻烦。"这种警告在以往收效甚微，估计这次也很难有什么效果。他们能想到的办法也就是这些了。帕特里克看起来更加难过、更加焦虑了。我受到好奇心的驱使，很想一探究竟。我以前见过帕特里克努力融入群体的情形，他希望迎合大家的想法却未能如愿，可是他显然想和其他孩子一起玩。我征求他父母的意见，打算和他谈谈，看看为什么选个电影让他觉得那么困难。

帕特里克和我简单地聊了聊。当我确信他希望改善现状，并且愿意尝试时，我们做了一个约定。他和大家一起玩的时候，尽量表现好。如果遇到任何麻烦，他可以随时向我求助，我们一起商量如何应对。

第一次争执出现在除了帕特里克以外，其他所有人都同意观看一部电影的时候。帕特里克还是想看大家包括他自己看过很多次的一部电影。帕特里克和我来到旁边一间安静的屋子里，那里没有别人，他不会因为有人在场而感到局促。

"帕特里克，"我说，"我们选电影能不能更轻松点？"他眼前一亮，但马上又皱紧了眉头，毕竟刚才的一切并不顺利。

"肯定不行。"他说。

"当然可以，"我说道，"你为什么喜欢看那些看过很多次的电影呢？"我完全是出于好奇地问他。

他想了一会儿说："我需要知道后面的情节。"

"你要是不知道会怎样呢？"

"我会感到很担心。"他告诉我说。

原来是情节的悬念让帕特里克感到不舒服。就连《摩登原始人》这样的动画片，只要还没有看过，都会让帕特里克产生这样的感觉。这种不确定的感觉让他很焦虑。一旦情绪上焦虑，他身体上就会感觉不舒服，感到难受。不仅如此，他还要面对其他孩子的负面反应。他无法掌控自己的感受，更无法掌控别人的感受。在这种压力下，他就容易与他人发生争执，或者因为一些别人眼里无所谓的事情变得气急败坏，一发不可收拾。

当我告诉帕特里克也许有办法的时候，他眼前一亮。在这种情况下，我们可以上网查一查其他孩子选定的电影的宣传片。这样就迅速缓解了帕特里克的压力，他对大家的选择接受起来就更轻松了。整个晚上，帕特里克每当遇到困难，他都会跑来找我，我们一起想让大家都满意的解决办法。后来，包括帕特里克在内的所有孩子，一起高高兴兴地看了一场电影。

帕特里克终于体会到了与兄弟姐妹和睦相处的幸福感，而不再是个局外人。他也学会了用一种全新的方式处理社交压力和焦虑。首先,我们一起找到了他不满的来源(对未知事物的焦虑),然后一起开动脑筋想缓解压力的办法(上网看宣传片)。我和帕特里克只花了几分钟时间进行了简单的对话,就引导他反思了自己的压力,并找到了消除压力的办法,然后他就可以安心地看电影了。这种做法不能一下子解决帕特里克在各种社交场合遇到的所有问题,但是可以让他和父母开始采用全新的方法逐步解决更重要的社交问题。采取解决问题的处理方式,他就会体会到社交方面的进步,有机会在这些进步的基础上不断提升。

帕特里克原来的行为在周围人眼里是不合作、倔强、幼稚。实际上,他的行为说明了他越来越强烈的那种不知所措的焦虑感,以及由于缺乏基本的社交技能引发的失望情绪。这是所有孩子都会经历的成长过程,只不过对某些孩子来说,这一过程格外困难。这些貌似简单的社交互动技巧,对那些需要花些功夫才能掌握的孩子来说,显得过于复杂,他们还不懂如何使用这些技能应对社交行为和控制情绪,例如把握总体感受,全面看待问题,认清自己的社交角色以及理解其他孩子的期望与感受,并且相应地调整自己的社交行为以达到具体的社交目的。

我们需要记住:我们并不总是了解孩子的困扰,千万不能想当然。我们需要询问他们,倾听他们的感受,而不要急于下结论或者告诉他们该怎么做。我们首先要理解他们,然后和他们一起探讨他们的需要,以及我们该如何帮助他们改变做事方法。

是不会还是不想?指责、羞辱以及其他常见的无效教养方式

不管是家长还是老师,对难以管教的孩子都有自己的一套说法。你可能经常听别人解读孩子的行为,甚至自己也曾武断地概括孩子的行为,或者给孩子的行为贴标签:他一点都不听话;她脾气太倔,还特别霸道;他太懒了;他很自私;她性格内向。总不能指望每个人都擅长交际吧,这是

我们对孩子的固有成见。

孩子当然会有固执和自私的时候，但是神经科学和越来越多的行为研究文献指出，孩子的表现很多时候是因为缺乏技能，尤其是那些基于大脑执行功能的技能，是这些技能最终驱动了孩子的行为。孩子的行为不是由强烈的愿望、自身的懒惰，或者某些方面的性格缺陷引起的。大脑的执行功能是一系列技能的总括，这些技能包括工作记忆、组织功能、规划功能、自律、情绪调节以及根据一定目的或者他人的反应调整自身行为的能力。我们后面会讲解脑科学的内容，但是不管什么原因导致了这些技能缺陷，那些陈腐的建议，比如让孩子坚持不懈、努力奋斗以及不达目的誓不罢休的说教都不会有任何效果。实际上，指责和羞辱的方式只会让情况进一步恶化。

如果你家孩子的行为让你不满和担心，那么你可能需要花费很多时间搞清楚，是她故意制造麻烦，还是她不知道该怎么做而需要得到帮助。换句话说，她是不会做还是不愿意做？作为家长，有这个疑问非常合乎情理，可是这种疑问又会干扰你，让你纠结于这个问题，忘记去寻求帮助。如果总是想搞清楚孩子是不会还是不愿，来来回回纠结于每次参与社交活动不顺利，每个老师都反映孩子有不当行为，这样只会让你左思右想，最终没有什么进展，孩子也没有改变。

有进展意味着看得懂孩子的行为模式表明了"不会做"，而不是单纯的不服管教、行为不当或者懒惰。这并不是说孩子对自己的行为没有责任，而是你要意识到，不管孩子其他方面有哪些优点，但是缺乏识别一般社交信号和做出适当反应的能力。更为重要的是，这种情况长期存在，孩子只有在他人的帮助下才能学会这些技能。这不仅是我们理解孩子社交问题的起点，也是孩子培养解决问题的能力，从而学会适应、参与、理解和融入社会生活的起点。

我们不会让一个没学过游泳的孩子横渡湖面。我们也不会让一个从来没学过带球、传球、射门这些基本技能的孩子直接上场比赛。与此类似，那些缺乏社交技巧的孩子需要直接的指导，帮他们形成与别的孩子建立联系所需要的脑回路。

当父母带着十几岁的孩子向我求助时，最常见的情形就是他们始终纠结于"不会还是不想"这个问题，左右为难，于是陷入"矫正—观察行为表现—加重惩罚措施"的死循环。结果是，孩子无法得到大脑执行功能相关的社交技能方面的任何帮助，无法第一时间在有需要的时候得到必要的指导。在这一问题上的纠结限制了他们。到现在，很多年过去了，他们的孩子已经进入青春期，或者上了大学，孩子们的社交行为问题仍然存在，而且为此付出了更大的代价。我们的训练技术可以用于年龄大一点的孩子吗？会不会到了某个时间点，训练技术就无法用于提升执行功能有关的社交技能了呢？学习这些技能永远都不晚。我针对不同年龄段的成年人，适当调整了对话内容、案例、应用场景。许多因缺乏社交技能而遭遇职业发展和人际关系困境的客户都非常愿意参加培训。当然，这并不是说我们应该等到成年再解决这个问题。

底层的叙事逻辑：基于大脑执行功能的技能驱动人的行为

作为父母，我们最愿意直奔主题，立即着手解决问题，这是我们通常的做法。这些问题可能是鞋带上的结、日程冲突或者是一个坏掉的玩具。我们很容易习惯性地认为看到的问题就是需要解决的问题，但是你所看到的行为本身就像冰山的顶端：冰山的可见部分只是其整体的八分之一左右，更大的部分在水面以下。看不到的那一部分才会对船舶通行构成难以克服的危险，因为人们无法看到水面之下。孩子表面行为背后才是行为的驱动力量和影响因素。训练孩子的过程就是让你深入到更深层次当中，也就是孩子自身的感受中，从而让你和孩子都掌握改变和成长所需的技能。

第一部分 孩子有自己的叙事逻辑

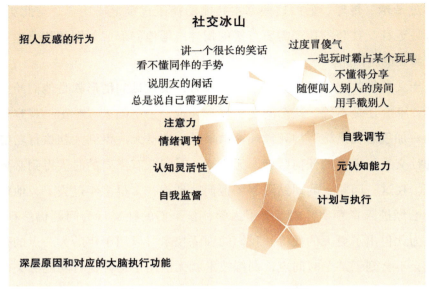

© 2018 Maguire. Adapted from Dendy，2006；Delahooke，2017.

孩子可见的行为部分，也就是你感到困惑或失望的那些行为，就像冰山露出水面的部分。导致行为的原因则隐藏在水面之下，因为孩子以大脑为基础的技能方面的某些优势是与生俱来的，而其他则是不均衡的或者发展不足的。

弗兰

弗兰上幼儿园不久，老师就告诉她妈妈，弗兰不愿意和其他小朋友玩。有一天，我观察整个班级，发现弗兰自己玩得很开心。她的肢体语言表明她很开心，但是我也注意到，当别的孩子和她说话时，她不搭理。别的孩子提议一起玩耍，她也不回应。她只是把玩具摆成一小圈自己玩。

她自己玩耍并没有干扰别人，其他孩子也就自己玩自己的，但是负面报告还是持续不断。在幼儿园里，弗兰会因为别人毫不在乎的小事而失控，比如挑选写字用的蜡笔颜色，或者轮流玩玩具。弗兰的妈妈担心弗兰缺乏与小朋友互动的兴趣，担心别的孩子认为弗兰没教养。

弗兰的父母也琢磨：弗兰会不会长大了就好一些，还是作为家长应该提前做点什么呢？正规的医疗评估可能找不到问题产生的原因，但会不会发现一些需要家长现在着手解决的问题呢？他们觉得，如果弗兰确实需要帮助，那么肯定越早搞清楚越好。

专业评估发现，弗兰有一种特别的语言处理问题（接受和表达性语言障碍），这一点让她在进行倾向性选择的对话中，比如选择蜡笔、选午餐食物方面，比同龄孩子更困难。如果你问她午餐想吃花生黄油三明治、麦片干酪还是一块比萨饼，她也许想吃花生黄油三明治，但是她最后说出来的却是你列举出来的最后一样食物。等她拿到比萨饼的时候，她就会发脾气，因为她想要的是三明治。然而糟糕的是，她自己说出来的却是要吃比萨。这就使得他人总是搞不清楚或者误解她要表达的意思。当弗兰看起来不搭理别人的时候，实际上是她不能清晰地理解别人的意思。这样的情况对任何一个 5 岁的孩子来说，都相当令人沮丧。当一个孩子经常遇到这种情况时，她就会在相当长时间里，比大部分孩子更沮丧和压抑，更容易达到容忍极限，通过暴发来释放这种压抑，或者表现出冲突行为。

像许多缺乏以大脑执行功能为基础的社交技能的孩子一样，弗兰的行为通常看起来就是不愿意和别人一起玩，或者不尝试与他人交往，但实际上这不是她自己的真实想法。她并不是故意这样做，也不是自己不友善。实际情况是，当别人跟她说话时，她很难听懂别人的意思，因此就会面对由此产生的困难局面，这种情况让她倍感困惑却又无能为力。

"不回答"看起来很像"忽视他人"，也很像没教养，或者不愿交往。这些行为表现是我们能够观察到的外在特征，属于明显、可观察的行为。孩子无法正确理解他人和做出适当回应的表象之下有一系列的潜在原因。

大脑中的某些机制驱动着人的行为。为了做出行为改变，孩子需要获得有针对性的直接指导，才能做到其他孩子轻易能做到的事。对许多甚至可以说大多数缺乏以某些大脑执行功能为基础的社交技能的孩子来说，当其他方式都没有效果时，专业指导和专业训练还是会有帮助的。

从今往后，当你思考孩子的行为问题时，一定要记住这个冰山模型。贯穿全书，我们将重点关注各种可观察的社交行为及其潜在的大脑功能方面的原因。对于大多数有执行功能缺陷的孩子来说，这些缺陷都是可以通过专门训练、辅导和练习加以改善的。我们将在后面的章节里全面讨论执行功能。哪怕只是意识到执行功能的存在，也足以影响你理解孩子的叙事逻辑以及你对孩子行为的看法。

观望不是好办法

拖延就是浪费时间

在童年时期，孩子的很多方面，观望一下，不急着行动通常会带来一些小惊喜。也许头一天你孩子还在蹒跚学步，第二天就会跑会跳了。一开始练习使用小马桶貌似是个重大难题，可有一天突然连尿不湿都不需要了。孩子一开始不会骑自行车，可是半年以后也就会骑了。

在掌握社交技能方面，大家面对的困难是不同的。缺乏社交技能的孩子在玩耍方面，面对的是一个自己无法克服的悖论。玩耍是孩子的第一个学习环境。在与别的孩子玩耍的过程中，孩子们可以学习社交行为，促进各类学习活动所需的大脑网络和各项技能的发展。这些技能包括以解决问题为核心的思路、协商能力、自我宣传、情绪表达、全局观、换位思考、情绪控制。对于那些回避社交互动或者行为与他人不协调甚至让同伴反感的孩子，一起玩耍的机会减少很多。

学校是建立友谊的良好场所，但是校外活动才让友谊得到发展强化，例如一起过夜，一起去公园玩，或者一起从事其他的外出活动。孩子们通过共同的兴趣和活动加深友谊。这些活动既可以是一起在卧室里搭城堡，一起玩电子游戏，也可以是一起给朋友或家人编笑话。没有收到聚会活动邀请的孩子显然没有机会去加深友谊，也没有机会参与可以积累社交经验的一般活动。比起那些参加活动的孩子，他们没有那么多机会去学习和实践社交技能。如果孩子父母因为不看好活动效果，厌倦此类社交活动而主动回避，就会进一步限制孩子参与社交活动的机会，强化孩子不合群的印象。

大脑的弹性，就是大脑根据经验做出调整的灵活性。尽管贯穿了儿童和青少年时期，但是从出生到 5 岁这个阶段是大脑灵活性发展的关键期。越来越多的研究发现，早期的学习和培养，尤其是社交和情绪技能的培养，对孩子一生的综合健康水平和幸福具有重大影响。有一项研究指出，孤独感和压抑感的产生是缺乏社交技能对健康最主要的影响。这种情况适用于所有的孩子。执行功能有关技能比同龄人发育迟缓的上百万儿童，更需要得到关注，尽快弥补这一差距。许多身处困境的人希望改变自己对社交疏离现象的解读，可又觉得束手无策。如果他们知道应该怎么做，他们一定会去做。

从小事做起：跟随自己的兴趣和爱好

我的一个朋友常说："用心之处，必有所得。"孩子有他自己的叙事逻辑，你有你的叙事逻辑。我们需要注意到这些叙事逻辑，搞清楚为什么这些叙事逻辑会根深蒂固以及如何阻碍个人的成长和改变。正是这些旧的叙事逻辑妨碍了我们对旧有的行为模式和观察角度的调整。

不管孩子的叙事逻辑是什么样的，他都在这种思维逻辑上投入了大量的精力，因此不会朝夕之间发生改变。但是随着训练的推进，产生了新的体验和对改变的信心，这种情况下改变必然会发生。现在你只需要倾听孩子的想法，听听他在孤独、愤怒或者约朋友一起玩却搞砸了的时候，自己对整个过程的解释。不要质问孩子，不要质疑孩子的叙事逻辑或者孩子某些想法背后的理由，你只要注意到就可以了。在随后的训练中，孩子的这些信念会成为反思、对话互动、目标设定、技能培养的切入点。这是孩子做出改变的基础。

我在我指导的孩子身上清晰地看到，他们自我设限的叙事逻辑如果不加以引导和调整，会随着日常社交活动中的挫折而日益强化。我的经验告诉我，对话练习和严肃的建议没有作用，因为孩子需要用来克服行为问题的大脑回路和相关技能不会因此得到改善提升。我认为孩子是我最有价值的老师之一。他们的进步反复说明，人们看待事物的叙事逻辑、个人的技能与他们的行为之间存在关联。你承担着孩子的教练的角色，需要帮孩子梳理内心的叙事逻辑，了解原有叙事逻辑的来源，并着手重新建立一套新的叙事逻辑。这套新的叙事逻辑既需要考虑如何培养新的社交技能，又需要对可能达到的效果有符合实际的预期。

■ 你了解孩子的叙事逻辑吗？用 10 个办法来帮助你。

这是一个倾听练习。

1. 认真倾听孩子如何描述社交争执或者挫折。有哪些是借口，哪些是自我防御心理，他为自己的行为付出了什么？为他人的行为付出了什么？请安静倾听，不要打断，不要纠正，也不要争辩。你只需要做一些表示正在倾听的回应："听起来大家都迫不及待希望尽早聚会。"或者说："看来金妮排在第一，你有点失望。"

2. 通过倾听，了解孩子如何看待自己在群体或家庭中的角色。比如他自己可能会说"在这群人里面，只有我总是遇到困难""大家都觉得我最有趣""我什么都做不好""他们太笨了"。这些点评反映了他自己潜在的理解，或者说这是他自己的叙事逻辑。回顾一下我在本章开头列举的孩子常说的话，看看有没有你看着眼熟的。看看你家孩子怎么说，会有些什么点评。你可以说"我听到你经常这么说，你说这句话是什么意思啊？""你说你挺乖的，乖是什么意思啊？"

3. 如果你家孩子不爱说话或者找不到合适的语言清晰地表达自己，那么你可以适当总结，引导他一下。比如你可以说"我看到……"，来分享一下你所看到的情形，问问孩子是否同意你的理解。你可以拿"朋友家孩子"举例子或者分享一下你过去的事情，尽量讲得详细一些，这样可以帮助孩子打开思路。

4. 把本章前面孩子们的故事与你家孩子分享，问问他在学校或者其他场合是否遇到过类似的孩子，看看他能够注意到哪些内容，对这些孩子有什么评价。

5. 我们自身的某种信念是如何成为我们的叙事逻辑的。用这个话题来引起你的兴趣，你也很想知道孩子对这个问题的看法。我们自己的解释是什么？与事实有什么出入？哪种理解对我们有帮助？哪种理解对我们有妨害？可以事先准备一些孩子容易理解的例子：人们曾经认为世界是平的。这种认识的改变，如何影响了人们认为可能的事和愿意做出的尝试？你也可以用自身的经验举例子：我曾经以为我永远不可能……但是后来……

6. 注意那些认为任何人和事物都是不可改变的观点。"这件事我永远做不好""没人喜欢我""所有人都讨厌我"。问问你家孩子，对人对事有没有改变过看法？或者随着自己学习内容的增加，对某些事情的理解有没有发生过改变，比如对恐龙、足球或者其他他特别感兴趣的东西。想象一下，宇宙中的任何人和任何事物都在时间中凝固了，从未有过改变。关于我们对改变的理解，大自然能够给我们什么启发？

7. 找一个你觉得有助于提高孩子社交能力的故事，和孩子一起阅读。比如，可以读一读《改变随时可以发生》《不断遇到新的人，你会交上新朋友》《持续提高社交能力将会有很大的回报》。和孩子分享这些故事，问问他：如果你相信这些故事，会有什么结果？当我说那个积极的信念时，你是怎么想的？

8. 问问孩子自己的判断。比如，孩子是否跟你说过"我觉得永远不会有人请我参加活动"，或者"不想见到某某人，反正见了也没用"，或者"我还是想自己试试"。了解一下孩子对自己的社交活动和朋友关系的判断。你可以这样回答孩子："你为什么会这样想呢？怎么会那样呢？你能跟我说说吗？"

9. 采取做游戏的方式，说一个句子，让孩子填空。你可以故意说一个场景，你预计孩子一定会说"我没法改变我的朋友关系，因为……"，或者"我改不了，因为……"当孩子真的这么说了时，你重复一下完整的句子"我听到你说……"，然后问孩子"为什么呢，你为什么会这么想呢？"

10. 让孩子画图说明交友方面的困难，然后和他一起探索画的内容。图上画的是谁，孩子在通过图画表达什么；当孩子画这些内容的时候，心里是什么感受。

■ 现在轮到你想想自己对孩子的理解了

假设你的孩子挣扎在群体边缘无法融入，或者你不知道如何帮助孩子，你也可能对孩子和他的处境有你自己的理解。通常我们对此给出的叙事逻辑反映了我们自身的沮丧和无助，而不能准确反映孩子改变和成长的可能性。不管你对这些事如何理解，请你先放下成见。你要明白，如果你觉得孩子就像他那个叔叔一样让你不胜其烦，并且认定他改不好，那么这种成见会妨碍你，也会妨碍孩子做出改变。如果你觉得优秀的孩子就是鹤立鸡群没朋友，那么你可以再想想，其实很多聪明孩子都有好朋友。你家孩子也可以有。下面这些问题可以帮你看到那些于事无补的叙事逻辑。

- 你是否经常为孩子的行为寻找理由或者借口？
- 你是否用"只是有点怪"或者"比较自立"来为孩子的行为开脱？
- 你是否因为你家孩子的行为经常指责他人？
- 你是否指望别人宽容你家孩子的行为？
- 你是否因为孩子的行为生气，总觉得他不努力？
- 你是否不愿让孩子接受（社交缺陷方面的）专业评估，因为你担心别人给你家孩子贴标签？
- 你是否觉得你家孩子喜欢耍手段？
- 你是否把夫妻关系的紧张归咎于孩子？

如果上述问题有一个回答"是"，就表明你需要对那个观点或者叙事逻辑进一步思考，看看是否干扰了你对孩子的理解，让你无法看到他正面临的困难及其原因，妨碍了你帮助他调整相关的行为。

Why Will No One Play with Me

第 2 章

执行功能
大脑管控社交活动的功能区域

    大脑就像一个繁忙的海港，船只不断地进进出出，有的正在靠岸，有的正在驶向大海。所有的船只面对着千变万化的情况，既可能是平稳的航行，也可能遭遇狂风巨浪。执行功能就是大脑的船长，让孩子在社交活动的汪洋大海中，形成对自己和他人的看法，并且不断训练他在社交水域中航行所需要的技能和行为模式。船长需要指挥很多船员，让船上所有的活动能够协调一致。每个船员都有具体的任务，有的瞭望，有的看地图画航线，有的监控防御系统，有的负责通信，有的负责维护发动机，还有的需要关注其他船只。他们分别在一天的运行中充当一定的角色。如果船长不称职，船上缺少一位有经验、有能力的核心领导来掌舵，那么无论每个船员多么聪明，这艘船仍然会搁浅。

第一部分　孩子有自己的叙事逻辑

人们很容易想到，要想解决孩子缺乏社交技巧的问题，就要改变他外部的环境因素：老师、学校、同伴。要不然就放任他行为上的问题，让他成年以后自然找到自身的位置。然而，除非你能认识到妨碍孩子行为的真正问题，也就是孩子内在的、基于大脑功能的根源，否则你改变外部环境的各种努力，效果都非常有限。

过去很多年里，你观察孩子的社交行为后感到很纳闷：他为什么不能加入其他孩子的活动，与他们好好相处呢？你使用执行功能的透镜，就可以发现背后的原因。通常来说，在学习和行为相关的思维处理过程中，执行功能相关的技能都会影响孩子：

- 集中注意力。
- 组织信息。
- 从过往经历中吸取经验教训。
- 梳理思路形成自己的理解和自我认识。
- 自己主动调节身体的、认知的和情绪的压力。
- 调节情绪，保持平衡以防止极端化。
- 适应新场景（认知灵活度）。
- 发起和管理任务。
- 观察全局（元认知能力）。
- 在想象的未来场景中演练自己有能力完成的事情（工作记忆）。
- 通过内心中的自我对白，引导自己的外在行为（工作记忆）。
- 有意识地保持清醒状态。
- 能够识别他人的语言和情绪信号，能够理解他人的思路、观点、意图，并通过这些信息解读他人话语的真实内涵、行为的真实意义，预测他们对某些事物的反应。有时候，这也被称作"读心术"。

所有这些基于大脑的功能和技巧都会直接影响孩子在社交活动中的

表现。

过去10年里，脑科学领域的进步带来了关于大脑执行功能的全新认识，揭示了执行功能是大脑与行为之间的桥梁，与社交技能缺陷之间存在着重要关联。研究人员通过扫描正在执行某些任务的大脑发现，执行功能的指挥中心是大脑前额皮质（PFC）的一部分。前额皮质位于大脑前部，掌管着计划、组织、目标设定、自我调整的功能。执行功能的基础是大脑回路构成的网络，掌管着至关重要的批判性思维能力，并让批判性思维能力与大脑及身体的其他系统之间形成顺畅的连接。

在日常行为方面，执行功能影响孩子：

- 集中注意力。
- 注意到朋友们的需求和反应。
- 对自己的行为及可能产生的结果形成全局观（元认知）。
- 对挫折的反应。
- 如何控制自己的情绪。
- 如何应对有压力的情况，例如与人分享和轮流做事。
- 如何看待友谊及朋友之间的对等关系。
- 面对新场景或者社交场合发生变动时，如何适应和应对。

执行功能方面的缺陷会表现为社交技能的缺乏，具体就是指孩子完成下列事情的能力不足。

- 承认他人的感受可能和自己的感受不同。
- 预测他人可能的感受，识别他人的情绪状况。
- 精确解读他人的情绪信号，并采取适当的社交方式进行应对。
- 领悟他人试图传达的主要信息。
- 不仅能够听懂他人表达的内容，而且能够理解他人表达的方式。精确解读他人的语调、意图以及其他隐含的意思。

- 看出谈话对象对某个话题是否感兴趣。
- 预测自己的行为可能会引起他人的反应。
- 理解某些特定场合和情境中的默示规则和这些场合对人们行为的期待。
- 能抓住他人特意传递的信息，并做出恰当回应。

每个孩子都是各项执行功能不同强弱表现的独特组合，因此他们面临的问题都不同。孩子身上的执行功能不是单纯的有或者没有，而是每项执行功能的发展程度都不相同。只有家长才能把握自家孩子的问题，成为担任孩子社交教练的最佳人选。有的孩子缺乏条理，但是具备优秀的情绪调节能力。有的孩子很有条理，却缺乏专注力和适应力。有的孩子天生善于体育运动、搭建乐高模型或者创意写作，但是对其他孩子的面部表情、肢体语言或者基本的社交信号表现迟钝。有的孩子明白需要克服这些缺点，但是需要具体的指导和练习才能做到。还有的孩子确实不知道他们需要掌握这些社交技能，也确实没有刻意去学习，但他们仍然可以学会这些技能。压力对每个孩子的执行功能也会有不同程度的影响。某一社交场合让有的孩子感到有压力，却对其他孩子没有影响，或者没有同样程度的影响。

即使你不是一个神经科学家，也可以从执行功能的角度观察孩子的社交行为，识别限制他社交机会的行为模式。与同伴比起来，你家孩子的社交行为是否符合社交期望，在他的年龄段是否得体？他对遭到社交排斥和主动回避社交活动的理解是否存在严重问题？下面是孩子在互动、玩耍、情绪反应、沟通交流方面表现出来的一些不良行为模式，以及对应执行功能相关的技能。某一行为是否构成问题的关键在于它出现的频率、强度和持续时间。

他是否是个经常闯入他人私人空间的"入侵者"

私人空间不仅仅指物理空间，还包括对话空间和场景空间。没有人喜欢那些闯入别人空间或者干扰别人的人。孩子需要放缓节奏，理解社交场合，避免冲动行为和冲动情绪。这些是掌管自我调整、注意力、自我监督和灵活性的执行功能。

孩子调皮搞笑的行为与他的年龄相符，还是比同龄人表现滞后

你家孩子能否听懂别人的幽默之处，还是仅仅停留在字面意思上？孩子在友谊发展过程中，需要听得懂笑话，看得出搞笑的时刻，以及让一些词语显得搞笑的细微的声调变化。与幽默有关的执行功能掌管着注意力、自我调整、自我监督、组织能力以及元认知能力。

你家孩子是否逃避或者很少参加课间活动和集体活动

加入活动涉及理解社交场景以及想象自己如何主动参与。我把这种在大脑中模拟某些行为的做法称作"思维模仿"。加入活动还涉及计划、跟随、组织、认知灵活性以及工作记忆。

孩子自言自语或者说起自己喜欢的事就停不下来，想不到别人也许想聊聊别的话题

孩子需要学会刹车，把握好自己，不超过限度。要想在个人兴趣和他人兴趣之间做到平衡，就需要孩子有意识地倾听和识别社交信号，礼让有序，懂得人人都有自己的兴趣爱好。

孩子是否能够进行双向互动的对话

我们大多数人不理解究竟是什么因素让一个对话成为互相支持的对话的。我们从小就掌握了在日常生活中的对话方式。没有自然掌握这项技能的孩子需要知道什么是互相支持的对话，理解这种对话方式对自己的现实

意义，并掌握相关的技巧。这项活动涉及注意力、倾听、自我调整和自我监督。

孩子说话语气尖酸刻薄，意识不到会引起他人的反感和不满

与此同时，孩子是否也听不出别人的嘲讽？解读语言涉及注意力、工作记忆、元认知、自我监督和组织能力/排序能力。

第7章中的执行功能问卷（EFQ）是用来测量孩子执行功能相关能力强弱的问题列表，可以帮你和孩子设定目标、制订行动计划。我们这里先简要介绍一下执行功能的运行过程，让你熟悉社交行为背后与大脑功能相关的能力有哪些，从而让你能够开始注意识别孩子行为的外在表现及其背后的驱动因素。

元认知能力代表着我们的社会化程度："思考自己的思维过程"可以提升孩子的社会认知和自我认知

11岁的安迪，是一个超级自信并且愿意和人打交道的孩子。即使带有这些明显具有亲和力的特点，他在学校里还是经常被同学们孤立。他也不知道为什么会这样。一次次受到这样的对待，他觉得很伤心。然而面对同学的冷落，他从来不改变自己的应对方法。他听不懂别人的言外之意，甚至明说的话也听不明白。他不清楚自己的优缺点，也没有意识到自己的行为对他人造成什么影响以及别人会如何看待他。安迪最近参加了一次体操队选拔活动。参加这次择优选拔的孩子，多数都长期参加每周体操课的艰苦训练，学习过相关的课程，都有教练推荐。安迪只在学前班上过体操课。他父母很困惑：安迪为什么要参加这种选拔呢？原因之一是，安迪从来不会判断那些本来可以预料到的结果。

安迪觉得自己和所有人都是好朋友。有人对他表现出一点兴趣时，他

分辨不出别人只是表面上友好。他不理解那些没有明示的隐性规则，看不出同学之间关系的变化，也不知道自己真正的朋友是谁。他经常自告奋勇地参加一些活动，看不出社交场合的细微变化，也不注意他是否得到了他人的邀请。他忽略他人的反馈，哪怕别人直白地说"嘿，你别闹了，赶紧停下"。甚至别人讽刺他说"是啊，你可真行"，他也听不出别人在讽刺他。最近他自己想去参加一次棒球卡片签名活动，主动邀请一些他不怎么熟悉的孩子和他一起去。当被邀请的孩子说他们太忙了，或者说去不了时，安迪甚至想帮他们克服困难去参加签名活动，完全忽视了人家只是不想和他去。

关于社会化的话题我们听过很多，尤其是作为家长帮助孩子社会化有多么重要，不仅涵盖了餐桌礼仪、体育活动，当然还有儿童时期永恒的话题：与别人一起玩耍。然而，元认知往往被人忽视。元认知，也就是基于大脑功能的理解社会和认知自我的能力，才是本质上的社会化，它会塑造我们的每一次思考和每一个行为。

对元认知最简单的描述就是"思考我们思维过程的能力"，对我们的认知能力和思维过程形成一个全局视角，也就是"元视角"。元认知通常是在讨论学业表现时被提及，因为它在申辩式思维模式以及思维活动方面意义重大。然而，观察全局和理解自身角色的能力并不仅仅局限于学业范围，而是影响着我们生活的方方面面：它影响我们对自己和他人的理解；影响我们的行为，并且让我们意识到行为对他人造成的冲击；影响我们的情绪反应与如何管理自己的行为；影响我们能够记住的内容以及如何从经验中学习；它还会影响我们思考和解决问题时的灵活程度。元认知就是我们的社会认知度和自我认知度的另外一种说法，这两种认知最核心的意义在于，它们构成了我们社会化过程的行为基础。

安迪缺乏自知之明，不能把握社交场合的隐秘规则，听不懂其他孩子直白的反馈意见，这很成问题。他从学前班开始就如此，那是他的社交活动首次超出家庭范围。也就是说,他的问题不能归因于周边环境因素。尽管转学、搬家等这些外部因素会让缺乏社交技能的问题更加严重,但是关键在于,这种能力缺陷早就存在了。安迪长期无法看到事物的全貌,注意不到自己的行为和自己的角色显然会阻碍自身的发展。

专家曾经以为元认知是发展比较晚的能力,因为多数孩子元认知的发展都在 8~10 岁以后。但是近期的研究显示,在这个时间段以前,元认知就出现了相当程度的发展。这些研究发现包括:

- 元认知能力在 0~6 岁发展很快,3~4 岁之间的变化最显著。
- 元认知能力随着年龄增长和适当引导会得到很大的提高。大量经验表明,包括存在执行功能缺陷的所有儿童,都可以学会审视自己的思维过程。
- 针对孩子的直接、明确的指导包括:①思考自己的思维过程;②练习自我调整,以目标为导向专注于具体任务和解决问题的思路;③与他人合作;④以学习者的视角,审视自己的理解和自己的观念。

与社会认知有关的执行功能基础知识

由于形成大脑执行功能的网络在大脑中纵横交错、非常复杂,因此理解执行功能的一个简单方式就是把执行功能看成你家孩子和别人家孩子身上日常行为的集群,然后重点观察那些与社交技能所对应的行为集群,从而了解这类执行功能的缺陷如何影响孩子的社交行为及其在群体中的表现。这就是俯视全局的视角,也就是元视角。我们在第二部分将采用这种视角,逐一分析社交技能和每一项玩耍活动。

读懂社交信号

社会认知是一项基本能力,是孩子看懂任何社交场合的基本布局,找到应对方式的技能。社会认知包括很多要素，一般都需要有效的社交沟通技巧来发挥作用。不管是结伴玩耍、课间休息还是在餐厅午餐，你家孩子都需要学会识别社交信号，并采用特定场景的社交语言与他人进行有效的沟通。尽管社交场景千差万别，但是所有的社交场景都有一些共同的特征。每一个社交环境都像一个小型的地理区域。这个区域当中，有开放空间，既可以是时间上的，也可以是物理上的。在开放空间里，你可以自行其是。社交场合所允许的行为构成了现成的社交通路，便于身在其中的人们从 A 过渡到 B，其间也有一些隐秘的规则。例如，目光接触、打招呼都是可以的。也有红色警示信号，提示潜在的社交问题。例如，她正在讲故事，所以不要打断她。他们已经决定看哪部电影，那就这么决定吧，最好不要再抱怨或者再争论了。

　　当我跟一些遇到这方面问题的孩子聊天时，发现鼓励他们把自己想象成一个社交领地的天气预报员会有帮助。你必须观察社交场合的"天气情况"，然后掌握一些预测技巧。你的朋友或者大家的情绪温度是怎样的？你自己的情绪温度是怎样的？当高压前锋（争执或者沮丧）通过的时候，你的朋友或者大家会如何反应？你会如何反应？再看看地表情况：跟这些孩子一起玩的时候容易发生不愉快吗？当时的社交场景有什么需要格外留意的吗？当别人的想法和你的不一致时，会发生什么？

　　有效的社交沟通技巧包括倾听、理解环境和语义，理解他人的兴趣和感受，以及采用符合社交要求的方式表达自己。执行功能相关的技能是所有社交技能的核心，因为执行功能会协调调动脑力关注社交场景的方方面面，从全局的视角观察具体场景和你在其中的角色，组织各种信息，进行自我监控。孩子必须学会识别他人语言和非语言的社交信号，然后解读社交规则，练习"如果－那么"的思维过程：如果你同学看起来很消沉，那么现在不是你分享愉快旅途经历或者新奇玩具的好时机。你要学会抑制自己的冲动，等待更好的时机。上面每一步都需要执行功能相关的技能，比如注意力调动、信息搜集、感知处理、解读、分析，然后根据输入信息采取行动。

社交沟通毕竟是一种适应性沟通方式。你也许可以赢得单词拼写比赛、英语测试，在学校音乐剧里拿到主要角色，但是如果你对他人的感受毫无感知或者抓不住真实社交场合中的信号，那么你结交朋友和充当朋友角色都不会太顺利。建立友谊的过程中，需要我们根据对方的反馈来调整我们说话的内容和方式。

设定社交界限

无论艾姆的哥哥告诉她多少次，不要在他做作业的时候打断他，艾姆还是一次又一次地把乐高倒在哥哥做作业的桌子上面。学校里的老师也曾经指出过这个问题，艾姆会干扰那些正在忙着做功课的孩子，或者当别人已经开始游戏时，她仍然固执地按照自己的想法玩。看来艾姆意识不到在别人眼里自然存在的社交界限，以及他人在社交场合中能够接受并期望大家都遵守的行为规则。

社交界限有时候是明确的，有时候则不明确。在有的家庭里，每个人进门以后都要脱掉鞋子。而在另外一些家庭里，只有你的鞋子沾上了泥，才需要进门前脱掉。有时候门口会有个指示牌，也可能家庭成员和朋友即便不说，也早有默契。如果你是一个初次到访的来客，你可能既找不到指示牌也不知道规矩，但你进门前可能看到门口的鞋子，或者看到别人进门前脱掉鞋子，那么你照着别人的样子做就可以了。

如果你家孩子结伴一起去别人家玩，径直走过门口的鞋柜，穿着沾满泥土的鞋子踩在了地毯，别人可能就会觉得他很没礼貌。他忽视社交信号的做法最终让别人对他印象不好，而他不明白自己是因为破坏了社交规则而受到他人的冷漠对待。

我们身边充满了这类社交边界，这类边界既包括物理空间的边界，也包括社会所预期的行为边界，还包括对话、人际关系以及每个人都知道的隐性规则方面的边界。识别这些边界包括对个人空间的意识，对友谊和亲密程度的判断，对一个环境中细微差异和社交规则的把握，以及自觉地做出适当的行为反应。换句话说，你的行为让别人感到舒服自然，还是显得突兀、招人反感。童年时期的社会化过程就是学习这些约定俗成的社交边界，以及学会迅速识别新空间、新关系中的社交信号。

如果孩子不能够正确理解社交信号，他的社会化过程就会缺乏分寸感，显得过度：过度接近、过度亲密、过度急躁、过度渴求，就好像他穿着沾满泥巴的鞋子径直走进了别人家的客厅一样别扭。

缺乏执行功能相关技能的孩子通常缺乏社交识别能力，也就是理解社交场合的能力。这些执行功能包括专注力、自我调整能力、自我意识和元认知。缺乏这些能力的孩子表现得具有攻击性，容易干扰他人。就像艾姆那样，她看不到这些社交信号，意识不到社交边界的存在。其实只要懂得如何观察，这些信号始终都存在。

培养认知灵活性

课间休息的时候，安琪拉的同学宣布几个秋千是一个宇宙飞船。他们编了一个故事，并且制定了荡秋千的规则：飞船的入口在左侧，中间的秋千是飞船指挥中心，如果你从秋千上下来，你就会迷失在外太空。安琪拉也想一起玩，但是她坚持要改变大家编好的故事和游戏规则。当大家按照约定好的故事和规则玩耍的时候，安琪拉不断地与大家争论故事情节。她觉得自己是正确的，毫不顾忌他人的想法。她甚至压根没意识到其他孩子的感受，更想不到自己的做法对他人造成了干扰。

我们明白，有些时候需要严格遵守规则。然而，如果孩子总是缺乏根据不同情况调整期望和行为的灵活性，这就说明他的认知灵活性需要提升。一旦出现行为上的顽固而缺乏灵活性，就会侵蚀孩子的朋友关系。没人喜欢你每次都当头，总是坚持自己是对的，总是因为规则争辩或者坚持自己的规则。久而久之，别人就不再跟你玩了。

认知灵活性需要的执行功能掌管着人的专注力、多任务切换能力以及从一种思维模式转换为另外一种思维模式的能力。比如，从解数学题的思路，转换为和朋友一起把秋千想象成宇宙飞船的思路。为了加强认知灵活性，孩子需要学会评估场合和自己的角色，理解自己对他人造成的影响，并且相应调整自己的行为以便适应当时的场合。

认知灵活性影响孩子在各种事物间的灵活转换。社交生活中充满了转换交替，需要孩子随时能够识别。比如，当孩子和他最好的朋友相处时，环境变化要求他们关注他人，这时就需要转换到群体环境。孩子思路灵活，才能够在各种事物中灵活切换。时间紧迫也会增加转换的难度，这就更需要认知灵活性。现在上学放学的节奏让孩子的过渡时间很短。也许到了把拼图或者化妆玩具收起来进入到下一个阶段，或者该赶校车去学校了，或者需要帮人跑腿做个杂事儿，不善于灵活转换的孩子就可能很执拗、哭鼻子或者发脾气。约好一起玩、参加聚会或者参加特别的活动带来的挑战更大，因为适应能力差的孩子不容易和其他人熟悉起来。他们喜欢熟悉的做事方式，对新环境不容易适应。到访一个陌生的地方，拜访陌生人会引发他们的焦虑感，让他们显得不知所措。

僵化思维会让任何事情都变得困难，在玩耍和社交方面尤其如此。因为这两方面的内容具有高度的自发性，并且他人也都有自己的想法和爱好。如果在沙盘模型旁边的人全都把沙盘当成冰激凌店，假装沙子是冰激凌，那这样说定就好了。但如果一个孩子坚持说沙子就是沙子，那他显然跟别人玩不到一起。头脑缺乏灵活性的人需要学会认同在某些特殊的场合下，别人可以把秋千当成飞船，把沙子当成冰激凌。他需要理解，上面的场景只是他的思路与大家不合拍的一个例子，如果想和大家一起玩，他就得接受这种魔幻的想法。

自我调节：孩子需要集中精力应对压力、实现目标

"我总是惹麻烦"，二年级的格里夫在教室外跟我说。他这么说，是因为他经常被请到校长办公室。有时候他就是坐不住，于是在教室里走来走去。当他觉得无聊时，他会变得很烦躁，然后用铅笔使劲敲东西，要么就大声地叹气。当他处在爆发的边缘时，待在嘈杂的教室或者穿过拥挤的走廊去集合都能让他一触即发。他有可能会推搡其他同学，对老师大喊大叫，把桌子上的拼图都推到地上去。如果他累了、饿了或者毫无理由地郁闷了，情况会变得更糟糕。当他处于崩溃的边缘时，同学的一个窃笑或者一份表现欠佳的数学试卷，都能让他爆发，这时他要么大发脾气，要么大哭大闹。不论他原本对这次活动或者校内时光有多好的愿望，这时候早就忘得一干二净了。

格里夫的老师、同学以及其他人对他都不满意，都说他爱捣乱，反应过度，粗心大意。这完全不同于喜爱格里夫的人所说的，他是个好奇心强、充满热情、讨人喜欢的孩子。原因在于，当格里夫需要按要求做事或者做自己想做的事情时，他就无法控制自己的情绪、想法和行为。格里夫在自我调节方面有问题。

自我调节指的是大脑和身体共同作用应对各类压力，保持大脑正常运转的方式，它能够让我们清晰、冷静和深入地思考我们所做的事情。这是一项重要的功能。

越来越多的研究显示，孩子的问题行为通常是压力反应。孩子不是故意藐视规则或者辜负期望，只是当想法和情绪让自己无法承受时，就会在行为上表现出生理反应。压力可能来自社交，也可能来自情绪，也可能来自学校的作业或者其他方面的要求。斯图尔特·尚卡尔（Stuart Shanker）在他所著的《我不是坏孩子，我只是压力大：帮助孩子学会调节压力、管理情绪》（*Self-Reg:How to Help Your Child(and You)Break the Stress Cycle and*

Successfully Engage with Life）一书中，把自我调节描述为神经系统对来自大脑和身体不同部位的压力所采取的反应方式。这些压力来源，可能是社会的、情绪的、身体的或者认知的。来自社交、情绪和认知任一领域的压力均会刺激某些神经化学物质和荷尔蒙的释放，比如肾上腺素、皮质醇、胰岛素等。这些物质激发整个系统发出警报，于是心脏、循环系统、呼吸系统和肌肉被激发起来采取紧急行动。这时候神经变得敏感，手掌冒汗，心跳加速，胃部收紧产生不适感，肌肉紧绷，这些都表明身体对压力的反应进入了亢奋模式。

自我调节的另一个重要方面在于你的大脑是否可以专注于一件事、一个目标，这样你才能坚持到最后。在压力反应模式下，大脑把较多的注意力放在应急反应模式上，把较少的注意力放在深思熟虑和申辩式思维技巧方面。你越快恢复到大脑执行功能状态，就越能够清晰、冷静地处理当前发生的情况，从而恢复到平衡状态。简单理解就是：执行功能较弱的人，比较缺乏"停下来想一想"的技能。对于头脑僵化的孩子来说，除社交困难以外，同时存在着认知缺乏灵活性这一抑制因素。

头脑中保持一个目标，理解和监控自己的行为是否符合目标需要，这一能力非常重要。当你让所有的行动都服务于这个目标时，这就叫作适应行为。当你的行为违背了你的目标时，你就会陷入僵局、无法动弹，你的行为就会阻碍你朝着良性互动的方向发展。在社交场合中，孩子首先需要明白行为和目标是相互关联的。要想达到某一个社交目标，中间必须要经过几个步骤。然后他们需要意识到社交场合所期待的行为，对情况有所预测，并且明白自己的社交行为有哪些选择。自我调节的一部分内涵是能够权衡不同的选项，计算风险与利益，清晰地认识到某项行为会给自己带来什么影响。

上述这些会全部进入工作记忆中，也就是协同运行的各类执行功能的集合，从而让你能够从记忆中和当前情境中提取信息，呈现在你的面前，让你审视、权衡，从而指导你当下的行为。工作记忆功能较差的孩子不能顺利地回忆起过去的经验，并与当下的情景相联系。格里夫的父母和老师告诉他什么可以做什么不可以做，但是事到眼前他不会停下来，考虑父母和老师的反馈意见再做行动。格里夫必须首先要想到他有一个目标，记得要冷静，然而那一刻他情绪失控，把这一切都忘了。他脑子里想不起这件事，是因为情绪冲昏了他的头脑。缺少"停下来想一想"的步骤，没有刹车来阻止当时的冲动行为。没有工作记忆能够根据既往经验指导当时的行为，那么他的头脑中就不会呈现出一条通向最简单目标的路径。

当你需要调整行为适应自己的角色变化时，自我调节也会发挥作用。例如在社交聚会场合，你是主人还是客人；大家是在你家里还是在别人家里；室内是否适合追跑打闹，还是需要到室外以后再玩闹。调整自身行为以适应场合的要求，需要有自我调节能力。对孩子来说，这并不容易做到。他们也许有良好的意愿，但是他们必须有明确的目标，并且需要控制自己的身体、语言和说话方式，与此同时要随时记得自己良好的意愿。更加困难的是，执行功能不好的孩子甚至不知道某些场合需要某些行为。他们必须首先明确自己的目标。

自我调节的一个基础作用在于让人能够专注于一个目标直到完成。可以想象一下，你打算抗拒甜甜圈的诱惑，你想早点完成报税，或者想向你老板展示你乐于团队合作的一面，但是在高压状态下，自我调节变得更加困难，你更难调整自己的行为以达成预期的目标。你家孩子和你处境相同。尽管孩子有良好的意愿，但是超出他承受极限的情况下，他就无法进行自我调整，无法控制自己的行为。

自我调节不是指释放出更强大的意志力。孩子不断提高执行功能相关的技能时，就会提升自我意识、自我监控、自我冷静的能力和适应性思维。他自我管理、控制冲动的能力不断加强，自我调节能力也会相应提升。这时候，做出符合自己意愿的行为就不再需要格外的努力，不再是对意志力的考验，而是更冷静、更专注、更自省的孩子根据自己的意愿采取有意识的行动而展现出来的自然结果。他自己的意愿，既可以是精神上的、身体上的，也可以是语言方面的。

情绪调节：强烈情绪的巨大代价

11岁的女生香缇，对任何事情的反应都很强烈。她暴躁易怒，一天到晚情绪都很激动。她一开始还高高兴兴，然而好情绪很快就会被自己和其他人的负面看法消耗殆尽。从到校开始，她的焦虑情绪就逐渐累积，尽管她努力平复自己的感受，但是到了下午3点钟，她就几乎没法控制自己了。等她强忍着回到家，立刻就爆发了。由于超过了忍受极限，她没法再完成家庭作业，也不知道如何和同学一起参加课后体育活动。她甚至不愿主动搭理别人。她一旦想交朋友，就会显得过于急躁，让人觉得她举止奇怪，感到不舒服。她有时候会突然开口打断别人，有时候又听不懂别人在说什么，索性就完全不理不睬。香缇常常处于崩溃的边缘，这让她又疲累又委屈。她也想改变自己的行为，但是受情绪压力的控制，她做不到。

情绪调节能力指的是用应对机制管理情绪和行为，简单说就是要在压力之下保持冷静。情绪调节能力弱的孩子面对情绪起伏时，应对机制比较差。反复崩溃的经验让压力应对机制更加敏感，心理学家称为的"激发状态"和情绪失控就会更快发生。像香缇这样对如何认识和参与社交活动毫无概念的孩子来说，社交期待和行为失当带来的压力更大，而持续的压力让自我调节变得更加艰难。因为不知道如何应对，她就会拒绝参加社交活动，远离他人，甚至失去与他人相处的意愿。

有一天下午，香缇告诉我，她去和一群孩子讲一件事。她向我描述了当时的感受，她非常紧张，感觉胃部都抽到了一起，手心直冒冷汗。她说这非常"可怕"，我向她解释自我调节和压力应对机制的工作原理。我告诉她，这种情况是源于远古人类面对威胁时，大脑的预警系统会调动人们体内的能量和注意力来进行自我保护。香缇热爱艺术，是个视觉型学习者。于是，我给她勾勒出一个剑齿虎的样子来代表可怕的事物，她哈哈大笑，点头同意，说"我当时就有这种感觉"。

剑齿虎成了香缇的一个符号。我们一起练习执行功能相关的技能，帮助她提升识别和解读社交信号的能力，带着她练习如何在群体中发起一个话题时，她的自我意识也在不断增强。她告诉我，她现在可以想象自己身处某个场景，采取必要的步骤行动，"有时候我不得不面对我心中的剑齿虎，而且我确实做不到，那种恐惧太真实了。"

对强烈情绪的全新认识和全新讨论，对香缇和她父母都很有用。她现在可以明确说出启动一件事情时那种强烈的情绪感受及其造成的巨大消耗。然后，她借助训练指导和自我演练，采用具体的办法，把巨大的恐惧情绪分解成小块，就能以全新的方法逐步启动。

在"战斗－逃跑－僵直"的压力应对模式中，任何剧烈的、失控的情绪都会引发这几类行为，导致社交互动变得更加复杂。"战斗反应"表现为一种攻击行为。"逃跑反应"说明那些回避问题的孩子需要一些空间进行反思，从而对社交活动重新评估、重新规划、重新参与。"僵直反应"指超越承受极限的孩子被吓坏了，一时不知所措，处于完全停机的状态。每一个有社交问题的孩子都有自己的"剑齿虎"。孩子一旦理解了当前的情况，就更容易学会如何应对。

■ 孩子的全景视角（元认知）

你可以问孩子一些问题，帮助他们看清全局，想清楚自己的角色。

选择你家孩子觉得难以相处的一个人或难处理的一件事，向他解释，回想过去的做法可以帮我们反思眼前应该怎么做，也可以帮我们预测对方的后续反应。给孩子讲一讲你自己的亲身经历。用下面的问题列表进行一次对话，看看孩子如何看待这种情况。

1. 这些人过去的行为和通常的行为方式是什么样的？

2. 他们的兴趣是什么？

3. 他们过去对类似的情况是什么反应？

4. 他们发出了哪些社交信号？

5. 我有哪些选择？

6. 我如何选择可能让人喜欢？哪些行为是受人欢迎的行为？

7. 我的行为会引起别人的哪些反应？

8. 当我面对他人、权衡自己的言行时，应该怎样去体会对方的感受：换位思考，从对方的角度看问题。

我家孩子需要行为方面的专业评估吗

很多因素会导致常见的行为失调症状，比如说注意力缺陷多动障碍（ADHD）、注意力缺陷障碍（ADD）。很多因素可能导致多动行为。注意力不集中、不会正常合作的孩子可能是听力有问题。生性敏感、食物过敏、持续压力或者情绪问题都会导致孩子焦虑、烦躁、不专心、无精打采。所有这些因素都会导致孩子不愿意与别的孩子来往，或者不愿意完成家庭作业。

如果你发现你家孩子的社交行为或症状影响了他生活的很多方面，比如社交、学业、家庭生活、课后活动等，那么就有必要请医学专家进一步进行诊断，评估这些症状的严重程度，以及这些症状如何影响孩子的总体表现。临床诊断可以发现严重影响孩子能力发展的认知问题。这些诊断包括注意力缺陷多动障碍、注意力缺陷障碍、阅读障碍、非语言学习障碍、社交障碍、广泛性发育障碍、学习障碍、自闭症等。

专业评估是在学校里进行有针对性的干预或采用其他专业服务的第一步，某些专业治疗费用可以由保险负担。

如何分辨孩子是否需要接受诊断呢？如果孩子每天都表现出持续的极端行为，请考虑带他接受专业的评估。

- 暴躁行为
- 完全回避社交
- 极度压抑

- 高度焦虑
- 持续多动
- 危险冲动行为
- 严重的阅读困难
- 经常遭受霸凌或虐待

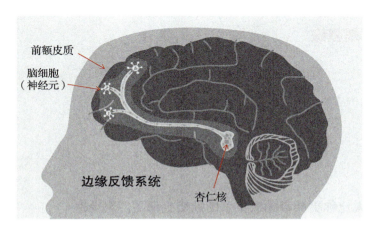

执行功能与调节社交行为的神经网络有关,而这部分神经网络由负责处理情绪感受的脑垂体触发。前额皮质(PFC)要到 25～30 多岁才能发育完善,然而童年时期关键的社交活动、情绪发展和教育会影响前额皮质的发育及其掌管的边缘系统对情绪的反应。孩子只有拥有强大的执行功能相关的技能,才能让基于大脑功能的社交技能得到充分发展。

第 3 章

教养计划
你天生就是教练

没有人比你更操心你家孩子的社交生活了。至少这么多年来，无数个我接触过的父母都关心孩子在学校和日常生活中展现出的社交困难，以及所遇到的社交困境，也希望能够提供帮助而不是袖手旁观。你也许从来没有把自己作为教练，更谈不上社交技能方面的教练，但是这种思想需要调整。你会发现自己天生就是一个教练，甚至可以说，你是你家孩子最完美的教练。如果现在还不是，那么你很快就会成长为这样的教练。社交技能教练的原则和训练方法对你来说是全新的，但是基础是你对孩子的责任感：你希望孩子过上好的生活，希望他结交朋友。你希望他有所贡献，投身到更广阔的世界中去。

从最早期的充满爱的眼神、爱的抚摸的交流开始，你就是孩子的第一任教练。你采用了肢体语言的双向对话、面部表情、表达情绪的语调；你学会了理解孩子的哭泣，并且寻找他不适的来源。你从孩子咿呀学语时起，就尝试跟他互动，观察他的反应，可以说你在养育孩子的过程中，逐渐接触到了一整套社交信号。也许你家孩子的回应方式和你预想的不同，但无论如何，你比任何人都更能理解他。这就是你担任教练的有利条件。

多个学科研究早就发现，家长在孩子社交和情绪发展方面具有主导地位和巨大影响。针对儿童和青少年的深入研究发现，在任何一个年龄段，父母都是孩子学习社交技能的榜样。你给孩子做出了什么样的社交行为榜样呢？

- 你是否始终关心他人的感受并且礼貌待人？
- 你是否进行过不同类型的对话，既有陌生人之间友善的闲聊，也有和家人、朋友、同事之间的严肃讨论？
- 当环境发生变化时，你是否可以灵活调整自己的处理方式和行动计划？
- 你是否会走出社交舒适区，见见新人，尝试一下新事物？

你家孩子会始终注视着你并向你学习。他们同样会注意到：

- 你是否因为不耐烦或者情绪不佳而向人乱发脾气？
- 你是否整天抱着手机、电脑不放，电话、短信、邮件和其他电子产品随时会吸引你的注意力？

作为最早向孩子解读世界的人，你就是孩子执行功能的化身，也就是船长的船长，掌管着复杂的社交任务。这种情况一直持续到孩子自己掌握相关的社交技能，能够独立完成这些任务的时候。就像你给孩子示范如何穿衣服、系鞋带一样，你用自己的行为告诉他你是怎么做的。

哈佛大学儿童发展中心研究人员提出了儿童健康发展的三个基本原则：

1. 家长与孩子认真积极地互动。
2. 加强社交互动、情绪健康和学习有关的核心生活技能的培养。
3. 在生活和学习的各个方面为孩子减轻压力。

社交技能训练计划正是遵循了上述原则,把孩子社交技能的训练建立在亲子关系的基础之上。本书就是一本教养指导手册,可以帮助你有目的地培养孩子缺乏的社交技能,提供解决问题的具体方法。在这个训练过程中,孩子会明白,在如此让人望而生畏的社交场上,无论遭遇什么样的艰难险阻,他都可以把你作为依靠,不仅仅是从你那里得到安慰和鼓励,而且可以获得有关实用技能的指导。

家长作为教练的另外一个有利条件是:位置,位置,还是位置。因为你时刻都在孩子身边。不管是开车还是上床睡觉,不管是做家务还是做家庭作业,你可以随时观察孩子,因为孩子始终围着你打转。你可以在孩子有心思、有精力的时候,设计一些训练活动,利用可能的机会进行指导,在每次玩耍时随时进行灵活调整。

为社交训练和对话做准备

与孩子讨论一些困难话题之前,做些准备和铺垫会比较有益。花点时间,想想如何开展一次让孩子感受到关爱的对话。你打算用什么语调对话?你希望和孩子未来形成一种什么样的关系?你不仅仅是为一次教育孩子的对话做准备,而是要创造一个对话的家庭氛围,充当一个对话的伙伴,让孩子明白:在家里,我们可以谈论重要的话题。在对话过程中,我们彼此关心、互相尊重、态度诚恳、积极互助。

你要懂得行胜于言。如果你是一个从来不主动社交的人,那么你就会给孩子一个可以不主动社交信号。当孩子让你忍无可忍时,如果你会生气发怒,那么你要做的准备工作就是学会停下来,冷静一下,防止过度的情绪反应。我记得有一位母亲，每周来和我见面的时候，路上都要经过一个监狱。她每次到我办公室的时候都眼含泪水。她说每次看到那个监狱，都抑制不住担心儿子因为学习能力缺陷，将来既没有工作也没有朋友，可能进监狱。她儿子也许能够感受到她内心黯淡的预期。这位母亲需要做的准备工作就是学会减压和自我调节。学会培养孩子的技能也能让她自己走出无助和恐惧，变得更积极乐观，更加务实。有些家长跟我说，他们本身对社交活动并不热衷。一个家长说："说到社交活动，我甚至有点负罪感，我做事往往半途而废，参与一群人的活动，我坚持不下来。我对社交场合大受欢迎的'酷爱'牌饮料毫无兴趣。"如果你缺乏社交方面的兴趣，那么也许你需要适当调整一下。你用不着当一个社交圈的活跃分子，但是你应该适当地给孩子做出榜样。如果你经常觉得压力过度（如今很多家长都这样），那么你的准备工作也许就是先学会减压和自我调节。

社交从家庭内部开始

也许你家孩子没有什么朋友，但他毕竟拥有一个家。在开始社交技能训练计划以后，孩子就可以在家庭环境中练习这些新技能了。

这意味着大家一起吃饭，一起放下手机，一起聊天。大家一起为家庭规划一个愿景。你需要想一想，如何调整整个家庭生活来安排吃饭时间、工作时间、学习时间和玩耍时间，以及一起出去玩的时间。一家人一起吃饭、一起看电影、一起散步、每周例行的习惯活动或者社区聚会，都可以创造共同的体验，提供一起聊天对话的机会。

这些活动可能会超出你的舒适区，也可能受到某些家庭成员的反对，但是这样的活动对每个人都有价值。就我自己的经历和学习社交技能的家庭而言，做得最成功的是每一个成员都有所行动的家庭。所有家庭成员都参与其中，目的就是让大家学会讨论社交话题，练习解决问题的思路。社交行为不是一个与我们自身界限分明的孤立事物，也不是仅用于特定场景的一套技术。

《大疏离：在数字时代保护童年与家庭关系》（*The Big Disconnect: Protecting Childhood and Family Relationships in the Digital Age*）一书的作者心理学家凯瑟琳·斯泰纳-阿黛尔（Catherine Steiner-Adair）把家庭描绘成了一个生态系统，我们可以通过有意识的培养，创造出"可持续发展的家庭"。她在书中写道：

"可持续发展的家庭是这样的，它创造出一种强有力、多层次的联结关系……它重视家庭生活胜于网络生活，它具有充分的资源条件让你明白，除非你把可持续发展的家庭关系摆在优先位置，否则你不可能创造出可持续家庭的真正凝聚力……这一任务看起来过于宏大，但是其中绝大部分内容就反映在你和孩子相处的日常生活的权衡取舍之间。这些日常生活的取舍，并不意味着你做出决定和实行起来会轻而易举，而是说明如果你真心关心孩子的未来，就要懂得这些日常取舍意义重大、影响深远。"

观察一下你的家庭生态系统，具体而言，就是你的家庭如何规划"社交"时间，以及每个成员如何根据各自的兴趣自由支配时间。现在，孩子越来越少有机会进行面对面的对话，从而领会语言、语调、时机、面部表情、对话节奏这些细节，更无法观察这些细节如何影响我们对交流内容的解读以及他人对我们的感受。如果你家孩子不参加这样的家庭活动，那么他就没有机会练习这些执行功能相关的社交技能。他自己独自对着屏幕，根本没法做到这一点。

社交行为无法在真空中实现。让社交成为家庭谈论和实践的内容：共同关注、共同讨论、共同练习、共同玩耍。后续章节中社交技能训练计划的内容就非常富有趣味性。

以身作则

当你准备有意识地按照训练计划培养孩子的社交能力时，你需要全面反思一下自己的行为和思维模式，想想自身的做法向孩子传达了什么样的信息？你在日常生活中与孩子、家人、朋友以及外人互动时，是如何运用这些社交技巧的？

当你做出下列行为时，就是在亲自示范第 2 章里介绍的执行功能相关的社交技能。

- 展示同理心（想象他人的体会和感受）。
- 对他人表达真诚的兴致和好奇。
- 热情好客的声调。
- 说话做事之前，先想想对方可能会有的反应。
- 在日常生活场景中，指出某个场合的社交信号，比如在收款台、餐厅、学校或者社区等。
- 应对失望情绪（情绪调节、反思、把不愉快的经历理解为暂时的挫折）。
- 描述自己面对的困难，哪些事情超出了你自己的舒适区。
- 不带有敌意地解决冲突，想办法修复破损的社交关系。
- 友好助人，乐于协作。
- 勇于承认错误，并愿意再尝试新办法来解决问题（灵活性）。

你在培养孩子技能的训练活动中，要不急不躁，多花心思，不论是训练活动，还是安排孩子和小朋友一起玩耍，都要事先规划。你要与孩子一起制订计划和设定目标。你在与孩子交谈的过程中，就能向孩子展示，什么是站在对方角度看问题，让孩子说说自己的看法，"你有哪些经验""你当时有什么感受""你当时有没有其他的处理方式"在这种形式的对话中，孩子会自然被引导，开始对自己的行为和情绪进行反思，回忆从前的经历，并说出自己的想法。这个过程中，你可以把握节奏，引导对话重点，指出孩子做得好的地方，一起讨论新的行为方式，并且始终对孩子的努力抱有良好预期。

作为孩子的教练，你需要通过孩子的眼睛看世界，给他们营造特定的场景和对话，来了解自己与他人的关系。相信将来某一天，孩子就可以独自面对这些事情了。

社交技能训练计划模拟练习

"停一停，再行动"的提醒和反思模式可以帮孩子练习自我调节

当孩子行为出现偏差时，仅仅批评纠正是不够的，你可以"模拟"教练技术，引导孩子进行自我调节练习，让他认清自己的情绪状态，了解强烈的情绪即将爆发是一种什么样的感觉，尝试暂停一下，让自己冷静下来，学会有效地管理自己的感受。

社交技能训练计划中教授的技术，例如讨论社会期待的行为、以身作则、角色扮演，或者让孩子进行练习，每项技能的教学方式都很重要，但是方法各不相同。模拟练习的独特之处在于，你可以在每天的各种场景中，训练孩子改掉情绪化行为，掌握自我调节能力，从而强化他大脑中相应的执行功能。

要记住，对于缺乏执行功能有关技能的孩子来说，口头指导作用不大。而体验会让孩子印象深刻，因为它在大脑中记忆和检索的方式与口头指导完全不同。尝试体验的方式会让孩子形成一个神经网络，这个神经网络让孩子能够回忆起这种体验并重复这种行为。模拟让学习执行功能相关技能的活动变成了一种主动的活动，涉及感官、运动、肌肉记忆、情绪和思维过程。这些活动让训练效果比口头说教更加持久。

第一步："咱们这样做……"

为了给孩子进行模拟练习做铺垫，你可以先回忆一下孩子最近在某种情境下的失控或者爆发行为。告诉孩子，模拟练习会随时进行，当你发现这种情况出现时，你可以打断他，让他和你一起练习。比如，你可以这样说：我们可以一起努力改变提高，因为我知道你也想用你自己的方式改进，但是当你感到无法承受时，就把这一切都忘记了。

所以当这种情况出现时，练习效果最好。提前和孩子约定，在哪种场景下，你会以事先约定好的方式打断他，让他停下来，讲出某些行为的驱动因素，给他提供一些在那种情况下控制自己情绪状态的办法。这就是整个模拟练习的内容。

第二步：在每个场景中进行模拟练习

择机进行演练。兄弟姐妹之间发生争吵的时候，抢着看电视节目的时候，玩电子游戏停不下来的时候，或者就是兴奋过度需要降降温的时候，在父母的引导下让孩子从一种兴奋失控的状态冷静下来的过程，可以让孩子发现哪种方法对自己有效。不必紧盯着那些压力巨大的情形，因为孩子在游戏中也可能变得兴奋过度，出现失控行为，你也可以介入引导，你可以发问、反思，提醒孩子用自己的方式冷静下来，然后选择一种可以接受的社交行为，让游戏继续进行。

第三步：提示休息，然后问一些开放性问题

采取口头提示的方式，打断一些过度行为。你可以说：我看你情绪很低落……或者说：你看起来心事很重……再不然就说：你看上去有点冷静不下来。

然后描述一下行为和情绪之间的联系。你可以说：

你现在是什么感受？

你身体出什么问题了吗？

你能说说你现在是怎么了吗？

你对这件事有什么感想？

按照1～5来打分的话，你现在的兴奋程度是几分？

既然你这样看待这项活动，假如你继续像现在这样，后面会发生什么呢？

你觉得你可以调整自己的哪些做法？

那样做会改变结果吗？

第四步：头脑风暴

让孩子注意到自己的感受和控制感受的办法。你现在怎么做可以让自己冷静下来，让激动的情绪平复下来？这里要用到头脑风暴的方法。让孩子体会一下"暂停－观察－

冷静"的过程，等冷静下来再继续玩，就是这项练习的目的。一旦孩子冷静下来，你们的对话已经结束，就可以继续玩耍了。等到下一次训练孩子时，可以看看指导的效果。

■ 把日常玩耍游戏化，锻炼大脑执行功能相关的技能

享受亲子时光不需要任何理由，许多简单的游戏和家庭活动都有助于提高大脑执行功能相关的技能。这些活动提供了一种愉快的体验，可以帮助孩子适应即将面对的更有针对性的训练和活动。当孩子玩猜字谜、猜物体，以及像"红绿灯"这类按口令行动的游戏时，他需要留意别人的信号，想出游戏的策略，交替游戏角色，预判他人的行动，根据他人的行动随时做出反应，这些活动都很有趣。

进行具体的练习才是孩子最好的学习方法，模拟就是要再现真实生活中的经验，这是社交技能训练计划的基础。例如，如果孩子曾经因为不愿意分享东西而大发脾气，在模拟场景中，他就会假装自己正处于那样的场景之中，想象当时失望的心情，练习"暂停—冷静—做出适当反应"的新技能。

■ 周围的人要对训练活动保持热情并支持

父母和家人很重要的一项任务就是要目标一致地支持孩子参与社交技能训练和具体活动。如果你独自养育孩子，也可以列举出关系亲近的家戚和朋友，作为一个小圈子，让孩子在这个圈子里尝试完成这些训练活动。如果有的家庭成员不愿意支持这些活动，那么请他们至少不要干扰这些训练活动。

Why Will No One Play with Me

第 4 章

人人都需要的 7 项社交必杀技

你要用长远的眼光看待孩子和社交。也许你每天的时间只够解决孩子遇到的一个困难，而你自己还有忙不完的事，那么我愿意伸出援手。

我的关注点绝不仅仅停留在孩子每天的社交活动是否顺利上面。当我们观察孩子，留意他们的执行功能相关技能的发展情况时，需要时刻牢记最终目标。我们的目标是让这些技能引导孩子在生活、工作以及寻找归属感方面，能够最大限度地发挥潜能。

尼尔今年 10 岁，是个优秀的小男孩。他妈妈非常担心他，因为她觉得尼尔在学习和社交方面具有严重的态度问题，具体表现为课堂上的破坏行为。这些行为会干扰其他同学，让老师不得不进行干预。他的功课也成问题。他倒不是学不会，只是完全放任自己，作业想不做就不做。他很烦上学和写作业。他认为有没有朋友无所谓，反正自己也不需要朋友。这就是尼尔的情况。

尼尔的父母最担心的是他的学习成绩，因为他需要更优异的成绩才能升入高年级，然而他的行为显然事与愿违。他父母跟老师沟通过很多次，请老师不必让尼尔亦步亦趋，说他在学习方面比其他同学领会能力强，跟别的同学凑不到一起。后来有一天，尼尔的妈妈看到《福布斯》杂志上一位专家的访谈，讲述职场上必备的人际交往技巧。她浏览了全部的能力清单后，意识到"这些技能我儿子都不具备啊"。看到那些基本技能的描述以及缺乏那些技能最终将会如何影响人们生活和职业的发展，迫使她不再为儿子寻找任何借口。尽管尼尔的某些科目比较领先，但是在基本必备的社交技能方面明显落后很多。有了这样的先见之明，尼尔妈妈迅速确定了帮助尼尔的具体目标，就是帮助他培养将来在现实世界中必备的人际交往技巧，最起码等10年之后，长大成人的时候，能够找到一份工作，能够自立。

不管孩子遇到什么问题，作为父母，我们都要帮孩子做好将来生存和发展的准备。社交问题可能会在孩子进入青春期后发展成更严重的问题，进入成年时期后，缺乏社交技能不仅让他们在社会上受到排挤，而且可能影响他们就业、职业转换或者追求自己的梦想，也可能影响与上级的沟通和升职。我们应该从现在就开始努力了，就像教他们系鞋带或者学习阅读一样，他们最终会忘记学习的过程，而学到的技能则变成了他们的第二天性。

人人都需要的社交必杀技

- 学会控制情绪而不要被情绪控制。当发生剧烈的情绪波动时，你自己心中要有所警惕。你需要学会调整自己，而不要期望他人为你做出改变。你需要学会应对失望，学会控制情绪，而不要被情绪击溃。
- 学会观察环境。一个环境中的主导情绪、主要氛围是什么样的？人们是不是正在进行某项活动或者正在进行一场对话？这些活动是预先安排、角色确定的，还是组织松散、自由随意的？你在这个场合里需要如何表现，采用什么样的语调才显得言行得体？他人对你有何期望？

- 主动一点。这包括主动介绍自己，主动发起一个对话，或者听到别人的询问后积极应答。甚至一个微笑或者礼貌的感谢都足以向他人发出一个信号，告诉他们你待人友善、乐于交往。有时候，主动一点还包括主动向前迈一步而不是远远观望，甚至宅在家里不出门。

- 读懂社交信号和隐秘规则，相应调整自己的行为。这不仅需要你学会察言观色，还需要懂得随机应变来适应这些规则。口头信号看似简单，实际上要求你能听懂他人的言外之意，如果你通常只在乎自己的想法而不考虑他人的想法，那么这一点也不容易做到。

- 学会换位思考，从他人的角度看问题。理解他人的角度，是指要在某种程度上理解他人的动机和反应。你不仅要看懂他人的行为，还要理解你自己的每一个行为给他人留下的印象，而别人会根据这种印象对待你。

- 保持灵活和适应。不要当规则审查员，要懂得自己不是永远正确的。你要意识到，让步是社交活动的组成部分，有时候友谊和群体的想法比分辨对错更重要。不要热衷于争辩，要懂得适时放弃争论和接受拒绝。

- 针对不同的沟通对象调整自己的沟通方式。对于5岁的孩子来说，这就是指分辨公开场合和私密场合，说话不能不假思索地脱口而出，那会让老师和同学感到伤心或者尴尬，比如不要说"你穿裙子显得很胖"或者"我妈说你很懒"。10岁的孩子则需要学会判断朋友希望听到哪些内容，他们的兴趣爱好是什么，他们喜欢谈论什么。这个年龄的孩子还需要学会调整自己的语气、表达方式，根据周围人的年龄和兴趣选择谈论的内容。

一般来说，孩子总会在某些技能方面有所欠缺，所以他们才需要父母的帮助。在随后的章节里，我们会具体讨论沟通方式、训练内容、训练方法以及解决问题的思路，这些都有助于孩子获得改变自身行为的技能和信心。后面对行为调整的分析和教授方法的设计都参照了有关的科学依据，具体步骤都来自实践经验的总结。

一次成功的经验会使孩子尝试的信心倍增

当孩子打算改善自己所不擅长的行为方式时，他首先需要相信改变是可能的。那些能够让他感受到自己的优势和潜力的经历，都是一种激励。

我们一向期待孩子能够取得进步，然而最难的地方在于让他们相信自己可以进步。所以，我们谈论很多的一个话题就是"笃定"。如果孩子擅长某方面的事情，并且记得自己曾经表现非常出色，那么我们就帮助他回顾过去的经历。我相信每个孩子都有这样的时刻。这样做可以让记忆中的经历重新变得鲜活起来。在社交场景中，吸取经验并在新的场景中运用，是一项有多种好处的执行功能类社交技能。这样孩子就能够明白自己的行为什么时候行之有效，什么时候效果不佳。他会记住别人的具体反应或者某个具体场景，再次遇到同样的情况时，就会吸取经验教训。

记忆中任何一段成功的经历，都是通往自信的捷径。我们身为父母，通常会对孩子的成绩表示赞赏。然而作为教练，我们关键的任务是让孩子记住成功的自信与喜悦。要反复提醒孩子"你曾经有过成功的经验"，我们可以说"告诉我你上次怎么做到的，当时有什么感受？"对过去经历的肯定和探讨，会让记忆变成对自己的"确知"。这样孩子就会明白，自己的经验表明，很多事情他是可以做到的，尤其是他们擅长的事情。孩子在训练活动中遇到新的挑战时，我们可以让他们勇敢地向前跨越。这勇敢的一步并非出于盲目的自信，而是他们对自己的"确知"。

通过点滴的实践和积累，社交技能会转化成行为习惯

我们讨论的人们必备的社交技能，不仅是指某项技能的临场发挥，而且是指人的行为习惯。在《习惯的力量》（*The Power of Habit*）一书中，作者查尔斯·都希格（Charles Duhigg）称，一个习惯的养成，通常需要18～254天，或者说需要平均66天的时间。社交技能训练计划也符合这一规律。练习观察环境不仅仅是一次性的活动，它需要通过长期的实践，转化为一种行为习惯。

科学研究告诉我们，对某种认识和某种思维习惯坚持得越久，这种认识和习惯就越稳固。大脑回路，即神经元组成的网络所构造的路径也符合用进废退的规律。大脑会主动消除很少用到的路径而强化用得多的路径。因此，孩子自己的叙事逻辑会变成一种自我对话，成为鼓励或者压抑孩子行为的内在声音。研究表明，在人的头脑中，对自己的负面评价会强化自己对消极想法和经历的反应，削弱积极想法和经历对人的影响。这也解释了，为什么自我对话会成为一种自我实现的预言：我不行。我太笨。我不会……我不是……我永远不……这类自我对话让自己的行为越来越难脱离原有轨道，反而越陷越深，无法自拔。

正因为如此，我们需要尽早消除阻碍孩子发展的思维习惯，防止那些消极的思维习惯变得根深蒂固，引导孩子修正自己的叙事逻辑和内心对话方式。这样，我们就可以通过循序渐进的方式，从点滴之间积累，帮助孩子掌握这些技能，强化大脑中产生积极行为的脑回路。

第二部分

社交技能训练手册

训练指南、问卷和工具

Why Will No One Play with Me

第 5 章

高效社交技能训练的 8 个原则

有效的训练活动是与孩子相处和沟通的良好方式

保证社交技能训练效果的核心原理，都来自实践中验证过的方法和技术。你不必做一个全知全能的家长，也不用强行纠正你家孩子，或者说服他人接纳你家孩子。放下你对孩子的消极成见，不断提醒自己：如果他懂得如何做，那么他必然会做的。如果他们懂得如何运用执行功能类的相关技能与他人建立联结、结交朋友，他们应该早就这样做了。你家孩子的大脑构造，让他不太容易与别的孩子建立社交关系。你的指导和本书中介绍的社交技能训练计划会帮助孩子做出改变。

有效训练不仅仅是一种态度或者是一种流于表面形

式的风格，它也是一种陪伴孩子的方式，一种与孩子进行沟通的方式。也就是说，你倾听和回应的方式中，带有积极的预期和以培养解决问题能力为导向的思维方式。积极预期是指，你总是以鼓励、启发、投入、赋能的方式对孩子做出回应，从而激发孩子成长、改变的内在力量。"你想让这件事有什么不同的结果呢？""在这种情况下，你更希望怎么做？""你希望朋友关系是什么样的呢？"你可以通过询问孩子希望达成什么结果，来引导孩子的发展方向，而不是仅仅告诉他你不能这样，你要改变，也不是告诉他具体怎么做才能改变。以培养解决问题的能力为导向意味着要带领孩子一起经历解决问题的过程，借此训练他解决问题的技能，而不要代替孩子解决问题。

孩子需要亲自体验大脑形成社会认知、自我认知、自我调节和积极社交行为的过程。你可以利用下面给出的简单技术和社交技能训练内容、工具以及技能培养活动对孩子进行指导，为孩子提供直接的学习体验。

训练方法

回应式倾听、开放式询问、表扬和提醒

这三种基本的沟通技术是社交技能训练计划所有基本原则、训练方式和练习活动的基础。亲子关系是非常强大的沟通渠道，这几项沟通技术都是利用亲子关系这种自然联结构造出来的。所以，这些技术也比你预想的简单。它们会改进你和孩子任何时间的沟通，因此，你可以马上上手使用。你和孩子进行的高质量日常谈话越多，为对话训练和技能学习的准备就越充分。

回应式倾听

回应式倾听是指，你首先要倾听孩子对你说的话，然后复述给孩子或

者总结后讲给孩子听，让孩子知道你听懂了他的话。如果你没有听懂，孩子可以进一步澄清，这样你们在进行下一步沟通之前，可以保持理解一致。回应式倾听有助于促进你和孩子之间的理解与共鸣，让孩子感受到你对他的理解和支持。这对于存在社交困难的孩子来说尤其重要，因为他们经常感到被人误解而没有机会解释。

当你把孩子的话和想法，用你的话解读给他听时，就能够让他更客观地看待自己，让他注意到自己平常说话时注意不到的内容。比如，孩子可能说，他觉得"别人应该过来找我玩啊，我不需要主动去找他们"。当你复述他的话时，你可以说："你说你不会主动找别人玩，你觉得他们应该主动来找你。"这样，你实际上做了两件事。首先，你让他梳理或调整了他准备讲出来的内容。其次，你让他重新审视了你对他的话语的理解，这是他第一次客观地听到别人真实的想法，而不是在自己的脑海中自言自语。别人把自己的想法复述出来，有助于自己留意别人对自己的话的理解，以及这种理解和自己沟通的目的有无偏差。这些都是与执行功能有关的任务，现在通过你的提示，促使孩子去完成。久而久之，回应式倾听就可以帮助孩子在社交行为方面形成自己的思路和观点。

开放式询问

第二种基本的沟通技术是以非评判、开放式的问题发问，问一些"怎么样、是什么、什么时候、在哪里"类似的问题。这些问题会开启一个对话，避免了以是或否作答的封闭式问题。开放式问题会激发孩子的好奇心，让他愿意主动提供一些对你有价值的信息。"当马丁那样做的时候，别的小朋友是什么反应？""是什么事让凯特那么生气的？"你所询问的问题就是让孩子在特定社交场景中留意思考的内容。你让孩子重新回忆起一个场景，在不必立刻做出反应的情况下，让他尽量搜集当时的社交和情绪信号。孩子听到这类问题，就会尝试着把自己的想法、行为以及社交场合与父母的想法和期望进行比较。开放式问题和回应式倾听两者相结合，可以促进解决社交问题的一系列执行功能相关技能的发展。（给有智力障碍的儿童的开放式问题可以参见本章后面给出的补充内容。）

你内心所疑惑的问题是：是什么原因导致的呢？别的孩子不愿意和我家孩子玩，是出于什么原因呢？我家孩子遇到这种情况，是什么原因导致他崩溃失控、大发脾气的呢？比较一下这两个问题，"露西，你为什么要那么做呢？"这个问题让孩子给出合理的解释，而"是什么原因"这样的问题能够帮助你和孩子更深入地理解：发生了什么？你认为是怎么造成的？当别人那样对待你的时候，你是什么感受？这样你才能得到确切信息，理解为什么这种情况会发生在你家孩子身上，并把重点放在对孩子的有效引导上。

如果你家孩子说"我不知道"或者"我不记得了"，你可以问问：

- 你觉得老师（同学或别人）怎么看待这件事？
- 你能告诉我当时的情况吗？
- 你能记得当时的哪件事？细节性的小事都可以。
- 如果你有一张《巧克力工厂》里查理得到的金色门票，你怎么用一句话来描述这件事？

当孩子感觉自己正在受到质疑时，他们有时候就会呆住而不知所措。我们要给他们回旋的余地。

你可以幽默一点。我们今天做个约定：你告诉我今天你不希望我说的四个字。如果我保证做到，你也要保证不说"我不知道"。给他们提供一些稀奇古怪的选项，逗他们笑出来，他们也许会大声地反驳：不对，才不是你说的那样，其实是这样的。

表扬和提醒

表扬是对孩子的努力和进步的认可。对于一个遭遇困难的孩子来说，表扬是取得进步的清晰而鼓舞性的信号。庆祝每一个小的进步，不要指望一蹴而就。你可以对孩子说，"我看到你在尝试，这就是个进步啊。"可能孩子对你的话表现得不耐烦，仍然对旁人发脾气。他也许会主动分享玩具。然而不管怎样，你的表扬都会促使他朝着积极的方向努力。一个还没有意识到自己在社交场合中有自身角色的孩子，首先要认识到自身角色，然后才能对社交场合有所认识，产生自己的期望，并最终采取行动。不要总是期望孩子一下子把每件事情都做好，要认可和表扬改变的迹象和努力的尝试。清晰的认识、主动的意愿或者任何可见的行动，都属于重大进步。

提醒是指对孩子期望练习的积极行为发出提示信号。在训练过程中，你要有意识地发出信号引起孩子对自己行为的注意。你们也许可以约定某个信号的含义，比如你问一句："你觉得你的朋友们想玩什么游戏？"击一下掌或者竖起大拇指，这种快捷的信号可以让孩子把练习目标与自己当下的行为结合起来。而且，也可以让孩子暂停一下，审视一下自己的情绪、肢体语言和周边环境。

现场指导 / 行为监控

家长：嗨，我看你朋友刚刚走了，出什么状况了吗？

孩子：他不喜欢我就走了呗，反正他也挺无聊的。

家长：嗯。你能告诉我你们今天都玩什么了吗？你们都做什么了？

孩子：我玩电子游戏了。

家长：不错。你朋友呢？

孩子：他在旁边看。

家长：我真想知道他只能看不能玩是什么感受。

孩子：他喜欢这样。

家长：嗯。如果是让你这样，你会是什么感觉呢？

孩子：我应该无所谓。

家长：嗯。你是主人，他是你的客人，你该做点什么呢？跟别人一起玩应该怎么做呢？

孩子：哦，我好像只顾自己玩，没想到他的感受。

孩子承认自己忽略了朋友的感受。一般来说，这一点听起来让人有点失望。孩子并没有说出他妈妈不知道的内容。一个新情况却说明他有了重大的进步，那就是他终于意识到了自己的行为。这是他自己的认识，而不是妈妈对他的纠正。

高效训练的8个原则

下面8个指导原则可以让你成为你家孩子最有效的社交技能教练。这些原则可以作为你的思维框架，帮助你始终从教练角度出发，在与孩子对话和活动的过程中，牢记身为教练的目标和角色。在任何一次训练中，如果有脱离轨道的危险，请使用这8个原则帮你重回正轨。

1. 询问，而不要告知。
2. 倾听和学习。
3. 保持冷静。
4. 时刻从元认知角度审视自己的行为。
5. 尊重孩子的灵光一现。
6. 先动员，再铺垫。
7. 从孩子的实际出发。
8. 充当孩子的啦啦队。

原则1：询问，而不要告知

以真诚和尊重的态度进行询问，了解孩子的真实情况。你需要理解真实情况，而且要了解孩子的所见所感。我们如果凭想象臆断他人的行为和观念、恐惧和希望，就会错过很多信息。孩子拒绝去做我们提议的事情，很难说是因为他对未知的恐惧，还是以往的遭遇让他小心翼翼，还是他只是想做点别的事情？除非你听到孩子的解释，否则你永远也搞不清楚。

就像剥洋葱一样，你要剥掉表皮，进一步了解问题的真实情况，看看究竟是怎么回事。

原则2：倾听和学习

对于孩子的话，要保持欢迎的态度。要冷静地倾听，让他感到舒服。保持这种中立开放的态度。当你很想直接上手改善局面或者纠正孩子时，请克制你的冲动，自我调节一下！请深呼吸，放松你紧绷的身体。除了请孩子讲、倾听、认可和接纳，什么都不要做。

你作为家长的局限在于，当孩子在学校和你不在场的时候，你并不知道发生了什么，不知道孩子在社交活动中遇到了什么困难。你所需要的这些信息，只有你家孩子掌握。在训练过程中要牢记：

我自己处于学习模式中。
我充满好奇。
对话的目的是搞清楚孩子的想法，不是我的想法。

原则3：保持冷静

做教练需要一点超脱的心态，这样才能成为与孩子一起解决问题的伙伴。这是孩子的需要，不是你的需要。即使你听到的让你感到生气或者失望，你也有必要保持冷静。你要记住，你不是在寻求唯一的答案，也不是为了显示自己永远正确。你要做的是在相互尊重、相互信任、相互欣赏的基础上，营造一个关爱、支持的环境。你家孩子可能很长时间以来感到有话无处说或者被人误会。他需要知道可以随时平静地与你探讨事情，知道你相信他的话，因此他心里才感到踏实。孩子有机会把自己的话讲给你听时，他会感到兴奋或者至少是感到轻松。

你要把自己想象成一个侦探，而不是法官。你需要收集各种信息，努力从孩子的角度了解他的社交处境。你以教练的角色做出冷静的回应，让自己在情感上保持一定距离，才能逐渐找到培养孩子解决问题的思路所需要的中间立场。不要过于急切，不要发火，不要训斥，不要旧事重提。如果孩子没有马上回答问题或者回答不合你的心意，不要被激怒。请你深吸气，再深呼气。把自己的行为和孩子的比比看。

原则 4：时刻从元认知角度审视自己的行为

我们无法总是站在别人的角度理解我们的行为如何影响他人以及他们对待我们的方式。元认知以及大脑里的其他执行功能，把我们的行为纳入了更广阔的视角，作用就像一面镜子，让我们可以更客观地看待我们的行为。当孩子缺乏元认知这面镜子时，我们可以帮助他们举起这面镜子，直到有一天他们自己学会了从元认知角度思考自己行为的方式。在训练活动中，我们可以这样问："好吧，你希望怎么做呢？"我们还可以问问下次的做法，以及同伴的感受"如果是你，你会有什么感受？我发现有时候你不顾及同伴的感受，你想想你刚说过的自己的感受。你觉得顾及朋友的感受重要吗？"

当你让孩子描述他自己或者别人的行为，或者反思别人给他带来的感受，或者想象自己的行为给他人带来的感受时，你相当于为他举起了一面镜子。当你举起这面镜子，跟孩子练习上述对话，也就是练习"询问—不直接告知—倾听和了解"时，你就是在积极培养孩子的元认知能力，以及大脑执行功能有关的反思和角色转换技能。这种做法让练习成了体验，让社交技能的训练活动成了大脑中的经验，从而达到了培养这些技能的目的。

原则 5：尊重孩子的灵光一现

灵光一现就是自我发现的时刻。在一生当中，我们都有过顿悟的时刻。经验告诉我们，顿悟不会来源于别人，而只能来自内心。

在练习过程中，孩子的认识、反思能力、目标设定和解决问题的思路不断被强化，让他有可能在这个过程中出现灵光一现的时刻。练习刚开始的时候，孩子的灵光一现可能会让你失望，因为他们的理解可能不符合你的期望。他的灵光一现，可能是"啊哈，我可以不听你的话"，或者是"我在交友上不用心，是因为这件事对我没有意义"。要明白，每个灵光一现都是一个进步。如果我们马上打断孩子，开始纠正或者说教，告诉他们"应该"怎样，这样我们就关闭了对话的通道，也中断了孩子的反思，同时也扼杀了孩子下一次灵光一现的机会。

任何一件小事上的灵光一现都是大脑执行功能的一次大胆展示。你可以帮助孩子把观察到的事物全景纳入自己的头脑。每一次灵光一现都是头脑中的一个点，而执行功能会把这些点关联起来。不管孩子是 5 岁还是 15 岁，当他的成长阶段和情绪发展水平相符合时，这一过程会自然而然地发生。练习不是用命令的方式要求孩子进行灵光一现，也不是告诉孩子应该如何。练习给孩子创造了时间与空间，让他能够形成自己的认识，这是孩子最重要的学习源泉。

原则 6：先动员，再铺垫

我们常说在进行敏感或者困难话题讨论之前，要先做铺垫。但是为一场对话做铺垫之前，还有其他的基础工作要做。你也许正在按照社交技能训练计划，训练家里唯一的孩子。然而家里的每个人都在学习自己的东西，每个人都在做自己的事情。如果是这样的话，你可以制定家里的日常规矩，内容可以包括时间安排、对话习惯、日常的社交活动、解决问题的思维模式，以及思考我们的言行如何影响他人等。这样的规矩可以先从两个人开始。解决问题的思维模式以及改变行为习惯的基础工作，要亲自示范，让孩子看到需要帮助、请求别人帮助是一件正常的事。让孩子明白，什么样的人是一个可以提供帮助的人，告诉孩子，你很愿意成为他社交活动中以及其他任何事情中为他提供帮助的人。

原则 7：从孩子的实际出发

如果你的目标和期望超前于孩子的能力，你就会发现你花费很长时间制订计划，而计划始终执行得不好，你也会因为孩子达不到要求而感到灰心失望，那么你家孩子不仅会在社交场合感到挫败，而且在你面前也会感到挫败。所以你最好能够认识到孩子目前的能力水平，并以此为基础进行培养。这样一来，你们从合理的目标和可行的计划出发，才能取得良好的效果。

不仅如此，假如孩子性格不太成熟、害羞、内向或者外向，这都是他们的自然状态。每个人都努力成为最好的自己。作为家长和教练，我们并不是要把一个内向的孩子变个样子。我们是帮助他们学会做选择，让他们自己有选择，追求能够成就他们的事物，不管他们是选择幼儿园还是择业，也不管他们追求的是朋友关系还是家庭关系。如果他们表现得不够成熟，那么我们的目标就是让他们看到这个年龄段恰当的反应方式和人们对这个年龄的一般期望，并帮助他们达到这个水平。

原则 8：充当孩子的啦啦队

当你庆祝孩子的进步、小成绩或者他灵光一现的顿悟时，都有利于孩子保持持续努力的动力。有的家长担心这样的行为不合适，其实这是多虑了。小成绩也是值得庆祝的，这是他们取得显著成绩的必要步骤。

孩子刚出生时并没有跑马拉松的能力。他刚会走路时，你也不会因为还没加入田径队感到遗憾。你会欢呼，会鼓励他。对孩子来说，执行功能有关的社交技能就是他所面临的马拉松。你要记录每一个关键进步。你要告诉孩子："你只要上场，能碰到球，努力做一些你还做不到的事情。这就值得庆祝。"

积极强化并不是空洞的表扬。"用心之处，必有所得。"当你看到孩子身上出现了你所期待的行为并加以肯定时，那么孩子的大脑就会对这个行为做个记录，这不是比喻，而是事实。这个做法会强化大脑中的神经网络，以便再次重复这个行为。

■ 如何改掉"说—说—说"的模式，采用"倾听—了解"的模式

你是不是经常说"我告诉你多少回了？"

改掉"说—说—说"的思维模式，采用更加有效的"倾听—了解"的方式，从改变语言开始：

- 不要说"再努力一点"，你可以说："遇到什么困难了？你可以换一种方式做吗？作为朋友，别人会期望你怎么做呢？"
- 不要说"要友好一点"，你可以说："你觉得友好是什么样子的？招人喜欢是什么样子的？你采取了哪些友好的做法了呢？"
- 不要说"你的态度太消极了"，你可以说："你自己是怎么看待这个情况的呢？"或者"我听说你有点消极，遇到什么问题了吗？"
- 不要说"你要控制一下自己"，你可以说："你自己的行为自己做主，你现在打算如何管理（你的行为、你的语言）？"
- 不要说"你要主动接近别的孩子"，你可以说："那些孩子在一起玩，要是想加入他们，应该怎么办呢？和大家一起玩，你觉得怎么样？"或者也可以说："你觉得自己玩有趣吗？" ■

如果我家孩子就是不愿意开口说，不告诉我他现在遇到的困难，怎么办

可以问问孩子周围的人，从不同的渠道收集信息。第 9 章会告诉你如何开始与孩子讨论困难的话题，如何讨论你从学校老师、从你为学校做义工、从孩子的兄弟姐妹、其他家庭成员或者朋友那里得知的事情。不要犹豫，你可以主动去收集你所需要的信息。

■ 如果孩子有自闭症或者其他的困难，无法采用开放式询问的形式，该怎么办

患有自闭症的孩子和成年人也可以参加这个练习，但是他们对开放式问题会感到吃力。所用的问题需要更具体，因为患有自闭症的孩子很难在开放的环境下找到具体的答案。这些练习非常适合培养角色转换、自我调节以及其他的执行功能，只不过我们需要把问题做一些调整。所以，不要问"你怎么才能适应这个环境呢"？你可以说："咱们一起做几件事，来帮你适应这个环境，好不好？"我发现，问"你看到了什么？"这样的问题效果也很好。"妈妈忙碌的时候会有哪些动作？你觉得妈妈忙碌的时候心里是什么感受？"这类问题有利于培养理解社交场合所需的思维模式。记住：在练习中增加一些视觉信息或者图片，有助于自闭症孩子更好地理解训练内容。■

你学会了

上面这些都是训练的指导原则，尤其是指导孩子所需要的原则。在后面的章节里，你将会学习如何使用这些原则与孩子一起练习。练习既可以在厨房，也可以在开车的路上；既可以在运动场上，也可以在约会游玩或者参加聚会以及其他的场合。你会越用越熟练，这是利用这些原则培养习惯的最佳方法。

第 6 章

关于学习模式的问卷
评估孩子的优势、兴趣和学习模式

优势、兴趣和恰当的学习模式可以让学习活动更容易坚持下去。

我们大多数人都喜欢做自己擅长和喜欢的事情，孩子们也不例外。如果孩子某些方面做得比较好，他就更愿意花时间解决这方面所涉及的社交问题。孩子的优势是制订社交技能训练计划的天然线索。

做自己感兴趣或者好玩的事情，大脑会被点亮，也就是被激活，表明有意愿、更开放、随时准备采取行动。这是开始启动执行功能的第一步。有的孩子可能在搭积木或拼拼图时，大脑会被点亮，还有的可能更愿意玩扮演游戏或者踢足球。孩子不一定把自己的兴趣发展为自己的优势，这只不过是他们喜欢的东西而已。然而，这就是关键。借用玛丽·波平斯（Mary Poppins）的话说，孩子的优势和兴趣就是裹着药吃下去的一勺糖。尤其是对于在社交活动中曾经遇到过一些困难的孩子来说，如果能带着一点自信和热情开始调整行为和学习新社交技能，那么确实会有帮助。

行为调整相关的科学理论表明，如果你想改变自己的思维模式，变得对新事物更加开放，那么从自己的优势开始入手确实有帮助。你的优势就像对你的欢迎仪式，可以把你带入新领域，让你的学习活动更容易坚持下去。你当然不能只是停留在自己的优势上。你需要继续前进，脱离原有优势，走进新的世界。当你拥有了优势所带来的自信时，你就能更好地应对新的挑战和机遇了。

基于自身优势设计训练内容，更有利于增强自信、提高能力和强化深层次学习

我们可以利用已有的能力和技巧来解决遇到的新问题。孩子在逐步接近自己的目标时，信心和能力也在相应地增长，对自己的认识也在加深。我们可以把孩子的成长过程看成一个银行账户，账户中的资产随时可用。孩子任何一点收获都可以看作资产的累积，成为从事新活动时的可用资源。

社交困难的孩子通常会感到不知所措，于是就会把自己封闭起来。他们看不到自身的优势，或者说"内在的巨人"，他们一般会认为自己是个失败者，什么都做不好。他们在社交活动中屡屡受挫又搞不清原因，让他们感觉更加糟糕。在接下来的对话训练中，你从"学习模式问卷"中获得的深刻见解将帮孩子看到自身的优势。当孩子回想起成功的经历时，在这个领域的优势也会提升他在其他领域的信心。当孩子在某个领域遭受挫折后，尤其需要这样的激励，帮他们重新回到训练中来。

自身优势可以让学习活动持久。认知科学家彼得·布朗（Peter Brown）和他的合著者在《认知天性：让学习轻而易举的心理学规律》（*Make It Stick：The Science of Successful Learning*）一书中指出，最新的研究结果告诉我们，基于大脑的技能决定着记忆的形成、强化和回忆，正是这些技能构成了人的深度学习活动。社交技能训练计划的每一步都经过了精心设计，用来强化大脑里掌管记忆等技能的运行机制，从而让学习效果更持久。

孩子的学习模式是一项潜在优势

你也许听过用"学习模式"一词来指一种"学习类型"。在社交技能训练计划中,我使用"学习模式"一词就是指大脑最擅长处理信息和经验的方式。这种方式可以是一种优势。学习活动通常让我们走出舒适区,这就是问题的关键。行为的改变尤其困难,执行功能所掌管的社交技能发展相对滞后的孩子通常会处于舒适区之外。孩子的学习模式是他学习新的社交技能时可以利用的一项优势。

关于我们的大脑如何理解经验并从中学习,科学研究人员有大量的解释。社交技能训练计划以及学习模式问卷是我对这个领域里四种模型的理解:霍华德·加德纳(Howard Gardner)的多元智能模型、彼得·布朗及其同事深入研究的持久性学习模型、莉·沃特斯(Lea Waters)的优势学习模型以及卡罗尔·德韦克(Carol Dweck)的成长型思维模型。

我所采用的6种学习模式都是基于霍华德·加德纳的多元智能理论以及其他与加德纳理论相吻合的理论。

1. 听觉(音乐、声音)
2. 动觉(上手操作和实际行动)
3. 语言(口头的)
4. 概念(思想的)
5. 视觉(眼睛看到的)
6. 触觉(触碰到的)

学习模式不是严格的学习过程,而是便于孩子实现各种目标而随时借用的快捷方法。每种学习模式都可以提供多种方法,帮你把练习内容调整成适合你家孩子的形式。比如,一个触觉和视觉处理能力比较强的孩子可能喜欢乐高或者娃娃家,而在社交活动中,她可能喜欢艺术课、编织、缝纫、模仿他人的装扮，因为这些活动都是可以观察、可以直接动手操作的。

当你准备进行训练活动或者准备培养社交技能的练习时，可以考虑一下孩子的学习模式是什么样的。语言处理能力强的孩子可能很愿意参与训练活动的对话环节。概念型学习者可能希望从全局考虑，为什么某项社交技能对他来说那么重要。有的孩子喜欢和你安静地坐在一起对话。还有的孩子可能更愿意和你一起散散步，或者玩玩套圈游戏。不管孩子有哪些偏好，他们相应的学习模式都是他们学习新技能的天然优势，因为在这一方面他们已经进入自己的舒适区。

在下面的章节里，我们将分步骤深入讲解如何培养注意力、自我认识、对他人的感知、元认知以及其他社交技能。开始之前，我们首先要完成学习模式问卷，根据问卷结果确定你的训练活动和设计练习的方法。

学习模式问卷

学习模式问卷是用来确定孩子处理信息和经验时最擅长的方式的。孩子是不是知道某些事物背后的原因才能记得住？她能否记住听到的内容？她是否喜欢文字游戏和押韵文字？你还可以通过观察得出答案：什么事物容易吸引她的注意力？她是如何搞清楚一个新事物的？当你完成问卷打分以后，答案呈现出的模型就能说明孩子主要的学习模式以及最佳的学习方案。

■ 学习模式问卷

完成下列问卷时，别忘了思考一下上面6种学习模式。你可以请孩子一起完成问卷或者你在回答这些问题时，想象一下孩子可能会给出的答案。

使用说明：阅读下列陈述，看看是否符合你家孩子的情形。在右侧空白处打分。计算每一个学习模式的得分，得分达到或者超过17分，代表这是一项主导学习模式。得分最高的学习模式就是受测人员的主导学习模式。许多人具备不止一种学习模式，所以也要关注一下得分较高的另外三种学习模式。

打分标准		
1：很少/从不	2：偶尔	3：经常

听觉

需要听到指令或内容	
更愿意通过听来获取信息	
对听到的信息记忆更牢固	
靠韵律记忆事物	
把个人生活中的重大事件与音乐或者说过的话联系起来	
大声说出来可以帮助理解和记忆	
合计	

概念

需要全面了解问题的全貌，每一部分都需要搞清楚	
需要了解事物背后的原因才容易记住	
通过比喻或者举例可以更好地记忆信息	
理解事物的模式和内在联系	
通过向他人讲授而加深对内容的理解	
喜欢了解概念的精细内涵	
合计	

动觉

为了做到专注和理解，通常需要行动起来	
为了学习和记忆，通常需要行动起来	
更乐于进行动手实践的学习，比如用手摆弄某些东西	
可以不用阅读说明书把零件组装起来	
如果身体活动起来，就可以达到更好的学习效果	
更愿意立即行动，而不愿先看说明	
合计	

视觉

需要看到事物才能理解	
对口头指令的理解感到有些困难	
涂涂写写和做记号能够有助于理解信息	
用图而不是用文字思考	
把东西写下来或者看到书面的材料才能记得住	
把信息进行可视化呈现有助于记忆，对看到的事情记忆得更牢固	
合计	

（续）

语言	
通过谈话的方式理解思想与感受	
唱出来或者用些押韵的词汇能够记得更牢固	
从事任何项目或者活动之前，需要把具体步骤先说一遍	
使用助记设备、文本或者编歌曲的方式，有助于记忆	
把事情说出来能够更好地记忆	
做事情时习惯把指令明确说出来	
合计	

触觉	
需要用手触摸感受来辅助了解事物	
需要看到他人示范以后再行动	
不擅于用语言解释和发出指令	
喜欢用试错的方法解决问题	
喜欢用拼图的方式玩游戏或者学习	
会考虑物品的表面质地和气味	
合计	

得分结果	
最高分：主导学习模式	
第二高分：	
第三高分：	
第四高分：	
恭喜你，你的主导学习模式为：	

优势 / 兴趣的匹配工具

优势 / 兴趣的匹配工具可以帮你基于学习模式问卷的结果，以及孩子的技能缺陷领域和低兴趣领域，找到适合的活动和环境。

■ 优势 / 兴趣的匹配工具

使用说明：使用这套图表，在更广泛的领域内，匹配孩子的优势、技巧和兴趣。下面的优势 / 兴趣匹配问卷可以帮你了解孩子优势 / 兴趣的模式与类型，这是孩子天生具备的可用资源。当你思考某项内容是否属于孩子的优势时，可以同时思考下面这几个问题：

- 什么事物可以长时间吸引孩子的注意力？
- 孩子可以从早到晚做的事情是什么？
- 什么情况下孩子会表现得幸福快乐？
- 他有哪些目标？
- 他天生的兴趣是什么？
- 他在放学后喜欢做什么？

优势（+）	弱势（-）	
艺术 / 创造性活动		
		喜欢画画
		喜欢动手玩黏土、雕塑、摄影
		喜欢做手工
		利用家里的各种物品进行艺术创作
		画漫画
		自己画动漫
		做饭
		喜欢把泥土、树枝放一起做"饮料"
		喜欢搭沙子城堡
设计 / 发明		
		喜欢制作物品
		缝纫
		编程
		设计游戏
		用乐高积木搭建村庄
		用废弃物品制作新物品，比如做机器人模型
音乐剧 / 戏剧		
		喜欢写剧本
		写诗、作词
		喜欢表演
		具有歌唱和舞蹈天赋
		用自己的玩具编故事、塑造人物
		热衷于情节设计
		模仿音乐剧的场景，理解剧情主线
		制作服装道具
		喜欢化妆
		喜欢音乐类游戏

（续）

建造 / 组装			
			喜欢建造
			喜欢摆弄物品
			喜欢使用工具
			制作物品
			造火车模型，搭建原木小屋
			制作模型
			用胶水粘贴各种模型
			建造堡垒
科学 / 数学			
			观察并理解自然界中的各种模型
			观察并理解数字之中的各种模型
			喜欢探索
			热衷于了解事物的原理
			喜欢做小实验
			喜欢观察人工蚁巢
			喜欢研究动植物
			对科学家以及事物的作用原理兴趣浓厚
领导才能 / 企业家精神			
			喜欢创办新的俱乐部
			被同伴选为带头人
			别人愿意听从他
			喜欢思考解决办法和采取行动
			组织大家完成目标，比如卖蛋糕、组织乐队演出
			规划郊游
教 / 学			
			有好奇心，喜欢新事物并愿意与他人分享
			关心帮助他人
			喜欢展示新鲜事物
			教年龄小的孩子做事情
			兄弟姐妹关系融洽，愿意亲身示范，关心兄弟姐妹
			热爱运动，喜欢机械 / 物理
			喜欢摩托车，技巧娴熟
			持续热衷于体育运动
			把各种家具看作运动器械
			对新的运动项目饶有兴趣
			用纸和别针都能玩出花样来

结果：优势（+）_____　　　弱势（−）_____

你学会了

关注优势技能和学习模式可以让你把学习活动设计得充满乐趣。如果孩子们对这类活动更有热情,那么学习活动就会更深入,他们也更容易在新环境中运用所学的技能。这样你也会克服潜在的抵触和阻力,并且结果是孩子和家长都期望的。

■ 没有半空的杯子:每个孩子都是一个半满的杯子

当你总是盯着孩子的缺点时,就很容易忽视他的优点。当家长来找我的时候,我发现他们担心的总是孩子的成绩和行为问题。他们很惊讶地发现,我们通常一开始把重点放在孩子的优点、兴趣和大脑的学习模式上,因为这些方面才是孩子的内在优势。这些优势能够让孩子的学习活动更投入、效果更好。

第 7 章

执行功能问卷
评估孩子与执行功能有关的社交技能

当你清晰地认识到孩子需要掌握哪些社交技能时,你就可以进行有针对性的训练了。

如果你没有准备好地图或者导航系统,没有标记好目的地坐标,那么你必定不会贸然开始一次横跨大陆的穿越旅行或者一次远足。执行功能问卷(EFQ)就是你的卫星定位系统(GPS),它可以帮你标定问题区域,识别出你需要格外关注的地方,了解问题在你的整个目标全景之中所在的位置,在本书中,就是指为了让孩子达到目标所需培养的技能。

一旦你近距离观察孩子所遇到的成长障碍,就能对它有进一步的了解,从而针对孩子的问题规划社交技能训练和活动,来着重改进那些迫切需要改进的行为和提升的技能。一分耕耘,一分收获。当你着重训练孩子急需提升的技能时,你就会马上看到效果。

首先,要识别孩子最缺乏的执行功能相关的特定技能及其对应的行为。然后，按照先后顺序列出所期望出现的行为及对应的技能训练重点。期望的行为是指符合社交规范的行为，是一种积极的社交行为，也就是你希望孩子通过训练能够学会的行为。

如何使用

执行功能问卷的得分将帮你确定开始社交技能训练时需要首先关注的行为。这些行为可能会：

- 导致社交摩擦。
- 阻止孩子建立互惠关系。
- 妨碍孩子与其他孩子或成年人打交道。
- 是孩子在固定形式的或随意的社交活动中都不具备的素质。

你也可以参照问卷得分，根据孩子目前的社交技能发展水平，选择适合孩子的训练。训练要难易适当，既不要太难，又要让孩子通过适度努力才能完成。

如何确定你的答案是"很少""偶尔"还是"经常"？规则如下：

5 = 几乎从来没有展示出某项技能。也许孩子曾经有过一次这样的行为，但是在需要的时候无法展现出来。

4 = 很少展示出某项技能。孩子曾经展示过某一项技能，你也曾经看到过，但并不是经常看到。

3 = 偶尔会展示出某项技能。在某些环境下，孩子可以展示出某项技能，但是并不持续稳固。

2 = 经常会展示出某项技能。孩子虽然无法每次都表现良好，但多数时候都能展示出某项技能。

1 = 几乎总是能展示出某项技能。孩子在随意的和精心安排的场合下，都能够持续展示出某一项技能。

你需要考虑社交环境对孩子行为的影响。精心安排的环境和轻松随意的环境带来的影响是不一样的，环境的不同对问题行为和期望的行为都会有所影响。例如，虽然你家孩子经常会展示出某种期望的行为，但是仅限于某种特定的场景中，这时候就需要他在更一般化的场景中有同样的表现。认识到这一点，你就可以规划适当的练习，或者让孩子约合适的朋友一起玩，让他有机会在特定的场景中进行练习。你完成孩子的执行功能问卷打分后，就可以对照问卷后面的图表，确定孩子完成通用入门训练以后所需要进行的后续训练。

如何开始

- **花时间认真完成问卷**。对执行功能问卷不要应付了事。这部分信息是后续训练的基础，会影响后面内容的安排。请花几天时间认真做好问卷。
- **观察和反思**。你当然可以立刻坐下来填写问卷，但我建议你最好还是花几天时间观察孩子在社交环境中的表现，然后根据你的观察回答问卷中的问题。观察也不用过于细致，不用事无巨细地分析孩子的每一个动作、每一句话。你只需要像教练一样，保持适当距离观察孩子玩耍就可以了。
- **了解他人对孩子的看法**。听老师和教练讲讲他们从孩子身上观察到的情况。问问你的爱人以及其他家庭成员对孩子的看法。兄弟姐妹们可能会把这种询问当作告状的机会，不过你不用马上解决他们之间的分歧。你要记住，你当下的目的是对他们的相处情况有一个清晰的了解。
- **回顾你和孩子相处的经历**。你和孩子已相处多年，这段经历不该忽略。也许你准备开始填写问卷时，发现孩子非常疲倦或者精神状态不好，或者家里发生了一些重大的变故，那么你最好另选时间再填写问卷。

- **牢记自己的教练身份**。即使在训练活动开始之前，进入角色也很重要。在观察阶段，父母很希望看到孩子行为上光鲜的一面，对他的问题行为会过度宽容。而作为教练，你需要保持适度的距离，尽量客观地看待：他几乎从来都不会……她几乎总是要……经常会……

执行功能问卷

使用说明：根据下面的问题和规则对孩子的社交行为进行打分。思考一下，你看到孩子在什么情况下遭遇了社交障碍，孩子是否一贯表现出积极的社交行为。（"一贯"指的是"几乎总是"，意思是通常而言，无论在哪种情境之中，孩子总是能展示出友善的行为。）

给每一项技能打分，然后加总得到总分，就是该类别社交技能的综合得分。把这一项的总分记录在总分一栏，对八个类别分别进行打分。

最后，在问卷结尾处列出得分最高的五项技能。这几项是孩子最为欠缺的技能，他需要在这些方面加强训练。按照得分顺序，列出训练项目的优先级。（例如，如果一项技能得分45，而另外一项技能得分40，那么得分45的项目就应该更优先，然后是得分40分的项目，接下来是得分35的项目。）

每一类技能对应着一种执行功能训练。你可以根据孩子得分最高的训练确定适合他的执行功能训练计划。

当孩子完成了得分最高的训练，掌握了全部单项技能以后，你可以回顾一下那份得分清单，选择下一个得分最高的类别。对于每项技能，孩子都能做到熟练运用，才算掌握了这项技能。具体来说，如果孩子连续在三次活动中，不需要引导或提示即可至少两次展示出同一项技能，我们就可以说孩子掌握了这项技能。你可以参考"你如何判断"以及"提高技能的途径"这两个工具来判断孩子是否掌握了某项技能，从而判断孩子是否做好了进行下一项技能训练或者执行功能问卷中的另外一个科目准备了。

打分标准	
	5分：几乎从来没有
	4分：很少
	3分：有时
	2分：经常
	1分：一贯如此

合作、参与、解决问题

（以符合自身年龄的方式）主动邀请家庭之外的同伴一起玩或者一起外出活动	
能看懂同伴非语言的信息、社交信号，能看出同伴的意愿，并且懂得如何调整自己的行为，才能愉快相处	
在某些活动（例如假日活动、烧烤聚餐、生日聚会、日常相处）中，与其他孩子互动	
懂得抽身事外，全面看待自身所处的环境，采取与自身年龄相符的方式解决问题	
游戏规则、群体活动的内容有变动时，可以灵活适应，让活动可以继续进行下去	
与同伴积极协商和妥协，愉快相处	
轻松融入同伴正在参与的自由活动	
以同龄人习惯的方式，与同伴按次序做游戏和相互分享	
加入一个群体时，知道哪些是大家期待的规则和行为，以积极配合的方式参与活动	
单项技能得分	

与朋友交流沟通

与朋友或长辈说话时，看着对方的眼睛	
能做到围绕话题参与对话，补充与对话有关的信息	
即使对群体讨论的话题不感兴趣或者理解有限，也可以参与对话	
通过语言和非语言的信号，判断同伴感兴趣的程度	
积极倾听同伴和长辈讲话，可以进行互动式的谈话	
理解社交关系中的亲密程度，并相应调整分享的内容	
通过眼神交流，表达对长辈、老师、教练、同伴的关注	
记得有关某个朋友的细节信息，需要的时候可以回忆起来	
表现出对他人的兴趣，询问他人的生活、爱好、情绪体验等	
单项技能得分	

	（续）
观察环境	
理解各种环境中的基本社交信号和隐性规则，懂得相应调整自己的行为	
看清具体场景的氛围，以及当前场景下的行为准则，根据环境信号调整自己的行为	
能够注意到他人的感受，并相应调整自己的行为	
懂得适应不同环境、不同情景和不同人群的社交准则	
能够通过他人的语气、肢体语言、姿势和面部表情推断他人要表达的意思	
在具体场景中，根据同伴或长辈的背景信息和当时的细节确定自己的行为或选择	
从以往社交活动的错误中吸取教训，调整自己的行为	
能够看出他人行为的意图和动机，并相应调整自己的行为	
借鉴他人在社交活动中的经历，相应调整自己的行为	
单项技能得分	
情绪调节	
灰心失望的时候，能够以符合自身年龄的方式进行自我调整	
遇到不公平的事情，可以控制自己的情绪	
在具体事件、要求和情景之下，情绪反应比较适度	
能够接受他人的拒绝	
为自己的错误行为承担责任	
可以应对感官刺激（声响、噪音、触碰、气味、视觉刺激等），控制自己的情绪	
感到焦虑的时候，仍然能控制焦躁情绪，正确地识别社交信号	
在社交活动中，即使有失望不满甚至崩溃的情绪，也能有所控制	
听到同伴或者长辈的反馈或者批评时，能够控制自己的情绪	
单项技能得分	
站在他人的角度看问题	
站在他人的立场上，理解他人的看法	
听懂他人的话外音，并根据隐性规则调整自己的行为	
理解他人的感受，做出适当的语言回应，并且适当调整自己的行为	
懂得一个人的行为会引起他人的反应	
能够看清他人的意图，理解他人行为所传达的信息和行为背后的动机	
能够对一个具体场合做到抽身事外的全面观察，并且根据自己的理解调整自身行为	
从他人的立场出发，相应调整关注的焦点和对话的内容	
能够预料自己的行为给他人带来的影响和造成的感受	
当自己的行为或话题让他人反感时，自己能够意识到	
单项技能得分	

（续）

根据听众需求调整交流内容

能够控制自己的语气，做到不伤害同伴，让自己的行为符合自己的真实意图	
即使对某件事缺乏热情，也懂得在社交场合中，需要表现出礼貌和适当的兴趣	
根据同伴或听众的期待，适当调整自己的讲述方式	
根据场合调整自己的语调（比如降低声调，或更加柔和）	
根据群体的需要，适时中止某个话题	
讲真话要讲究方式，避免过度直白	
说话时要采用和善友好的腔调，而不要使用犀利嘲讽的口气	
根据某个人的以往表现，预测他的行为、动机以及对事情可能做出的反应	
能够分辨出讽刺和幽默	
单项技能得分	

灵活性/适应性

与同伴妥协	
与同伴按顺序轮流做事情	
当群体的目标发生变化时，可以调整和适应	
为了满足同伴的需要，事先定下的规则可以适当调整	
思维积极、灵活，不会把事情搞砸	
懂得原则不是绝对的，可以根据场景灵活调整	
懂得自己不可能总是正确的	
具体场景中的计划、规则、需求发生变动时，心理上可以适应	
不记仇，能够放得下对他人的指责和愤恨，否则会伤害友谊	
单项技能得分	

自我调节

对胜败要有平常心	
可以让别人优先，然后按顺序轮流做事情	
清醒认识到自己的哪些行为表现得过分愚蠢或者过于敏感，能够做到及时调整	
主动放弃争斗	
开玩笑要符合自己的年龄，做到适可而止，避免兴奋过度	
说话要避免不假思索，不要打断他人，不要大声喧哗和评头品足以及不以为然	
能意识到自己的行为失控，知道如何让自己冷静下来	
面对社会和群体的规则，懂得调整自己的预期	
避免对同伴做出冲动的行为和反应	
单项技能得分	

各项技能得分

请在笔记本上列出得分最高的几项技能，这些是孩子迫切需要培养的。我们在下

一章里介绍执行功能问卷对应的训练内容。■

■ 别被打分吓坏了，冷静一下，继续前进

作为父母，我们给孩子打分，评价孩子的行为，一定会触动自己的情绪按钮。尤其是当我们看到孩子某一项得分很高，孩子需要帮助的时候。有一位家长说，他看到执行功能评分结果时感到震惊，这是她第一次通过客观测评结果看到孩子某些行为和技能如此滞后。

打分结果不是对孩子的一个论断。打分只是一个工具，通过它你可以清晰地看到孩子的优势以及他所面临的困难。接下来，你要对照执行功能问卷，观察孩子在训练过程中的进步。孩子的打分结果会随着技能的提高而不断变化。打分的目的是让你对孩子目前以及将来任何一个时间点上的状况有一个准确的认识，从而让你可以针对孩子执行功能的状况和发展水平确定训练重点、内容以及工具。

打分结果可能显示孩子有两三种严重的问题行为，情况也可能更糟。不管打分的结果怎样，关键在于在随后的社交技能训练中，对问题行为和技能按照优先顺序进行排列。我们不要急于求成，要专注于当前的技能训练。孩子掌握了执行功能相关的每一项技能以后，再按照优先排序列表转向下一项得分最高的项目。

记住，执行功能问卷打分只是帮你对一段时间内观察到的或关注的问题行为制订训练计划。当你开始下一章内容的学习时，你的关注点也要跟着转移过去，思考在训练中该如何用好这些工具和练习，并在训练开始前，保持乐观的心态。■

你做到了

你即将带领孩子开始一段改变人生的旅程，让孩子更擅于社交，拥有充满无限可能的一生。填写执行功能问卷只是这一旅程的第一步，但是这一步能够帮你看清孩子当前面临的最大挑战。完成问卷以后，你们就可以开始了。你从训练活动中学到的内容将会从此加深你对孩子的理解，改善你们之间的互动。你将会给孩子一份礼物，这份礼物就是他无论身在何处、做任何事情都需要的社交技能。

Why Will No One Play with Me

第 8 章

执行功能问卷相对应的训练清单
成长的桥梁和进度控制

饶有趣味的训练或活动，非常适合孩子参与。训练活动可以通过对话和练习帮助孩子循序渐进地掌握大脑机能为基础的各种社交技能。

社交技能是人与人之间交往的桥梁，为人们之间建立联系提供了安全、稳固、可靠的途径。有社交困难的孩子需要自己搭建这些桥梁。如果要搭建桥梁，孩子就需要一些基本原料、一套课程，以及能帮助他了解桥梁如何搭建的方法。现在，你已经了解孩子的哪些行为需要调整，接下来，你该熟悉搭建桥梁所需要的材料了。

本书的第三部分包含与执行功能问卷相关的所有训练，包括讨论的话题、各项活动说明、辅助用图，以及互动时会用到的材料。其中，有些工具是专门为父母准备的，用来帮助你和孩子完成各项训练活动。下面是执行功能问卷训练板块的简介，用于帮助你了解与孩子的执行功能问卷得分相对应的训练；在孩子完成社交技能训练的入门内容之后，还可以帮助你指导孩子参加接下来的训练。所有人都需要从入门训练开始，因为入门训练可以培养最基本的核心社交技能，是孩子后续学习其他内容的基础。

在训练清单后面，提供了两个工具，用以记录孩子的学习进度。

1. 成长的桥梁。对孩子来说，这一工具简单易用，可以帮助他展示学习活动的进展情况。

2. 进度控制。这一简单的评估工具，可以帮助你确定孩子什么时候能够进行更高级别的技能训练。

随着训练的不断推进，你和孩子可以利用这些工具、活动和训练进行讨论、反思以及目标设定，同时在不断的练习中逐渐解决问题，孩子的社交技能也会随之不断提高。本书第三部分中提供的执行功能问卷，其对应的所有训练都是相对独立且完整的，每部分都配备了相应的练习和活动内容，用以帮助你在家庭场景中对孩子进行训练时，能够一步步帮助孩子提升社交技能。

孩子是通过实际行动习得技能的。动手实践可以让孩子在学习中有参与感，练习会带来更持久的学习效果。给孩子提供直接的指导，或者由父母对孩子进行训练，这些方法对执行功能有缺陷的孩子效果更佳。本书介绍的社交技能训练以及执行功能问卷相应的训练内容，为家长提供了相应的框架及内容，用以帮助孩子设定合理的目标，以及为达到目标所需的分步骤引导性对话和活动练习。

现在，孩子的执行功能评估已经完成。你可以根据孩子的得分，对照后面8个执行功能问卷对应的训练内容，找到与你家孩子得分相对应的内容。以此为起点，你可以在本书的第三部分找到相应的练习内容以及训练时的对话内容。每个模块都包含全套辅助性的工具。这些工具让练习本身更易操作，也更加有趣。

与执行功能相关的社交技巧都非常重要。学习一段时间过后，你和孩子可能会觉得，专注一项新的技能及其相应的训练内容，效果会更好。这样的做法无可厚非，但是要记得从孩子最需要提高的技能开始，因为对于孩子来说，一旦他提升了相应领域的技能，其他领域的技能学习起来会更加容易。

熟能生巧，这句话是可信的。每多进行一次练习，孩子对同样的学习内容都会加深一层理解。对于孩子来说，无论他们目前的水平如何，有一点是相同的，即训练的难度在不断提高。"进度控制"这一工具会为你提供明确的建议，帮助你了解孩子何时需要进行更高级别的训练。

"社交技能训练"简介

通用入门训练

这一部分是所有人都需要参加的。

在刚参加社交技能训练时，许多孩子不敢正视他人的眼睛，慢慢地，在不同的社交场合，他们成了举止从容得体的年轻人。在自身极度缺乏的执行功能类社交技能方面，他们非常刻苦地加以训练，取得了显著进步。无论孩子本身有何差异，通过培养与其大脑功能相关的社交技能，孩子都会受益。例如，观察特定场景、看懂明示或暗示的行为规则、了解其中的社交行为期待、管理情绪、培养能够灵活应对不同社交场合的能力、掌握与朋友进行对话的方式等。因此，我为大家设计了这一入门训练。如果孩子初步掌握了这些社交技能，他们就可以针对具体的社交技能领域，开始相应模块内容的学习了。

孩子们告诉我：入门训练中某些练习及活动内容是他们最喜欢的内容，家长们也说他们很喜欢这些练习和活动。进入高阶训练之后的很长一段时间里，孩子们还会继续使用入门训练中的对话及活动进行练习。"社交侦探"这一活动需要一支笔和一个本子，记录你所观察到的孩子的行为，包括孩子如何收集社交线索、如何观察别人的互动和社交规则、如何留意社交信号以及如何将自身行为与同伴进行对比等。孩子很喜欢这类活动。通过"比一比，找不同"的活动，孩子有机会观察眼前的人、事、场景与过去的经验有何相似和不同，同时了解之前的经验与眼前的目标有何相关性。入门训练中的很多活动深受孩子喜爱，而"社交侦探"和"比一比，找不同"是其中的两项。

入门训练完成之后，孩子就可以针对自身最欠缺的社交技能制订训练计划了。本书第 11 章将对入门训练进行具体讲解。

找到适合的训练内容：八大训练模块预览

每一个训练模块都是与某类执行功能类社交技能相对应的，同时与前面用于测评孩子社交技能短板的执行功能调查问卷也一一对应。每个模块都提供了具体的指导说明，包括内容设置、角色扮演、小窍门、教练提问等，用以帮助孩子进行相关技能的思考及练习目标的设定。具体的实操指导可以帮助孩子通过训练活动有所收获。实操指导包括语调、肢体语言方面的要求以及练习活动相关的其他细节。

训练能帮助孩子将所学的技能应用于一系列的实际场景中。例如，当孩子学习了"换位思考"之后，在其他训练中，你依然可以问问孩子："你这样做，对方感受如何？"在陪伴孩子完成训练模块的过程中，你可以不断使用"成长的桥梁"和"进度控制"这些工具，及时了解孩子的成长进步。

随机应变：自身的灵活性和适应性

在社会交往中，有些原则是既定规则，有些是约定俗成的规矩。孩子需要有能力区分不同的规则，否则，他们的行为可能就会看起来比较极端。随机应变，指的是孩子要学会容忍社交场合中及自身情绪上的不适感，不充当社交警察，懂得根据他人的反馈对自己的行为进行适当的调整。相应的问题行为包括对规则过于执着、希望所有人遵守自己对规则的解读、对"正确"过于痴迷，或者总是迅速地指出他人的错误，或者质疑他人的每一个选择和决定是否正确。训练可以帮助孩子懂得什么是自身的灵活性，帮助他理解社交警察行为会给其他人留下什么样的印象、带来什么样的感受。

练习"顽固的大脑"可以让孩子意识到为什么自己的头脑会卡壳，帮助他理解为何"我要说了算"这样的说法或"迅速有效"的做法对自己是无益的。

本书第 12 章将会详细讲解这部分内容。

注意举止得体：学会观察环境

所有人都需要学会观察环境，同时识别环境中的隐性规则。也就是说，每个人都需要对社交场合保持敏感，看懂身边正在发生的事情，身边有哪些人，自己身处什么样的环境，自身的角色是什么，以及对自己来说，这些信息意味着什么。当进入某个群体时，孩子需要学会识别并解读社交信号，理解他人的观察角度以及期待。这一训练模块旨在帮助孩子在融入群体时克服自己的胆怯、知道如何主动地与群体人员进行互动，以及培养观察他人情绪、意图以及动机的能力，同时能牢记自己的兴趣点及自己在类似情况下的互动经验及相关细节。这些都能帮助孩子做出更恰当的反应。要知道，并不是每个孩子都能意识到：在社交场合中，他们需要有意识地进行观察。

本书第 13 章将会详细讲解这部分内容。

谁是你的目标听众？根据听众需要调整沟通方式

孩子需要学会面对不同的人群进行相应的沟通，要学会对信息进行过滤。并不是所有人都需要或者有意愿了解孩子的所思所想。当孩子理解了沟通的语境后，他们才能根据不同的场合调整自己要表达的内容，才能对他人的沟通目的和反应有所预测。最后，本训练模块最终能够帮助孩子听懂他人的语气是冷嘲热讽还是声色俱厉，这样，在回应时，孩子能够恰当地调整自己的语气。

本书第 14 章将会详细讲解这部分内容。

互动式对话：友善的沟通方式

"一起搭积木"的游戏，可以帮助孩子与他人共同开启一次沟通：如何发起对话、推进对话、转换话题（转换到一个未必是自己选定的话题上），从而让相互之间的对话在不打断同伴的情况下顺利进行。理解社交中的情感袒露程度以及相互的亲疏关系，对于友情的维系非常重要。哪些内容可以和真正的亲密伙伴分享？面对点头之交的同伴，你会分享哪些内容？记住朋友的某些细节信息也非常重要，否则会显得无礼。

如何以相互协作的方式和他人进行交往，这一话题将会在本书第 15 章中进行详细讲解。

友谊是条双行线：合作、参与以及解决问题

有些孩子不知道如何融入群体，在行为上，他们或者习惯性地胆小害羞，或者举止唐突。本模块将会为这类孩子提供一套方法，帮助他们学习与他人建立友谊，例如如何接近某个群体，如何参与到群体活动中。参与活动可以帮助孩子与他人建立互动关系，学会适当地妥协及关爱他人，学会如何回应他人善意的手势或邀请。同时，在自己有想法时能够优先考虑如何与他人合作。通过本模块的学习，孩子可以习得与他人合作的技能，知道如何选择主动接触他人的时机，了解友谊的发展阶段，懂得如何将点

头之交发展为志同道合的朋友。

本书第 16 章将会详细讲解这部分内容。

换位思考：站在他人的角度看问题

本模块将帮助孩子学习在某些社交场合中，如何站在他人的角度考虑问题，懂得共情，并有能力理解和预判他人的动机与期待。人们通常认为换位思考是一种单纯的社交礼节，但是，当了解了与这类执行功能相关的行为链条后，你会发现换位思考的复杂程度出人意料。人们进行换位思考，首先要预测他人的想法、行为、动机，考虑对方会发出怎样的信息、做出怎样的反应。然后，根据上述预测，利用换位思考的社交技能，给出自己的回应。

这一训练模块将会在本书第 17 章进行详细讲解。

适可而止：自我调节

对于自我调节，人们有各种不同的描述。其中一种说法将其描述为暂停和整理思路的能力，或者管理个人感受、保持冷静的能力，或者为了达成上述目标而对自身进行相应调整以适应特定场景的能力。在自我调节方面，所有孩子都会遇到困难，都需要克服困难，这是儿童时期的任务。然而，在执行功能问卷中，如果你家孩子这部分得分较高，这表明孩子可能因为自我调节能力缺乏而遇到了社交困难。"适可而止"这一训练模块，主要是帮助孩子关注自己身体发出的信号，意识到自身生理、情绪和感官的活跃程度或者压力水平是否过度了（我称之为激发程度）。

这类社交技能的缺乏，会导致孩子无法调整自身行为以适应群体的期待，无法冷静对待胜败，容易过度兴奋，不懂得适可而止，常常陷入愚蠢或无厘头的境地。有时，孩子会侵犯他人，不懂得主动避免矛盾激化和平息怒气。极其易怒的孩子需要在教练的帮助下，将自我调节行为分解成可以掌握的具体步骤，才能避免进入"战斗—逃跑—僵直"的反应模式。本训练模块会帮助孩子学习关注自己的压力水平，意识到哪种压力行为可能造成自我失控。然后，孩子才能在日常的起起伏伏之中，逐步学会如何让自己冷静下来，充分掌握自我调节的能力。

本书第 18 章将会详细讲解这部分内容。

不要让别人看到你的窘迫：情绪调节

情绪调节是社交技能的关键组成部分。在本模块中，孩子将会深入理解什么是情绪，情绪如何触发压力反应，情绪状态是如何影响自己和他人的。孩子通过学习，可以清醒地意识到自己何时会身处这样的情绪状态，认识到自己的情绪如何从冷静状态进入了情绪反应状态，还要学会应对这种情绪反应的方法。

本书第 19 章将会详细讲解这部分内容。

社交技能训练工具：成长的桥梁

"成长的桥梁"这一工具能帮助你确定孩子的社交技能、思维模式和行为模式所处的发展阶段。在整个训练过程中，我会指导你选择与孩子的能力发展水平相适合的内容，帮助孩子提升当前需要着重培养的技能。"成长的桥梁"这一工具让孩子的进步更直观，让遵循训练进度的过程更有趣。采用这一工具也更便于实际操作，因为实施过程反映了孩子行为变化的完整过程，从最初发现行为问题到多种方法综合运用，再到克服潜在的障碍，直到最终实现行为改变，以及后续的长期保持。

通过观察孩子的行为链条，我们可以发现孩子某些行为的调整非常细微而不容易被注意到。但是，我们依然可以发现行为改变的信号。著名心理学家、行为改变学家詹姆斯·普罗察斯卡（James Prochaska）及其同事一起确定了和行为改变相关的五个阶段。牢记这些状态，有助于你在倾听孩子故事的时候做到心中有数，能够有意识地留意孩子是否进入了预备状态，并准备着手解决相应的社交问题。这五个阶段包括：

- 无准备（没有关注过）：在可预见的未来没有采取行动的意愿，可能没有意识到自己的行为存在问题。
- 着手准备（正在关注）：开始意识到自身的行为有问题，并开始思考继续自己的行为将给自身带来什么影响。
- 准备就绪（完成准备工作）：对自身有清醒的认识，有意愿立即采取行动，开始尝试一些细微的行为调整。
- 采取行动：采取具体的行动修正自身的问题行为，培养新的、健康的行为模式。
- 长期保持：有能力将新养成的健康行为模式保持6个月以上，并且有意识地防止重蹈覆辙。

了解了行为调整的发展阶段，家长就能够在训练孩子的过程中，更好地根据孩子当前的实际状态，与他谈论下一步行为调整前需要做哪些准备。

例如，在帕特里克的案例中，我们看到一个孩子为了尊重群体的共同决定做出了让步，他放弃了自己原来的想法，这是一个巨大的跨越，从成长桥梁的一端跨越到了另一端。这样的跨越不可能一蹴而就，孩子也不可能一听就会。首先，孩子需要理解，一群人要统一意见却没有人愿意做出让步，这是一个需要解决的问题。然后，他需要理解为何在群体中拒绝考虑他人的选择会造成问题。之后，他就会意识到，当自己固执己见、拒绝让步时，大家会因为选择看哪部电影而陷入无休止的争吵。最终，孩子将学会有意识地选择更具合作性的回应方式，也就是更适合当时社交场合的方式。你可以把这几个步骤写在"成长的桥梁"图片上，这样孩子可以直观地看到自己的进步。同时，也可以将图片做成图表，用来记录所有执行功能培养的过程。

成长的桥梁

第一步：意识的觉醒。 在最开始，孩子对自己的问题行为毫无意识。他们可能从来不会进行自我对话，缺乏观察全局的能力，也不懂得如何与他人进行合作式的互动，或者建立相互包容的朋友关系。这个阶段的孩子甚至没有想过要调整自己的行为，他觉得都是别人的错，会说"每个人都那么刻薄"，或者说"是其他人不理我的"。

第二步：关注社交规范和隐性规则，意识到所有人都有自己的社交角色。 这个阶段的孩子还意识不到自己的社交角色以及周围世界的运行方式，但是，他们开始明白，如果希望结交朋友，他们就需要做出一些改变，虽然在口头上或行为上，他们的表现可能还是"人们应该主动接近我"，或者"人们应该按我想的去做"。

第三步：关注自身行为与同伴行为的异同。 这个阶段的孩子明白什么样的行为符合社交规范，什么样的行为不合规范。他们会对他人的行为进行观察，并对自己的行为进行反思。这个阶段的关键在于：孩子开始意识到自身的问题，心里明白这些问题"阻碍了自己达到目的"。

第四步：对自我和他人形成清晰的认识。孩子可以清醒地认识到自身的问题，"我就是这么做的，这样做是有问题的。"例如，孩子可能会说："我猜他们把我当作鬼魂一样，所以我根本无法参与他们的活动。"

第五步：当场发现自己的问题行为，"哎呀，我怎么又这样做了。"这时候，你可以平和地提醒一下孩子。或者孩子的同伴做出某些举动，让孩子根据这些反馈信息做出相应的调整。以往这样的时刻基本上一闪而过，孩子根本意识不到自己需要做出调整。

第六步：偶尔做出行为调整。这一步与环境及玩伴有关。刚开始时，有的孩子只在成年人在场的时候，或者在和年龄更小的孩子一起玩耍时，他们才会调整自己的行为。他们只是在某些环境中或者某些条件下才会注意到自己的行为，但是还无法长期坚持。也就是说，他们无法始终保持自己的正确行为。

第七步：主动发展社交关系。孩子学会了主动接近他人，他们会与人闲聊，会邀请别人一起玩耍。这是一个重大的进步。有时候，孩子可以在训练活动中完成一些行为，但是，他们还无法自发地在真实环境里完成这些事情。

第八步：预测他人的行为。这个阶段的孩子开始观察他人，留意谈话对象，揣摩对方的好恶。比如，他可能注意到有些朋友喜欢贴纸，不喜欢乐高积木。孩子会记住这些信息，以后有可能选择贴纸簿作为生日礼物送给朋友。这是孩子理解他人社交信息的能力，也就是理解与某个人相关的信息，并且根据这些信息，预测这个人会怎样解读孩子对他发出的信号。

第九步：调整行为。在不同的社交场景下，孩子懂得根据社交需要和社交期望调整自己的行为。一个习惯在别人说话时贸然插嘴的孩子，到了这个阶段，就会明白自己的行为是招人讨厌的。他可能会说："我也不想这么做，但是我不知道怎么才能不插嘴。"你可以回应："没关系，我不要求你一次就彻底改掉插嘴的习惯。你明白自己的行为需要改变，这是个巨大的进步。"在某次对话过程中，如果孩子能够做到不插嘴，这就是他对自身行为调整进行了具体的尝试。如果在不同的场合下，孩子能做到两次、三次，这就说明他的行为调整取得了进步。

第十步：保持新的行为模式。到了这个阶段，孩子已经能够坚持自己习得的新的行为模式，并持续不断地对自己的行为进行调整和纠正。孩子犯错是难免的。孩子在玩闹的场景中，能够意识到自己的错误，提醒自己"这样做有点失控了"，然后马上纠正自己的行为。我们这样做不是让孩子变成另一个人，而是让他成为更好的自己。他会发现自己的错误，学会自己纠正错误，这样的做法非常有效。

进度控制

对于执行功能有缺陷的孩子，家长的互动训练需要持续多久呢？即使是行为科学领域久负盛名的专家都无法给出清晰的回答，因为每个孩子各不相同，接受训练各有自己的节奏。尽管我们有信心让每个参加社交技能训练的孩子取得进步，但每个孩子具体需要多长时间却很难预测。有的孩子仅需几周就能展现出明显的进步，而有的孩子则需要数月。因此，这个问题并没有确切答案。另外，关于孩子进步的信号，家长给过我一些反馈。基于这些反馈，我设计了"进度控制"这一工具，用来衡量孩子掌握某项技能的情况。这一工具能够帮助家长更容易地看到孩子的具体进步和整体的成长轨迹。

下面以"自我调节"模块为例进行说明。

第 1 级：孩子可能会注意到自己的情绪波动越来越剧烈，开始心烦意乱。他们还可能注意到，当自己暂停一下或者做个深呼吸后，会感觉好一些。可能在有人提示的时候，他们才会这样做，但是他们已经开始注意到自己的情绪变化了。

第 2 级：他们可能会提前预测自己的行为，或者当自己的行为出现问题时，他们马上就能意识到。他们会注意到自己的情绪对行为带来的影响，可能会采取旁观者的视角来观察自己的行为。当你高兴、生气、伤心或者疲惫时，孩子有可能指出你的情绪变化。

本阶段选择的工具	成长变化所处的阶段	你可能会观察到的行为	你可能听到的内容
1级工具	意识的觉醒	很少进行自我对话，或者拒绝自我对话 不理解社交规范或者隐性规则 不关注社交信号 与同伴相处时，不懂得合作包容 没有意识到自己对事情有自己的解读 没有意识到自己的行为会对他人造成影响，而他人可能根据既往经历确定当下的回应方式	"这不是我的错，是别人有问题。" "大家都很刻薄。" "就这一次我可能有点不对。" "嗯，无所谓了，反正没人在乎。再说他是我哥哥。" "我不该那么做，但是也没关系，反正没有几个人看到。"
	关注社交规范和隐性规则，意识到所有人都有自己的社交角色	可能有意愿做出行为调整，但是不知道如何改变自己的社交方式	"我想和她说说话，可不知道怎么开口。" "我当时太烦了，才伸手挡住她的脸，让她停下来。这样做确实不太好。"
	关注自身行为与同伴行为的异同	开始有意识地要完成某个目标	孩子看着你，对你说："我没有听懂你说的是什么意思，但是我想听得更明白一些。"这说明他想理解存在的问题
	对自我和他人形成清晰的认识	对自己在社交活动中的角色开始有所意识 开始选择不同的行为模式和方法 开始思考哪些情形、思维模式或者谎言阻碍了自己的发展 可以识别并指出社会认同的社交行为有哪些 能意识到自己的目标是什么，虽然可能只有短暂的几分钟	"我知道午餐时间应该和大家说说话，但是我不知道该说什么。" "当时的情况是：我去了，然后自己闷头想事情，然后就碰上麻烦了。" "我需要真心关注他人。"
	当场发现自己的问题行为，"哎呀，我怎么又这样做了。"	偶尔进行自我对话，或者开始表达内心的想法，或者意识到自己在进行自我对话	"我知道应该做什么，但是控制不住自己。" "我经常打断别人。" "我说的话太多，没有注意到别人要做什么。" "我有点沉浸在自己的世界中，不怎么和别人说话。" "这对我来说太难了。""我需要多听听。"
	偶尔做出行为调整	偶尔会注意到社交场合中他人的期待，可以预测他人的一些行为	"哦，对不起，等你讲完我再说吧。"

（续）

本阶段选择的工具	成长变化所处的阶段	你可能会观察到的行为	你可能听到的内容
2级工具	主动发展社交关系	开始尝试不同的行为方式和方法 某些情况下会参与群体活动 在特定有组织的活动场景下，与他人合作相处，进行合作型对话沟通 对社交场合形成全景视角 相处时，懂得迁就对方的想法，适当调整自己的行为	你家孩子在玩托马斯小火车的玩具时，看到一个小伙伴，可能会说："嘿，我知道他也喜欢托马斯小火车。" 有孩子来到水表旁边，示意自己也想一起玩，你家孩子报以微笑表示欢迎。 "我今天第一次玩嘎嘎球游戏，太好玩了。" "我没有和他们说话，但是我在心里跟他们说话了。"
	预测他人的行为	目标聚焦，并且知道自己在通往目标的路上可能遇到阻碍 观察环境，按照隐性规则行事 留意和社交行为期待相关的信号 能理解同伴的动机、情绪和意图	"别的孩子想听音乐看视频，我虽然不想看，但是这对我来说无所谓，我可以跟着一起看，只要有机会和大家在一起就好了。" "我觉得劳拉不会喜欢这个活动，她是个喜欢户外运动的女生。"
	调整行为	随便做选择，让活动能继续下去 进行自我对话 站在他人的角度思考问题 即使自己的计划没能得以实施，也能做出相应的调整，做到举止得体 能够自己想办法进行自我调整，管理自己的情绪	"她没有自行车，所以我让她用我的自行车了。" 一旦感到情绪低落，不用他人提醒，自己就会做深呼吸，然后说："我需要休息一下。" 做游戏输了后，孩子会说："没关系，这是在玩游戏。"
	保持新的行为模式	能够快速地对某个具体的社交场合进行观察，明确这个场合的要求 主动解决社交问题	"我有一个朋友要踢足球，尽管我不喜欢足球，还是陪他踢了。"

你做到了

完成本章内容后，你就可以开始后续的学习了。你可以和孩子一起制订训练计划，让我们一起开始吧！

Why Will No One Play with Me

第9章

给孩子介绍"社交技能训练计划"
互动式对话指南

　　一般来说，和孩子讨论如何克服困难并不容易，但我们仍然有机会轻松应对。现在，你已经了解到孩子的社交缺陷是一个重要的问题，那么，接下来怎样开启和孩子的谈话呢？如果孩子不觉得自己有问题，怎么办？如何让孩子接受训练，又不至于加重他已经面临的压力？你应该如何开启这个话题呢？本章将帮助你引导孩子跟你一起进行社交缺陷方面的讨论，并让他愿意参与社交训练。

　　社交技能训练的关键在于对话式训练和练习，这些训练可以让孩子真正参与到互动活动当中，从而培养他欠缺的执行功能类社交技能。对话式训练不是对孩子进行说教或者单纯地给孩子讲解，而是和孩子谈话。后面的训练，同样需要家长和孩子相互配合才能完成。实际上，训练活动一旦开始，孩子就开始调动大脑的执行功能，相关的社交技能也随即形成。

你需要提前一两周的时间为这类对话训练做些铺垫。你可以告诉孩子，你觉得有些事情很难处理，而这种情况很正常，因为每个人都在努力克服困难。人们在学习新事物、做出新尝试时，感到很困难，这时候可以向他人求助。你也可以给孩子讲讲你过去寻求帮助的经历。

当你做好各项准备后，就可以和孩子聊聊如何一起想办法帮助他解决所面临的社交问题了。

- 告诉孩子，社交问题是一个重要问题，值得花时间和精力认真对待。
- 规划解决问题的具体步骤，明白关键社交技能培养的方法。
- 把社交技能训练设计得更有趣，采用类似游戏的方式开展具体的活动、练习和奖励，从而达到提升孩子技能的目的。
- 争取让孩子接纳你的教练身份，让他与你共同规划社交技能训练后续的内容。

互动式对话指南

第一步：设定场景

初次和孩子谈论这个话题时，一定要选择一个让他感觉舒服的时间和地点。30～45分钟就足够了。在闲适又不被打扰的环境下，孩子更容易听从他人的建议。另外一些有帮助的做法包括：

- 在孩子心情好的时候，而不是遇到困难刚发完脾气的时候开始谈话。谈话要有私密性，仅限于你和孩子之间，不要有其他孩子在场。
- 选择一个安静的地点，避免让手机和其他电子产品分散孩子的注意力。
- 要点清晰，语调温和。

你可以这样说：

- 我有事情想和你说一说。
- 你看你数学学得很好，因为数学对你来说很简单，可是你的朋友就需要请家庭教师来补习数学，因为对他们来说，数学并不简单。对有的孩子来说，和朋友们一起玩耍很简单，但对你来说就有点难度。我想做你社交方面的补习老师，当你遇到问题的时候，可以找我帮忙，你觉得怎么样？
- 你看，你的同学在学习钢琴，你在学习空手道，我想和你一起设计一些交友活动。这些活动我们可以在家进行，也可以在外面进行。

建议你和孩子经常一起玩，这样孩子就有机会练习社交技能。在进入真实的活动场景时，他们就能够将技能付诸实践。你也可以用孩子喜欢的体育项目或者其他活动作为例子，跟孩子说："你知道棒球教练是如何教你挥棒的，如果教练不教你，你可能不知道怎样才能打出那个弧线球。所以，我可以当你的社交教练，在社交方面教你一些技巧。"

其他用于特定场景的小窍门包括：

- 有的孩子手头有事做的时候就专心致志，当然不是指玩电子设备或者电子游戏。你可以随手给孩子一个减压工具或者一个用来记录的笔记本。如果他听到这个话题会反应过度，这时候可以试着让他手里拿些东西来缓解情绪。
- 让孩子明白，你有足够的时间进行谈话，让他感到不会被催促。
- 从讨论孩子的优势开始，通过举例子的方式进行对话。提及他的某一项天赋，或者夸奖一下他某项特殊的能力。表扬孩子曾经做得出色的事情，比如他曾经礼貌地索取零食，或是曾经对小妹妹态度友善。
- 如果你和孩子之前对社交技能有不同的看法，你可以旧事重提，并为自己对孩子的不理解表示歉意。让孩子明白，你的本意是要帮助他提高社交技能，而现在你掌握了提供帮助的适当方式。
- 注意避免使用消极的表达方式，比如"你不善于与人分享"。

第二步：使用开放式问题

开放式问题可以引导孩子谈论他的朋友关系现状如何。开放式问题指的是"什么人、什么事情、什么时间、什么地点、当时的情况如何"这类问题。例如下面这些问题：

- 你最近跟谁一起玩啊？
- 你觉得你的朋友关系怎样？
- 你作为朋友，在哪方面做得比较好？
- 你怎样才能成为一个更好的朋友？
- 我发现你在做……（某一个具体的行为）的时候有点困难，具体是什么让你感到为难呢？
- 什么时候你发现交朋友很难呢？
- 你希望你的朋友关系有所改变吗？
- 你在什么场合下更容易接近别人呢？
- 为什么会发生那种情况呢？

如果孩子有所抵触，你可以问："这种对话哪里让你觉得为难呢？"

如果孩子不承认自己的朋友关系有问题，你可以说："好吧，可是我看见……"你可以列举几个具体的情况，问问孩子适当做些调整是否会让他感到为难。如果孩子愿意提高自己处理朋友关系的技能，那么你可以描述一下技能的提升可能带来的积极变化，同时问问孩子最希望看到的变化是什么，让他有机会对这种潜在的可能性进行清晰地描述。你可以这样说：

"我很想知道……"

"能再多说一说吗？"

"如果那样的话，对你有什么影响吗？"

"如果那样的话，你感觉如何？"

第三步：讲明担忧，表达同情

和孩子对话的时候，你要及时地给予回应，表明你听到了他的顾虑。认真倾听孩子的话并加以复述，确保做到理解正确。你可以这样说："你是说……我这样理解对吗？"当孩子觉得自己被倾听、被理解时，他们就更愿意敞开心扉，放下戒备，听你说话。对孩子做出回应的技巧包括：

- 复述孩子的话，但不做评论。当你复述孩子的话，孩子就有机会倾听自己所说的内容。
- 与孩子确认你对他的想法和感受的理解。
- 通过提问的方式，进一步明确孩子的想法和感受。
- 对孩子的感受表示理解和同情，"我听到你说的话了，这对你来说太困难了。"
- 用"你"和"我"的字眼，比如说"我发现你无法忍受这种情况"，或者说"我听明白了，你感觉很孤单。"

下面是一个以积极的回应方式进行对话的示例。

孩子： 我没有朋友，永远都没有。别的孩子都太讨厌了。

家长： 听起来别的孩子都不理你，你觉得他们很讨厌。

（家长对孩子的话进行了总结，并加以复述。）

孩子： 我尝试过，没有用。没人听得懂我的话。

家长： 听起来你觉得情况不会改善了。

（家长说出了孩子的想法和感受。）

孩子： 是啊，情况根本改善不了。

家长：你这么失望，我为你感到难过，我很想帮助你。

（家长表达了同情，然后将对话引导到解决问题的方向上。）

第四步：解决问题

在这一阶段，你可以和孩子来一次头脑风暴，一起想想有哪些办法可以解决交友问题，让孩子感受到自己参与了做决定的整个过程。你可以鼓励孩子提出自己的建议，他提出的建议不一定有用，但请你尽量看到其中好的方面，然后再提出新的想法。你可以和孩子讨论，行为的改变如何带来良好的效果。下列问题可以帮助孩子理解并接受行为的改变为何会给他带来好处，是什么原因妨碍了他交朋友？

- 让孩子回顾一下之前和朋友相处的经历，想一想哪些行为可以做出调整？
- 有哪些办法可以改善孩子现在的交友状况？
- 社交状况的改善对孩子来说意味着什么呢？
- 如果孩子更开心一点，情况会有什么变化呢？

第五步：探讨社交技能训练计划和训练方法

和孩子讨论了社交现状并确定了改善现状的愿望之后，你可以介绍一下社交技能训练内容，在这个过程中，需要听取孩子的建议。下面这些话可以作为开场白：

- 我们来学习一下如何和他人成为更好的朋友，你觉得怎么样？
- 我们一起来帮你改变问题行为，你觉得如何？
- 人人都需要练习。（用你目前生活中正在做的某件事情举例说明，例如如何减少过度劳累的状况，或者类似多吃沙拉这类事情。）
- 我们一起想办法帮你建立更牢固的朋友关系，你觉得怎么样？

- 我有办法让你结交更多的好朋友。
- 我记得你告诉过我,你希望在学校和同学玩的时候能够更轻松些。我有办法让你做到这一点。

训练要点

- 别记仇。历数他人曾经犯过的种种错误只会让人避而远之。如果孩子不理解你的意思,你可以给出一两个具体的例子。
- 与孩子坦诚交流,但不要嘲讽,也不要做评判。
- 孩子不愿意谈论那些让自己为难的话题时,你不要发脾气。
- 不要使用"总是""从来不"这样的字眼。
- 任何时候孩子有自己的观点,都要让他表达出来。
- 允许孩子部分接受。孩子不一定会欢呼雀跃地说:"太好了,我们就这么做吧!"很可能他只是耸耸肩,说一句"好吧",这表示他愿意尝试。

回报和奖励

当我们出色地完成了某项任务时,会希望有人拍拍后背以示认可。孩子也喜欢这样的举动,尤其当他们完成一些困难的任务时,他们更需要认可。回报和奖励让孩子付出艰苦的努力变得更有乐趣。这种做法可以强化孩子的目的性,让他更有动力坚持下去。同时,孩子所习得的技能会更扎实。训练计划中必须包含回报和奖励吗?不一定!那我希望你尝试这样做吗?当然希望!原因如下:

回报和奖励机制操作简单、规划合理。这种手段可以让孩子得到认可,让他更有动力,同时能增强他的成就感。在孩子体会到社交技能提升带来的长期效果之前,这一机制能给他提供即刻的满足感。这种做法也能防止你陷入收买孩子的误区。当你为了孩子的某种行为感到担忧,或者为了改变孩子的行为而陷入与孩子的拉锯战时，收买行为就成了换取孩子服从的极端手段。

在奖励机制下，你需要和孩子提前约定哪些良好的行为会被奖励，并对具体的行为提出具体的标准。例如，如果孩子积极参加家庭训练计划，他们就可以赢得一定的游戏时间。奖励物品可以是一些收集类卡片套装，或者玩具套装，或者一套乐高玩具。奖励本身就是对良好行为的认可。为了赢得积分，人们都会记得当天打卡。如果孩子对奖励机制感到厌倦了，那么家长可以在奖励机制中加入抽奖、奖励备选清单或者积分兑换环节。本书提供的练习内容也包含了这方面的示例。

家长可以画一张每日奖励图表，用来记录和奖励孩子每天的进步。在一天结束的时候，家长可以用这一图表对孩子一天的行为进行总体评价，而不是随时随地对孩子的每个行为都进行评价。你可以每天在图表上标注出孩子的进步，对他一天中的行为以及所完成的目标进行记录。

你也可以在整个"成长的桥梁"训练过程中，增加一些阶段性奖励。在示例中，我们并未将反复练习作为一项单独的内容进行展示。但是，反复练习这一简单的工具可以用来检验奖励机制对于孩子的良好行为能否起到强化的作用。

如何设计一套奖励计划

首先，家长需要将设计奖励计划的想法和孩子分享。你可以说："我明白努力改进的过程确实不易。但是，你的努力真的令人感到骄傲！我在想，如果给你一点小小的奖励，你觉得怎么样呢？咱们可以一边练习，一边奖励。关于奖励的内容，我们随后可以再调整。"之后，家长可以这样做：

- 选择孩子最重视的行为。这种安排符合人的天性。选择4～5个孩子最重视的行为，按他的想法进行排列。其中两个行为可以是孩子偶尔能够做好的，这样可以帮他在训练时更容易上手。

- 清晰地告诉孩子哪些行为可以得到奖励。"少打架"这种模糊的行为描述方式会引起无休止的争吵。成年人经常用抽象的词汇，例如"要友善""要为他人着想""要努力"等。但是这种说法会让孩子感到疑惑："这到底是什么意思？"因此，家长的表达要具体，例如："当斯宾塞让你停下的时候，你要停下来。我希望你能做到这一点。"要清楚地说明自己期望看到的行为，而不是描述自己不希望看到的行为。

- 事先要把规矩定好，例如，"如果一天当中，你在晚上才管理自己的行为，那你就得不到奖励。你需要一整天都保持良好的行为表现，才能得到奖励。"

- 制订一个贯穿训练活动的奖励计划，使之成为社交技能训练的一部分，给孩子一些期待。例如，可以和孩子先商量好奖励多长时间可以兑现一次，一周一次或是两周一次。如果没有提前约定清楚，孩子就会有一种上当的感觉，他可能会说"我都不知道还要等到周日。"

- 要提前和孩子商量好具体的行为和相应的奖励。了解孩子希望得到什么样的奖励，提前预防可能出现的负面效果。比如，有的孩子喜欢囤积物品，他们得到贴纸或其他实物奖品后，就会收藏起来了事。对于这类孩子，你可以把允许做某些事情作为奖励内容，这样才能够让奖励带来实际感受。

- 确定一套你和孩子都能做到的奖励办法。例如，一位妈妈需要一天中很长时间带着孩子开车在路上，那么她可以利用在车上的时间给孩子奖励。她随时带着一个文件夹，里面放各种给孩子当奖品的卡券。在车上，她可以和孩子回顾当天完成了社交技能训练项目中的哪些内容，并且当场兑现奖励。不管你和孩子选定了什么奖品，都要确保奖励的可行性。

底线：让孩子参与计划的制订过程，提前想清楚细节，并力求简单。

谁都不喜欢将事情毫无必要地复杂化，简单的计划有巨大的优势。

这样做不是贿赂吗

不是的，奖励计划可以让承诺更有效地实现。贿赂行为是一种极端行为。虽然场景类似，但是两者仍有不同。例如，在操场上，一个孩子往另一个孩子身上扔沙子，扔沙子的孩子的妈妈让他停下来，但他仍旧扔。他妈妈再次坚决要求他停下来，可他还是继续扔沙子。最后，就像所有人都可能采取的办法一样，他妈妈说："如果你现在停下来，那么我可以奖励你一块饼干。"这种做法或许能让孩子停下来，但显然是在鼓励坏的行为。

这种做法和事先达成共识是不一样的。"听着，如果你们都想去买甜甜圈的话，那么现在请所有人都上车，我马上去买甜甜圈。"这是一项计划。上面操场上扔沙子的孩子不应该被奖励，因为在那种情况下，家长应该对孩子说："你不能这样做"，并告诉他不听劝阻的后果。"我已经警告过你三次了，如果你仍然不听劝阻，我们只能离开操场，不在这里玩了。"

制订计划可以防止不必要的争执。你和孩子一起制订计划，让你们成了合作伙伴，你们就需要一起对计划负责。制订的计划是我们行为的依据，是共同的约定。这种对话和贿赂式的对话完全不同。实际上，这是一个有效的反馈闭环。如果某一天或者某一周孩子没有获得奖励，那么说明你需要对训练计划做一些调整。这样，奖励计划才能有效地服务于预先设定的培养目标。

■ **舒适区：舒服、创意与勇气**

我们都知道走出自己的舒适区是什么感受，尤其是需要做一些对于我们来说相对困难的事情时，感受尤其强烈。下面的方式能帮助家长引导那些还不具备开放型思维的孩子尽量在没有压力的情形下开始训练活动。

1. 向孩子解释什么是"舒适区"，走出舒适区会是什么感受。为了改变和成长，人们难免会经历这个不舒适的过程，然而，我们还是应该学会主动参与到这个过程中。你可以拿自身举例,例如,"我刚开始学习滑雪时,感到很紧张,一点也不舒服。"你也可以问问孩子不舒服到底是一种什么样的感受,他们是如何克服的。"就像当你刚刚加入一个足球队时,你还是觉得更喜欢和以前的球队待在一起。"

2. 拿一张纸,让孩子在纸上画一个圆圈代表自己的舒适区。圆圈外留些空白,而空白的部分代表舒适区以外的事情。

3. 让孩子在舒适区内写下让自己感到舒服的事。例如,和同伴一起玩;在餐厅外待着;跟好朋友待在一起;玩自己喜欢的东西,例如乐高;去爷爷奶奶家;参加课后活动;吃自己喜欢的食物;和某些人一起玩;待在自己喜欢的地方。

4. 让孩子把舒适区以外的事情写在圆圈外面。

5. 如果孩子写的内容中并未提及你看到的一些问题行为,你可以问问孩子你观察到的那些事情是在他的舒适区内还是舒适区外。

6. 列出这些内容之后,你可以问问孩子做舒适区内和舒适区外的事情分别会是什么样的感受。你可以选择一项自己舒适区以外的事情进行尝试,同时让孩子也选择一项他舒适区外的事情进行尝试。

7. 让孩子找找规律,想一想:舒适区外的事情是否可以归类,分别属于哪些类别,类似的事情还有哪些?

8. 在随后的几天中,你可以随时指出身边有哪些事情是在你的舒适区内,哪些事情是在舒适区外。

9. 这个活动可以帮助孩子进一步认识到做一些略感困难的事情是有必要的,并且促使他反思自己努力过程中的行为和抉择。人待在舒适区内不会成长,为了培养新的社交行为,就需要让孩子走出舒适区,接受新的行为方式。

达到新的高度:通过交谈提升自我对话的效果

和登山一样,我们要改变自身的行为和做法是非常困难的。每个人都有失败的时候,但是,你是否会坚持尝试?达到新的高度,是把我们"我做不到"的封闭型思维模式转变为"我能行"的开放型思维模式这个过程的直观描述。当孩子表现出封闭型的思维模式时,最简单的方式是用语言提醒他。我们有必要让孩子认识到,某些选择、信念和行为不仅无益于达到目的,反而可能会阻碍自己成功。这样做实际上是教会孩子给自己竖起一面镜子，让他通过这面镜子观察自己的行为和思维模式，让他倾听自己的想法，与自己的内心进行对话，最终让孩子明白自己的这些行为将如何表达甚至塑造他们对自身的理解。■

"达到新的高度"这个工具简单易用。你只需要将下面的图片打印出来贴在冰箱上或者写字板上，按照示意图中介绍的步骤，熟悉其中的理念，让它成为日常生活中随时可以用来参考的工具。

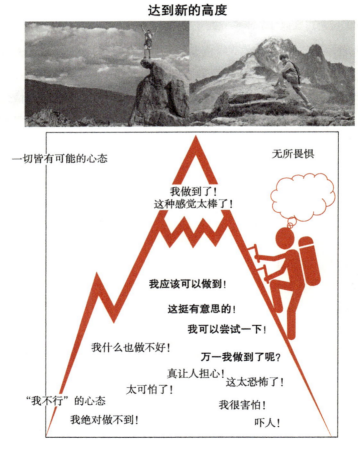

达到新的高度

© 2016 Maguire. Inspired by Steven Covey, 2004; Angela Duckworth, 2016, Carol Dweck, 2008, Nancy S.Cotton, PHD, Social Thinking, Boston, 2016.

1. 告诉孩子，"我不行"和"我能行"这两种思维模式是同时存在的。当置身于"我不行"的思维模式时，我们做事情容易放弃，或者不愿意尝试新的事物。当置身于"我能行"的思维模式时，我们遇到困难会加倍努力，或者对待新事物会保持开放的态度。

2. 告诉孩子，他自己的理解、他的行为和他说的话，有些属于"我能行"的思维模式，有些则属于"我不行"的思维模式。给孩子举例说明什么行为属于"我不行"的思维模式，例如轻易放弃，或者说"这个事情毫无意义"，或者拒绝与陌生人交往等。即使用处不大也愿意尝试，结交新朋友的行为都属于"我能行"的思维模式。如果希望有所成长，那么孩子对事物的理解、自己的行为都需要采取"我能行"的思维模式。在你和孩子进行训练的过程中，如果听到孩子说的话符合"我不行"的思维模式，你就需要告诉他，"刚才我听见你说的那些话还是停留在'我不行'的思维模式中。"当然，你要告诉孩子，要警惕自己在与自我内心进行对话过程中，倒退进入"我不行"的思维模式。

3. 你的言行将会带给自己什么样的影响。孩子自己举出的哪些例子和"我不行"或"我能行"的思维模式相关？你要事先准备一些你亲眼看到的事例，以防孩子耸耸肩膀不承认，说"我没说过那些话啊"。不要过度指责孩子，只要指出他的具体行为就好，例如，他曾经在某些重要的事情上放弃了尝试，或者他曾经说"这样做肯定不行"等。你可以提前几天将这些事例梳理出来备用。让孩子讲讲自己哪些行为属于"我能行"的思维模式，具体案例包括参加社交技能训练或者其他相关的例子。让孩子自己思考、举例，家长不要急于替孩子给出答案。

4. 障碍到底是什么。问问孩子哪些选择、认识会妨碍他们做出良好的行为。

5. 直截了当询问孩子的感受，并对他的情绪反应表示认同。让孩子说一说他对自己所描述的情况有哪些感受。要清晰地表达你对他的感受是认同的,"我明白这件事很困难,甚至很吓人。"然后,把别人心里的自我对话与整个情形联系起来,跟孩子探讨一下他的哪些想法和行为属于"我能行"的思维模式,哪些属于"我不行"的思维模式。和孩子一起来一次头脑风暴,想一想哪些行动可以促使孩子更多地采取"我能行"的思维模式。

你做到了

与孩子全面而深入地讨论任何一个话题,是一项非常重要的能力。你想进行这样的对话,往往觉得力不从心。这种情况十分正常。社交技能训练充分利用了亲子关系既紧密又牢固的这个特点。因此,当你感到困惑的时候,请你保持好奇心。你可以问问孩子的感受及其背后的原因。注意倾听,让孩子说出自己的感受。要直到孩子经历了很多事情,他可能充满恐惧、感到崩溃、饱含感情或者心存戒备。从他自己的角度来看,这些感受都合情合理。家长要认同孩子的这些感受,帮他准确地概括。然后,像所有优秀的教练(和父母)那样,尝试给孩子提供不同的观察角度,引导他选择更好的做法。让孩子明白,在他力所能及的范围内,他并非无能为力,而是还可以采取其他的办法,而我们的训练计划就是其中一个不错的选择。

Why Will No One Play with Me

第 10 章

家庭优势
家庭内部的训练和练习可以帮助孩子培养基本技能

恭喜你,现在你已经明确了解了孩子最迫切需要提高的社交技能(见第 7 章),以及相应的执行功能训练内容(见第 8 章)。现在,我们要拿出训练计划,对家庭内部每一天的训练活动进行安排。

要达到训练的总体目标,家庭内部的训练是非常必要的。在体育运动方面,任何一个新的技能都需要通过不断练习才能够习得。社会交往也是一样,无论是接触一群人还是进行一次对话。练习能让大脑内部建立新的连接,并不断让连接得以强化,从而形成支撑某一技能的神经通路。练习也有助于孩子的肢体动作更加自然,让他们更从容地展示自我,应对变化。对于需要纠正顽固的旧习惯并建立新的行为方式的孩子来说,练习更为重要。谈论一个全新的、积极的行为,就是让大脑接受或者欢迎这个行为所代表的新观念。然而，只有练习促使大脑形成新的通路来支持新的行为，才能摆脱原有的旧习惯。技能培养计划的关键点就在于，只有坚持不懈地进行练习、思考和讨论，新的神经通路才会越来越强壮、越来越稳固，并且使得与社交技能相关的执行功能中枢随之得到强化。这也是大脑中建立新习惯、消除旧习惯的过程。

家中的训练活动给孩子传达了一个信息：我们如何分配自己的时间和精力，这清晰地告诉孩子我们对不同事情的重视程度不同。我们督促孩子做家庭作业，监督他们兑现自己的承诺；我们根据孩子上下学的时间安排自己的日常生活；我们不断地唠叨他们，让他们在我们认为重要的事情上多花时间，在我们认为的不重要的事情上少花时间。我们对自己时间和精力的分配方式告诉孩子：对我们来说，他是非常重要的。为了让训练活动达到最佳效果，我们需要将家庭中的训练和练习作为最重要的事情来对待。

无论孩子当前的水平如何，也不管他们是从哪个训练程模块开始学习的，他们都需要在家庭内部的训练中不断提高自己的能力。家长可以参照"成长的桥梁"以及"进度控制"模块中的标志性行为，帮助孩子在家庭环境中熟练掌握某项技能，之后再在其他环境中进行检验。

开始：五步达到家庭训练的最佳效果

针对相应的技能和行为，每一套训练都设计了对应的练习活动。但是，不管是哪些训练，练习步骤都是一样的。在家中对孩子进行指导时，你可以参照下面的具体步骤。你能感觉到这个过程并不复杂。

第一步：制订家庭训练计划

- 制订持续连贯的计划，列出时间表，如有必要，可以随时进行调整。
- 选择合适的时间和地点，例如放学之后、开始写作业前的这段时间。

要尽量减少干扰，例如电视节目的干扰，或者兄弟姐妹捣乱等。
- 选择舒适安静的环境。比如厨房的用餐区或者温暖的屋子里，一起出去散步也是个不错的选择。
- 问问孩子的建议。如果放学后孩子特别想看某个演出或者玩游戏，那就听从孩子的想法，否则他会觉得所谓的家庭训练会挤占他所有的娱乐时间。
- 家长也要做好进入教练状态的准备。无论是语调还是形象，要做到平静而和蔼。

第二步：训练启动

带着孩子愉快地开始训练课程，首先要明确需要调整的目标行为，也就是那些引起他人反感的行为。然后，向孩子说清楚训练和练习内容。每一套执行功能训练活动开始时，你都需要给孩子明确任务。这个任务一方面是培养孩子能力的练习活动，另一方面也是孩子在真实场景中需要做到的事情。例如，训练重点可以是"当我感到不满意、准备回应他人之前，我要先停下来想一想"，或者是"请朋友来做客时，我会让他们选择活动内容"，或者是"朋友讲述自己的烦恼时，我会耐心地倾听，避免做出过分举动"，或者是"我会随时留意自己的行为，调皮捣乱也要适可而止"。设置具体的训练任务，可以用明确的语言指导孩子做出符合具体目标的行为。你也可以把日常活动中的任务作为练习目标，让孩子理解郊游或聚会对他的行为有哪些要求，这样就可以让家庭训练活动顺畅转换到真实社交场景中。

设置这些任务的目的是在训练开始之前，你和孩子一起明确孩子需要改变的问题行为。例如，选定的行为可能是孩子一着急就忍不住抢他人手中的玩具。他需要在家里训练采取良好的行为方式和技巧。新的行为模式可以包括：做几次深呼吸让自己平静下来，和别人商量一起玩，或者忍住不要直接动手去抢。你可以和孩子讲一讲如何做才能显得更友好，也更有效。你给出的建议要尽量简单，便于记忆。例如在上面的例子中，你可以建议孩子说："能让我玩一玩吗？"或者让孩子心里先数5个数，观察一下对方可能的想法，而非冲动行事。进入实际场景之前，孩子要找机会先演练一下。

第三步：言传身教，以身作则

向孩子示范这些技能如何使用才能有效。你可以自己演示，也可以采取一些更富有创意的方法进行展示。例如，你可以从"谁是你的目标听众"中选择一段脚本，进行语调练习，让孩子明白怎样做是合适的。你也可以假设一个需要应对的社交场景，亲自演示一下什么是良好的社交技能。可以假装一个朋友刚刚拿走了你的玩具，你来演示什么样的反应是合适的。"你可以把我的玩具还给我吗？"或者说："你拿走了我的玩具，我很不高兴。"孩子会很自然地模仿父母，来学习社交技能，这种内在的动力会让练习更加有效。你们在角色扮演活动中的语言和行为模式，可以应用到不同的场景中。家长以身作则，是对孩子最好的言传身教。

第四步：勤奋练习就会有所进步

孩子只有反复练习新的行为模式，才能掌握其中的要领。当孩子理解了训练内容，观察了你的示范之后，剩下的事情就是要多加练习了。如果孩子已经理解了社交场景中什么样的行为是大家所期待的，接下来，他们就可以自己不断地练习这项技能了。

训练若要达到既定效果，需要每周练习5天。不用惊慌，每次的练习时间不用很长，不需要长时间给孩子施加压力。如果孩子每次的训练时间较短，也是可以的，因为每个人集中注意力的时间长短不一，但每次练习都会对孩子有一定帮助。

第五步：总结

练习结束之后的总结回顾，可以帮助孩子把相应的技能掌握得更扎实。良好的总结活动可以帮助孩子看到自己的进步，意识到自己做了什么，帮助他在社交环境中形成自我认知。你可以说："1~5分，你给自己的练习打几分呢？""你学到了什么技能？"和孩子分享你的观察，对孩子走出舒适区的每一个尝试都要给予表扬。让孩子自己总结他做的事情，以及他这样做的原因。复述第二天要完成的训练内容，或者马上要参加的真实的社交场景。

我已经没有额外时间来安排训练

你说的不对，你一定有时间的。你之所以拿起本书，就是因为孩子的社交问题已经消耗了你大量的时间、精力和情感能量，却没有得到解决。这个训练将会帮你摆脱困境。你能否挤出一点时间来呢？当然可以。介绍节食的书中提到，你在机场和家里吃的东西不一样，偶尔违反一下节食计划，天也塌不下来。但是，如果你每天都不遵守计划，当然也不可能取得你所期望的进步，因为进步来自持之以恒的练习。神经科学研究表明，口头指导和练习相结合可以创造出全新的脑回路，最终带来行为的改变。然而，如果你三天打鱼两天晒网，对练习活动敷衍了事，你就不可能取得预期的效果。最重要的是，孩子的行为并不会有所改变。你只要愿意让孩子练习，就有很多随机应变的方式坚持下去。你和孩子坚持完成社交技能训练的基础练习以后取得的效果，一定会促使你们把训练坚持下去。

你做到了

你并不是专业教练，因此，在家庭训练中不要苛求完美。只要持之以恒，坚持花时间培养这些社交技能，孩子就会取得进步。

第三部分

社交技能训练

Why Will No One Play with Me

第 11 章

入门训练

这部分练习是你和孩子参加社交技能训练需要完成的最基本的练习。不论执行功能问卷（EFQ）的结果如何，也不论后续选择哪些有针对性的训练，每个孩子都能从入门训练中有所收获，因此孩子有必要完成本训练，熟悉贯穿全部训练的概念和术语，为后续的练习做好准备。如果孩子在概念和术语上不需要很多指导，那么他们就可以在相应的训练上少花些时间，但是，相关的训练最好不要跳过。

你和孩子可以专门准备一个笔记本，在训练时，你们可以按要求随手写下答案。使用笔记本做记录，过后翻看不仅会对你和孩子有所帮助，而且也很有意思。同时，孩子从记录中可以看到自己的进步。

练习1：暗中观察

暗中观察的目的

整个社交技能训练都会要求孩子做一个社交侦探，观察他人和群体的行为。在本书中，"社交侦探"指的是孩子要通过观察、倾听来捕捉社交场合的线索和信号，从而做出更好的选择。

承担社交侦探这一角色可以在以下几个方面给孩子提供帮助：

- 在校内外活动时以及与朋友交往互动时，获得重要的信息。
- 对其他孩子的互动方式更为敏感。
- 观察不同场合的隐性规则。
- 通过观察，对良好的社交行为形成直观的认识，便于后续的学习和模仿。
- 将自身行为与他人行为进行比较。

让孩子承担社交侦探这一角色能够帮助他减少冲突。面对某个行为，你不用说教，可以让孩子自己暗中观察其他孩子是怎么做的。这一做法可以让孩子将自身行为与他人行为进行比较。例如，进入公共场合，有的孩子需要降低自己的声调。作为社交侦探，孩子可以留意到其他孩子在社交场合的声音大小，这能让他意识到自己需要降低声调。或许孩子踢完足球后，需要观察一下他人在放松状态下的肢体语言，之后和其他孩子一起玩耍放松时，他就可以模仿这些肢体动作了。

© 2016 Maguire

任务

每个侦探都有自己的任务，每个孩子参加社交技能训练也有必须要完成的事情。对于孩子来说，他们可以以游戏的方式参与训练，清晰地认识到每一个练习需要他们完成的任务。任务完成之后，孩子可以按照之前的约定，在笔记本上写下自己的观察。

自己动手设计社交侦探训练

如果需要更多的信息来帮助孩子取得进步，或者加深他对某个概念的理解，你可以自己动手设计社交侦探训练。你们可以开启一次侦探之旅，和孩子一起去某个场所，例如商场、店铺、咖啡店、书店、博物馆等，让孩子在实际场景中练习观察社交信号以及具体的社交行为。

材料

- 拿一个小本子，记录"侦探"通过观察发现了什么，也可以让孩子把观察到的信息与你分享，如果孩子记性好，也可以让他先记在心里。
- 侦探眼镜道具可以让社交侦探活动变得有趣，即使在家中使用也很有意思。

练习目标

事先和孩子讲清楚，练习目标是以社交侦探的方式对他人的行为进行观察，以获取与社交信号、社交语言、社交行为相关的信息。告诉孩子，他的任务是收集信息并向你汇报，然后你们一起讨论孩子观察到的这些行为意义何在。和孩子一起商量好汇报的方式，例如孩子可以先将自己的观察记录在笔记本上，然后和你讨论，或者通过发短信的方式与你分享。

活动

1. 和孩子进行角色扮演，让他了解如何对他人进行观察而不被发现。和孩子一起练习观察的方式，让他们学会通过倾听寻找线索，学会暗中观察。所有的观察都可以默默进行，不用寸步不离，更不用偷眼斜睨，也不用透露自己作为社交侦探的具体目标。

2. 和孩子一起，选择一个具体行为进行观察，例如倾听某人谈话，观察对方的肢体语言，判断谁生气了；或者观察一群人，通过人们的肢体语言和声调，判断哪些人正在忙碌。

3. 让孩子对家庭成员进行暗中观察，或者带着孩子在公共场合假装若无其事地对他人的行为进行观察，避免孩子的侦探行为被他人发现。

4. 和孩子一起想想，可以用哪些方法来记录他的观察发现。和孩子一起翻翻侦探日志，以某次的日志为例，让孩子说一说对自己的观察有什么心得。

总结

问问孩子，看看他观察到了哪些行为。基于已经习得的技能，问问孩子接下来他准备练习哪一种社交行为。

练习2：隐性规则

练习目标

每个环境和场景都有其隐性规则，这些规则约定了哪些行为是可接受的。孩子需要懂得在适当的时候停下来解读这些隐性规则，并对自己的行为做出相应的调整，从而符合人们对不同场景适当行为的预期。

活动

1. 和孩子一起朗读下面这些关于隐性规则的描述：

日常生活中充斥着无数条隐性规则。这些规则不会被明确地写出来、挂起来。你必须根据他人在具体场景中的行为，对这些隐性规则进行判断。在某个环境中，多高的声调是合适的？与刚刚认识的人分享多少信息是合适的？什么时候应该坐下？什么时候应该起身？你必须掌握这些规则，才能融入具体的社交场景并与人交往。

隐性规则不是绝对的，但是可以引导我们表现得举止得体、态度友善，让我们更好地适应环境。你可以通过观察他人了解这些规则，例如他人的肢体语言、声调、面部表情等。你可以想一想，在安静、严肃的场合里，与欢乐派对和游乐场里，人们的行为举止有何不同。不同的场合都有各自的隐性规则。你对人们的行为规则了解得越多，与他们相处时就越从容。在社交场合中，我们先停顿一下，想清楚这个场合下的行为预期非常重要。

下面的场景描述能够帮助孩子理解隐性规则。

在一个咖啡馆里，顾客都是成年人，他们安静地坐在桌子旁边。有的在电脑上写东西，多数人戴着耳机。咖啡馆里没有噪声，没有孩子，人们排长队在买咖啡。房间里的空座位已经很少了。

2. 看完上面的场景，问孩子几个问题：你从哪些细节中发现了哪些隐性规则？请孩子将这些隐性规则写下来。

3. 当孩子看出几个隐性规则后，你可以将自己的观察和他分享。例如，要小声说话，因为人们在工作；咖啡馆里多数是成年人，因此小孩子需要安静地坐着；不要为了找座位不停地走来走去；排队买咖啡时先想好自己要买什么，因为后面有人在等候；不要打扰戴耳机的人们，因为他们在工作，不想聊天。

总结

让孩子列举几个他在自己家中、在好朋友家中以及在学校教室里发现的隐性规则。

练习3：有关隐性规则的实地考察

练习目标

这一练习告诉我们，不同环境中和不同场景下的隐性规则可能是不同的。我们可以通过观察和倾听语言信号及非语言信号，来识别一定环境及场景下的隐性规则。告诉孩子，这样的做法可以帮助他们在任何情况下按下暂停键，留意当下环境的隐性规则。

活动

1. 选定一个地点，例如商场、路边小店、餐厅或者图书馆，家长和孩子一起去踩个点。到了之后，找个不妨碍他人的地方坐下，问问孩子在这个环境中他注意到了什么。"你会留意人们哪些方面的信息？室内的声音如何？人们说话的嗓音是怎样的？这里是嘈杂的还是安静的？思考一下这个环境中有哪些隐性规则。哪些行为是可以被接受的？"

2. 问问孩子，他是通过哪些信号判断出其中的隐性规则的？是否还有其他信号，包括人们的着装？当时的场景是否对家庭或孩子友好？具体而言，这意味着什么？

3. 让孩子对人们的肢体语言进行观察，看看他能注意到什么。每个人都在做什么？看到他们那样做，你觉得自己应该怎么做？人们的状态是忙忙碌碌还是悠闲自得？人们动作缓慢还是急迫？根据这些人的行为，你怎么做才能融入这个场景？

4. 最后，让孩子列出这个场景中的隐性规则。这时候，你可以主动给孩子一些提示，帮助他写出所有隐性规则。

总结

让孩子说出具体场景中的隐性规则及其重要意义。

练习4：隐性规则：公共规则和个人规则

练习目标

人们在公共空间和个人空间（例如家中）表现出的行为是不同的。在个人空间中，人们可能更随意一些。所以，孩子平时很熟悉的人，在家中、学校和社区中的行为表现会有差异。

活动

1. 和孩子讨论人们在公开场合和私下场合的行为有何不同。你与某人的熟悉程度，即那个人是你刚认识的，还是好朋友或家人，会影响你在他面前的行为方式。你可以分别选择一个熟人和一个刚刚认识的人，让孩子观察他们行为中的隐性规则。这些规则可能会反映出人们不同的个性、家庭氛围正式还是随意、是否有食物过敏、养宠物的情况以及对待宠物的方式。让孩子描述某个亲近的人，比如一位家庭成员或一位老朋友。是什么让你们亲近？让孩子根据与某些人的亲近程度，对这些人家中的隐性规则做出判断。一些提示性问题包括：你对这个人的熟悉程度如何？你了解与此人相关的哪些事情？和他相处时，你觉得随意一些好还是正式一些好？他希望自己的家整洁一点吗？他以前有没有告诉过你他有什么规矩？你的肢体动作需要注意什么？你可以活跃一点，甚至可以打打闹闹或是大吵大闹吗？你的行为需要遵守哪些规矩？

2. 将这些隐性规则记录下来。

总结

今后，在孩子进入新环境时，你可以提醒他留意环境中的隐性规则。你可以采用游戏的方式给孩子一些提示，看看他能否说出那些隐性规则。

练习 5：社交信号

练习目标

很多有社交困难的孩子要么留意不到社交信号，要么不知道对社交信号如何解读。本练习的目的就是帮助孩子关注到身边无处不在的社交信号。有时候，我们要做的就是稍作停顿、接收信息，让自己成为他人更好的合作伙伴。

活动

1. 阅读下面与社交信号相关的说明，和孩子一起讨论哪些社交信号是需要注意的。

社交信号可能是语言信号，也可能是非语言信号，用以传递与他人的想法和感受相关的信息。无论进入什么样的环境，你都需要解读相应的社交信号，从而知道如何说话、如何行事。

社交信号可能是积极的，也可能是消极的。这些信号表明了对方的情绪、状态、意图或者想要传递的信息。

2. 通过角色扮演的方式将社交信号表演出来，问问孩子："你猜猜，这个人在这样的场景下，想通过语言和非语言的信号传递什么信息呢？"

- **语调**。当一个人干脆利落地回答"是的，我明白了"时，这个人的语调传递了什么信息？
- **声高**。一个人压低声音，一边点头一边小声说道"我明白了"，同时抬起了手，阻止对方继续说下去。这个人想表达什么意思？问问孩子："这些人想通过说话的声音传递什么信息呢？"
- **语速**。一个人拿着手机，说话速度很快，当你想和他说话的时候，他转过身去不理你，这个人的行为要表达什么意思呢？
- **语言词汇的选择**。有人对你说"好的，哥们儿，你别说了"，或者"是挺搞笑的，我们明白了"，对方说的这些话是想告诉你什么呢？
- **说话人的兴奋程度**。一个人跟你说话的时候心不在焉、哈欠连天，也不问你问题，这个人整体的精神状态传递了什么信息呢？
- **肢体语言**。一个人两臂交叉抱在胸前，转过身不正对着你，这个人的肢体语言传递了什么信息呢？
- **个人空间**。你靠近某个人，他有意退后，然后走开。对方的身体动作说明他在个人空间方面有何规则？当他人离自己太近的时候，你会产生什么样的感觉？
- **目光接触**。一个人低着头，弓着背，走路时眼睛瞄着旁边，他的眼神和姿势传递了什么信息？
- **面部表情**。问问孩子，一个人眉头紧皱说明了什么。

总结

和孩子一起观察日常生活中的社交信号。你可以时不时地将他人的社交信号指出来，让孩子解读这些社交信号的具体含义。

练习6：回忆既往经历

练习目标

从经验中学习非常重要，它可以帮助孩子在社交中做出对各方更有利的决定。孩子只要学会停下来对过往的经历进行反思，就可以看清楚他遇到过的每一个社交场景。当遇到陌生人或者新情况、新问题时，孩子可以参考以往的经验，看看哪些方面是相对熟悉的，哪些方面和之前的经历有所不同。在此基础上，孩子才可以找到新途径，来学习当前场景中的隐性规则。

在碰到陌生人、新环境、新状况时，"回忆既往经历"的方式能够帮助孩子思考新情况与既往经历有哪些相似和不同。在任何社交环境下，这样的思考过程都非常有帮助。

活动

1.给孩子介绍"回忆既往经历"这个概念，阅读本练习的介绍。

快速学会应对新情况或者陌生人的方法之一，就是参考过去的类似经历，想一想新情况与过往经历有哪些相似和差异之处。这样，当进入一个新的环境或者遇到陌生人时，你会想："这次的情境和哪一次类似？刚遇到的这个陌生人或新情况与以往有哪些不同？有哪些相似之处？"例如，丹尼参加一个生日聚会，当时大家正在玩玩具激光枪。以前丹尼参加过类似的聚会，那时候也有人玩激光枪，这两次聚会看起来非常相似。他发现这次聚会的蛋糕和装饰品与上次聚会中的都一样。当然，也有不一样的地方：这里的人和他们分组游戏的方式与上次都不一样。

2.选择某次活动、某个场景、某个人，或者某次小组作业，不必考虑以前是否有过类似的活动。问问孩子："你过去的经历与目前的情况有什么相似和不同之处吗？你过去的经验现在是否适用呢？"

3. 还有另外一些问题可以让孩子作为参考，例如，现在的情况和以往的经历有何不同？差异是什么？眼前的环境和你经历过的环境是否有相似之处？差异之处是什么呢？根据这些信息，你觉得自己应该怎么做？你觉得这个环境下的隐性规则是什么？

总结

本练习完成之后，在孩子进入新的环境或者遇到陌生人时，你可以和他一起练习一下本练习中借鉴既往经验的做法。

练习7：你给他人留下的印象

练习目标

孩子需要明白，自己的言行举止会给他人留下印象。通常，孩子意识不到，他的行为直接影响着他人对自己的看法以及他人对待自己的方式。

活动

1. 阅读下列介绍性文字，将恐龙化石的图片展示给孩子。

我们知道，即使远在几百万年前的恐龙骨头，也会留些印记。同样，我们无论走到哪里，也都会给他人留下一些印象。我们要牢记，自己说过的话、说话的腔调、肢体语言、面部表情、行为举止都会给我们生命中遇见的每一个人留下印象。这些印象会影响人们对我们的感受，以及他们对待我们的方式。

2.问问孩子："你希望给他人留下什么样的印象？哪些事会妨碍你在他人心目中留下好印象呢？"

总结

和孩子探讨：其他的成年人或者孩子在他心目中留下了什么样的印象？他们的哪些言行举止形成了这样的印象？

练习8：给人留下好印象

练习目标

现在孩子已经明白什么是印象，也懂得在很大程度上自己可以把握给他人留下什么样的印象。现在可以让孩子了解印象中究竟包含哪些内容，以及如何在社交活动中改变自己的形象了。

活动

1.问问孩子："什么样的行为、言语、肢体语言会给人留下好印象？"如果孩子想不出来，你可以举例提示，例如微笑、目光接触、伸出援手、乐于分享、友好的语调、宽容忍让、体贴入微、乐于倾听等。

2.将下面图中的行为给孩子展示，问问他每一种行为的具体含义是什么。如果孩子想不清楚,你可以解释给他听。有必要的话,你可以通过表演帮助孩子理解什么是怒气冲冲的脸,什么是尖锐的嗓音。

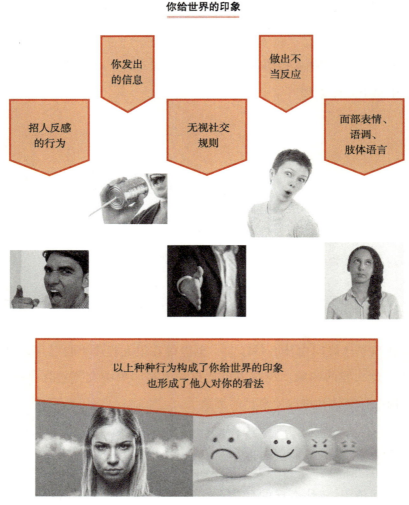

© 2018 Maguire

3. 和孩子聊一聊,人们的哪些行为可能会疏远他人,或者给人留下负面印象。让孩子列举自己的哪些行为会妨碍给人留下好印象,即使这些行为不包含在下面的列表中。

让他人疏远的行为

- 露出让人害怕的怒容
- 用尖锐的嗓音大吼大叫
- 自己坐着，不搭理身边的人
- 眼睛四处瞄，不直视他人
- 双臂抱在胸前
- 别人还在说话的时候，起身走开
- 总觉得别人说得不对
- 别人说话的时候爱答不理
- 抬起手制止他人说话
- 对朋友大发脾气
- 无视隐性规则
- 打断别人说话
- 吹牛说大话
- 独自霸占玩具或游戏
- 其他行为＿＿＿＿＿＿

从上面列表中选择两三项行为，通过表演展示给孩子。然后问问他："我这么做给你留下了什么印象？你觉得自己做得如何？如果你总是这么对待朋友，最后结果会怎样呢？"

总结

问问孩子：他希望自己给他人留下什么印象？如果想让自己留给他人的印象更好一些，他应该怎么做呢？

练习 9：友谊的产生过程

练习目标

很多孩子对自己缺乏正确的认识，无法准确地评估自己的哪些社交行为可能会疏远同伴。本练习的目的，就是要让孩子意识到这些问题。第一，我们做的任何事情都会被人注意到，他人与我们互动的方式取决于之前他们与我们打交道的经历。第二，重点是我们要确保自己的行为能如实反映自己的实际意图。这样可以让孩子将自己的行为与他人对待自己的方式联系起来。第三，让孩子明白他的同伴时时都能注意到他的行为，基于行为，同伴会形成看法，进而同伴对待他的方式会受到影响。

活动

1. 让孩子看看下面的友谊示意图，将示意图中的文字读给他听。问问孩子：人们是如何对我们的行为产生自己的看法并做出反应，进而形成对待我们的方式的？

2. 分步骤说明各个场景中的友谊关系，让友谊变得更加直观生动。在示意图的文本框内，孩子可以填写具体场景中同伴的行为及反应。与孩子一起阅读和讨论这些场景的时候，你可以问问孩子：

别人如何看待你的举动？

他们的反应是什么？

活动结束以后，他们可能怎样对待你？

对你的行为感到失望或者不高兴时，他人会传递出哪些信号？

你觉得你的朋友这时是什么感受？

你可以通过哪些信号看出你的朋友开始变得有些烦躁了？

友谊的产生过程

每个行为都会引起他人的反应

人们根据既往经历选择当下与你交往的方式

© 2017 Maguire

这些信号对你有什么启发

© 2017 Maguire

场景案例

- 凯特总是坚持要求别人守规矩。她要是看到别人做得不对，就觉得需要提醒他们。她的朋友经常对她说自己不需要一个老板，或者跟她说不喜欢总听她唠叨。凯特自己很困惑：为什么课间没有人找她玩？

- 在看球赛的时候，杰米一直缠着妈妈要东西。朋友们看在眼里。后来，他们转过脸去不再理他。

- 欧奇总是反反复复地讲同一个故事，或者总是谈论自己喜欢的话题。他的同学通常翻翻眼睛就走开了。欧奇很疑惑：怎么别人无缘无故地反感自己呢？

- 索菲亚很害羞。即使有人坐在身边，她也不会和对方说话。她希望别人主动开口。她等着别人先说话，但是，当对方对她微笑示意时，她却毫无反应。大家觉得她摆架子或者没教养，结果谁都不再搭理她了。索菲亚自己并不知道这是为什么。

总结

从现在起，你可以和孩子讨论"友谊"，帮助孩子分析和解决他们面临的社交问题。当你看到孩子的某些行为可能造成人际关系疏离时，你可以在下次的训练活动中和他一起讨论一下。问问孩子："你的做法会给朋友带来什么影响呢？朋友会有什么感受呢？"和孩子讨论友谊问题时，家长一定要记得引导他反思自己的社交角色和社交行为。

练习10：保持风度

练习目标

保持风度，指的是当你感到烦躁、气愤、饥饿和无聊时，你的言行举止依然可以礼貌得体。那些不懂得保持风度的孩子在社交活动中可能会走弯路。

活动

1.将下面关于保持风度的段落读给孩子听。每个人都有心烦、愤怒、难受、崩溃、疲劳、饥饿、无聊的时候，或者不喜欢某人讲话而无法礼貌对待的情况。即使你很不情愿，也还是要回应成年人或者同伴的询问，表现出得体的社交风度，遵守这些场合的社交规范。

2.对于要保持风度这件事，问孩子几个问题："你怎么看待保持社交风度？当你不舒服、无聊、愤怒、疲劳、饥饿、失落的时候，是否尝试过尽量礼貌待人？保持风度的重要意义是什么？在哪些情况下，你觉得保持风度和礼貌很难做到？这些情况下你会怎么办？"

3.让孩子将下面场景中保持风度的具体做法表演出来。如果在下列情况下要保持风度，孩子可以有哪些具体的做法呢？

场景案例

- 乔什在学校等了很长时间，又累又饿，可是他妈妈还在和老师聊天。乔什很想走。
- 安妮觉得和叔叔说话非常无趣，不想再和他继续说了。

问问孩子，什么事情会妨碍他保持风度？如果他不想保持风度，问问他："原因是什么呢？如果你不能保持风度，别人会有什么感受？保持风度的好处是什么呢？"

总结

让孩子总结一下，在哪些情况下他们需要克制自己、保持风度。和孩子一起想一想以后可以怎么做。可以和孩子约定一个暗号，在必要的时候，你可以用暗号提示他克制自己、保持风度。

练习 11：友谊是相互的

练习目标

"友谊是相互的"这个话题有助于孩子思考更复杂的问题：谁是你的朋友？他们如何对待你？你怎么理解友谊是建立在互利的基础上的？这样的思考和讨论能帮助孩子深刻理解什么是友谊，可以根据哪些因素衡量友谊。衡量友谊，主要考虑情感的亲近程度、互惠互利、非语言信号、肢体语言以及面部表情。这些因素能帮助孩子判断谁是真正的朋友，而谁还算不上真正的朋友。

活动

1. 告诉孩子，根据相互的亲密程度、各自的兴趣爱好以及接纳程度，朋友可以分为不同的类型。阅读下面图中关于不同类型友谊的描述，并给孩子看图，让他了解不同类型友谊的标准。

友谊的不同类型

朋友
经常一起玩、一起外出
在同一个兴趣小组
一起吃午饭
在校外也见面
有共同爱好
主动找对方分享信息
邀请对方参加生日聚会
对方有需求时愿意帮忙
你有他的手机号码

亲密朋友
可以紧急求助
可以征求意见
经常见面
可以分享任何信息

哥们儿
一起活动
某些场合总是在一起
在班里座位离得很近
不在同一个兴趣小组
与你的来往时断时续
希望了解你

熟人
可以询问作业情况
你可能不知道他的全名
你们在社交媒体上没有交流
线上的朋友，无线下接触
如果你去他家找他，他会觉得很奇怪
可能会分享部分信息

一面之缘
态度友好
寒暄
闲聊
不知道对方名字

© 2018 Maguire

就像不同口味的冰激凌一样，朋友也有不同的类型，每种类型都有独特之处。出于不同的目的，人们会结交各种不同的朋友。我们与不同的人会有不同的亲疏远近关系。朋友关系也存在不同的发展阶段。有的人与我们亲近一些，有的人与我们疏远一些。在生活中，我们经常需要接触一些人，他们并不是我们的好朋友。有时候，真正让你感到为难的是，当你认真审视自己的朋友关系时，你发现自己需要做出一些改变。

本练习就是用来帮助你反思自己的朋友关系。你和朋友的亲密程度，决定了你可以和他们分享哪些内容以及你应该和他们来往的频率。多数人都会拥有不同类型的朋友。

2. 和孩子探讨他认识的各种不同的人。参照"你认识的人以及他们在你心目中的位置"示意图，让孩子将他认识的人标记在相应的位置上。让孩子想一想：哪些人是朋友，哪些人仅仅是点头之交。如果孩子把很多不熟悉的人标记成了朋友，你可以问问他："你经常和这些人说话吗？经常和他们在校外见面或者一起活动吗？"你可以提示孩子判断友谊所处阶段的依据有哪些。

你认识的人以及他们在你心目中的位置

© 2018 Maguire

总结

结合你自己的朋友圈以及相互的熟悉程度，和孩子继续讨论友谊有哪些不同类型。

练习 12：社交的正确途径与误区

练习目标

我们可以把"社交的正确途径与误区"这一练习作为一个框架，帮助孩子思考自己在不同社交情境下的角色。通过学习这些内容，孩子可以解读不同的社交情境，思考自己如何做才能符合社交规则、遵循社交规范并给他人留下良好的印象。社交误区或者称为"社交弯路"，可以作为你和孩子之间的暗号，提示孩子适时思考不同环境下的隐性规则和社交规范。

活动

1. 阅读下面与社交的正确途径和误区相关的描述。

每种情形都有相应的隐性规则和社交期望（也被称为社交规范）。这些规则能够告诉我们不同情境下的一般规则，有助于我们理解具体的社交情境下什么样的行为合乎礼节、符合约定俗成的规矩。当进入某个社交场合时，你只要遵循社交准则和隐性规则，就可以找到社交的正确途径。否则，你很可能会贸然犯错，在社交方面走一些弯路。

在社会交往中，当我们忽视了隐性规则或者走了弯路时，我们的行为会给他人留下印象。对方会基于这些印象选择相应的方式对待我们。我们期待给他人留下良好的印象，让对方觉得我们友善可亲，愿意和我们相处并成为朋友。你可以向人们发出社交信号，改变自己在他人心中的印象。

任何人都有情绪低落的时候，重要的是你要留意自己可能给他人留下怎样的印象。遵循社交规范（见下表）有助于你给他人留下良好的印象。

社交规范	
社交的正确途径与误区	
正确途径：遵循隐性的社交规范	社交误区：忽视社交规范
1.	1.
2.	2.
3.	3.

2. 让孩子看看上面的表格，让他说说自己最近选择的社交正确途径有哪些。问问孩子，在当时的情况下，遵循潜在的社交规范有何重要意义。再让孩子讲一讲他误入社交歧途的经历。

3. 朗读下面的场景描述，让孩子将其中的社交正确途径和社交误区都练习一遍。将每种场景下的社交正确途径和社交误区记录在笔记本上。问问孩子，他们在不同的场景下会做哪种选择，后续结果会怎样，他们的行为与哪些隐性规则相关。

场景

- 在家庭聚会上，弗兰克被惹怒了，准备离开。他叔叔问他棒球队的事，他耸耸肩，看都不看对方一眼。他叔叔就再也不搭理他了。
- 简发现隔壁班级的学生在聚会，她溜进去拿了几个甜甜圈。别的孩子很不高兴地瞪着她，她的老师也发现了。隔壁班的孩子在操场上故意不搭理简，简的老师也显得很生气，批评了她。

总结

和孩子探讨一下"社交的正确途径与误区"这一练习如何帮助他理解社交问题。当孩子再次面临社交困境时，他可以思考一下自己需要遵循哪些社交规范，如何选择正确的社交途径。

练习 13：友善的行为表现

练习目标

学习交友的一个方面就是懂得在社交活动中我们需要做出友善的行为。让孩子理解自己的行为、发出的非语言信息与自己给他人留下的印象紧密相关。理解这一点对孩子大有好处。

活动

1. 向孩子讲解什么是友善的行为。告诉孩子，我们的言行举止、表情、声调和肢体语言，都会告诉他人我们是和蔼可亲还是拒人千里的。比如，眉头紧蹙显然会让人不愿接近，面带微笑则让人乐意亲近。告诉孩子，友善的行为包括：

- 给人留下好印象
- 向人们表达你的友善
- 让其他孩子知道你随时可以和他们一起玩
- 鼓励其他孩子来找你玩
- 让他人对你形成积极正面的看法
- 引导他人对你做出积极的回应

将下面关于友善行为的示意图以及友善行为清单展示给孩子看。让孩子给自己的每一项友善行为打分。如果孩子自己不能列举出很多友善行为，家长可以列举自己从孩子身上看到的友善行为。如果孩子什么都想不出来，家长可以给孩子一些提示，或者举一些具体的例子，例如"你觉得你那种做法算不算友善的行为呢""我看你曾经……"。

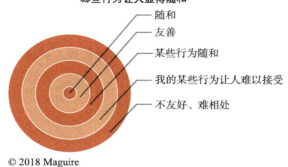

友善行为清单

- 对人有耐心
- 做一个倾听者
- 处事灵活，乐于合作
- 有幽默感
- 看懂肢体语言
- 愿意向朋友让步
- 按顺序轮流进行活动
- 关心朋友
- 管理自己的感受，控制失望情绪
- 展示良好的情绪
- 承认自己并不总是对的
- 不记仇
- 克制冲动
- 和蔼可亲，平易近人
- 能够适应常规做法的变化，或者迁就同伴的意愿

向孩子说明什么是不友好的行为。让孩子看看下面的不友好行为清单，请他在不友好行为清单边上标记自己曾经做过哪些不友好的事情。

不友好行为清单

- 眉头紧皱，摆出一副怒气冲冲、不愿意搭理人的样子
- 尖叫
- 说别人做得不对，批评他们违反规则
- 对别人不理不睬
- 环顾四周却不正视他人
- 两臂交叉抱在胸前坐在那里
- 别人正跟你说话时，你却转身走开
- 总是说别人做得不对
- 别人跟你说话，你假装没听见
- 举起手阻止他人说话
- 对朋友大发脾气
- 忽视隐性规则
- 打断别人说话
- 总是吹牛
- 独自霸占玩具和游戏
- 胡搅蛮缠，非要让朋友按自己的想法做事情
- 反复讲同一个故事或者同一个话题
- 其他_____

总结

让孩子说说他给别人留下的整体印象。不要阻止孩子写那些看起来不那么友善的行为细节，或者他认为的那些可能引发社交问题的行为。

练习14：学会站在他人的角度看问题

练习目标

本练习旨在帮助孩子学会站在他人的角度看问题，让孩子体会他人的观察视角，想象他人的感受、自身的行为给他人带来的影响，以及他人可能做出的反应。在这项练习中，你不用刻意指出他人的角度，而是制造一个中立的视角，让孩子思考他人的感受，看到问题的两个方面。孩子可以通过扮演他人的角色，设身处地地体会他人的感受。下面的"学会站在他人的角度看问题"地毯示意图，可以为今后的对话活动和探讨解决问题的方法，创造一个真实的演练场景和体验环境，帮孩子更直观地体验他人的观察角度。

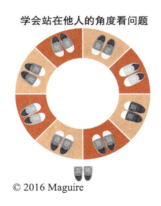

学会站在他人的角度看问题

© 2016 Maguire

活动

1. 把"学会站在他人的角度看问题"示意图打印出来，或者画在硬纸板上。在任何情况下，孩子都可以随时练习站在他人的角度看待问题。

2. 首先告诉孩子，有时候站在对方角度思考问题，考虑他人是谁以及对方的感受如何，这是非常重要的。告诉孩子，本练习是要帮助他学会站在他人的角度看问题。这样，孩子就会试图站在他人的角度进行思考，理解对方在具体场景中的感受和反应。告诉孩子，有时候看懂他人的意图并不容易，他人为何做出那样的反应也很难搞清楚。站在他人的角度看问题，是指假设你处于那样的情况下，自己会有什么样的感受。你可能永远都无法完全理解他人的感受，也不可能理解他所处环境中的各种因素。但是，尽量从自己和他人的角度进行思考，是非常重要的。

3. 将下列场景讲给孩子听。让孩子站在示意图中鞋子的位置上。为了增加趣味性，在做练习的时候，孩子可以穿上特别的鞋子。将下面的场景读给孩子听，同时问问他："现在故事中的主角会有什么感受呢？"

场景案例

- 为了给凯顿准备学校演出的演出服，妈妈已经连续熬夜好几周了。去学校接凯顿回家的时候，妈妈说自己为了赶制演出服累坏了，觉得有点头疼。凯顿听了却毫无反应，问妈妈："你给我带三明治了吗？"凯顿的妈妈这时内心会是什么感受？为什么这个时候问三明治的事儿并不合适呢？站在凯顿妈妈的角度想一想，这时她最希望听到凯顿说什么呢？为什么凯顿的回应很重要？

- B老师帮你辅导科学作业，可是你9次都没有按时参加辅导。今天，你给B老师打电话，想预约今天放学以后的辅导。B老师说："对不起，我今天没有时间。"站在B老师的角度，想想你过去9次爽约的事情，再想想她的感受。

总结

和孩子讨论上面几种场景，让他指出其中的关键社交信号，以及场景中人物的内心感受。

通用问题清单

下面这些清单可供孩子在不同模块的学习中参考使用。所有训练都会引导孩子到通用练习中寻找相应的清单。

造成强烈情绪反应的事件

- 社交问题
- 学业问题
- 有人捣乱，故意激怒我
- 家庭作业
- 不让玩电子产品
- 课间休息
- 午餐时间
- 输掉了游戏
- 无聊
- 等待
- 时间安排、计划、活动内容有所调整
- 担心别人说我的闲话
- 嘈杂和拥挤
- 别人指挥我，让我做这做那
- 破坏规则或导致他人破坏规则
- 兄弟姐妹
- 父母

让自己冷静下来的办法

- 吹泡泡
- 嚼口香糖
- 玩拼图
- 采用第19章里介绍的"蓝天呼吸法"
- 拉弹力绳
- 听音乐或者听有声书
- 做瑜伽

- 正着背诵字母表、倒着背诵字母表
- 荡秋千
- 散步
- 画粉笔画或者画彩笔画
- 玩跳房子游戏、跳绳、蹦床
- 洗泡泡浴
- 摆弄熔岩灯或者沙钟
- 用手挤气泡塑料布
- 去一个能让自己冷静下来的角落待一会儿
- 读书
- 画手的轮廓
- 做手工
- 画10张画
- 穿负重背心

兴趣度信号

对话中表示感兴趣的信号
微笑
做出支持性的评论
以支持的声调表示赞同
坐在椅子上时，身体前倾
与你目光对视
大笑
向讲话人发问

对一件事感到乏味的信号
叹气
耸肩
打哈欠
把身体转向一边
回答简短
不发问
对你的话语和肢体语言没有回应
没有目光接触
眼光投向远方
语调尖利或者语调平淡

你还注意到哪些信号，能够说明对方已感到乏味无聊？ _____
© 2018 Maguire

Why Will No One Play with Me

第12章

随机应变
自身的灵活性和适应性

说明：在第 12~19 章，全部训练内容分为一级训练和二级训练。孩子从一级训练开始学习，逐渐进入到二级内容的学习。所有的二级训练内容都有明确标注。

练习 15：什么是随机应变？有何重要意义？

练习目标

本练习主要是帮助孩子理解随机应变的含义及其重要意义。孩子将学会分辨哪些是随机应变的行为，为什么随机应变对于友情格外重要。

活动

1. 向孩子说明随机应变的特点，告诉孩子与人相处时随机应变十分必要。将下列随机应变行为列表念给孩子听，让他说说哪个行为对他来说不容易掌握。和孩子讨论一下："你认为每一项行为的具体含义是什么？你对这些行为有什么看法？"让孩子看一看，他对下列行为中的哪些相对熟悉。

随机应变的行为

- 考虑朋友的感受，并相应地对自己的行为做出调整
- 打破常规做法或者计划有变时，自身能够做出相应调整
- 和他人互相妥协、做出让步
- 必要时对自己的想法或者思维模式做出调整
- 放下恩怨
- 知道自己不是永远正确
- 与朋友互相谦让
- 懂得规则是一种参考，没有绝对的事情
- 克制唯我独尊的行为，不将自己的规划和愿望作为唯一的考虑因素
- 耐心听别人把话说完

缺乏灵活性的行为

- 事情不合自己的心意时固执己见
- 颐指气使，指挥他人按照自己的要求行事
- 为了按照自己的做法行事，不惜与他人发生冲突
- 与所有人都争吵
- 总是纠正别人
- 总想分享自己的想法，却从来不愿意听他人的分享
- 感觉自己总是对的
- 把规则绝对化，不懂得变通
- 按照自己的计划行事，丝毫不顾及他人的感受
- 计划有变时，不愿做出相应调整

2. 让孩子说说：他自己做到随机应变的时候感受如何。随机应变的行为应该是什么样的？随机应变有何重要意义？让孩子设想一下，自己和朋

友一起玩，每个人都不愿和他分享玩具，每个人都要纠正他的做法，不停地说他犯规，他会有怎样的感受？

总结

继续引导孩子考虑他人的感受，进而理解随机应变的行为对于维持友谊的重要意义。问问孩子："你和朋友一起玩的时候，他们期待你怎么做？你觉得你的朋友内心感受如何？"当孩子展示出了行为上的灵活性，家长要及时表扬："你能这么灵活处事真的是太好了！"

练习 16：社交警察

练习目标

本练习的目的是要让孩子明白，像社交警察一样总是指责他人会让同伴远离自己。本练习就是让孩子梳理清楚对社交规则的认识，理解灵活性对社交活动的必要性。

活动

1. 让孩子明白许多活动中的规则可以作为参考。参考是帮助人们做出选择的建议，并不是绝对要求。提醒孩子曾经在社交角色、社交的正确途径和社交误区训练中做过的练习。问问孩子："随机应变是社交的正确途径还是社交误区？为什么？你怎么看待社交中的规则呢？"

2. 跟孩子说明有些规则必须遵守，否则会有危险或者受到伤害。将这类必须遵守的规则列出来。在列清单的过程中，把孩子认为重要但不太可能导致危险情形和负面后果的规则标注出来，然后解释给孩子听。你可以问问孩子为什么这些规则对他来说很重要，问问他能预料到哪些情形，以及事情实际发生的可能性有多大。

3. 和孩子探讨，哪些规则可以适当妥协。如果孩子不知道如何回答，家长可以给他一些提示，例如，参加游戏的人数要求、不同群体对同一项活动制定的不同规则、游戏的场所限制、游戏的时间要求等。

4. 和孩子说明，有时候讲规则会给朋友关系带来一些问题。让孩子明白，总是按照规则对他人进行纠正会让他成为一个社交警察。将下列和社交警察相关的行为给孩子读一读。

当你充当了社交警察后，这意味着你：

- 总是要求别人遵守规则
- 觉得规则是绝对的，不能变通
- 觉得规则比任何事情都重要
- 让人明白做事方法有的正确，有的不正确
- 如果别人不按照你的规则玩，你就退出游戏
- 要求别人按你的方法做事
- 总是斥责违反规则的人
- 把其他伙伴的违规行为报告给老师、教练或者其他成年人
- 总显得无所不知、无所不能
- 总是指使周围的人做事

总结

用下面几个问题测试一下孩子的理解程度：与社交警察相关的行为有哪些？其后果是什么？朋友对社交警察的行为有何感受？

练习 17：社交警察案例

练习目标

社交警察的例子给孩子提供了一面镜子，帮助他看到了社交警察的行

为表现以及这样的行为给他人带来的感受。

活动

1. 将下列案例读给孩子听。读完每个案例之后，问问孩子："你对这种监督他人遵守规则的行为有什么看法？你喜欢这样的人吗？如果你是这个监督者，你会有什么感受？如果你是被监督的人，而监督者判断错误，你又会有什么感受？你愿意做规则的监督者吗？你觉得旁观者会怎么看待这个监督者呢？"

场景案例

- 玛塔和校长一起站在发言席上，她准备领奖。礼堂里的孩子们有说有笑，一片喧闹。这个时候大家本应该安静。玛塔从演讲席上发出嘘声，示意大家安静。大家把头转回来，在座位上坐好，却皱起了眉头。

- 尽管妈妈不让比利在新沙发上吃东西，但比利还是端着麦片碗坐在了地下室的新沙发上。哥哥欧文向妈妈告状，妈妈把比利抓个正着。欧文说："如果有人做错事，我得告诉他那样做是不对的。"当比利和妈妈私下沟通这件事的时候，欧文反复打断他们，不停地告诉比利这件事本来应该怎么做，为什么妈妈不让他在沙发上吃东西。后来，当欧文想和比利一起玩的时候，比利说："多谢，我不想玩。"

2. 讨论上面的两种情形，其中哪些信号表明了人们对社交警察行为的态度。问问孩子，被监督的一方有哪些肢体语言和话语表明了自己的感受？他们会做出什么样的反应？你觉得他们以后会怎样对待那些有社交警察行为的人？

总结

问问孩子，在社交警察练习中，他们学到了哪些东西。

练习18：顽固的大脑

练习目标

你家孩子在选择兴趣爱好、应对困难和错误方面是不是感到很苦恼，或者有点强迫症和反刍性思考的习惯？他对同学的批评会不会耿耿于怀？这些情况会给孩子带来极大的情绪反应，妨碍他识别社交信号、牢记隐性规则，从而做出适当的回应。事情如果进展不顺，就会给孩子造成干扰，导致他的情绪发生波动，引发反刍性思考活动。也就是说，这些干扰会让孩子头脑中反复出现同一个负面的想法。陷入困境和反刍性思维，都是孩子需要理解的重要内容。把陷入困境的概念形象化，有助于孩子看到"顽固的大脑"的工作过程。

活动

1. 给孩子展示"顽固的大脑"的照片，列举下面的内容，和孩子一起看一看这些在头脑中挥之不去的事情。

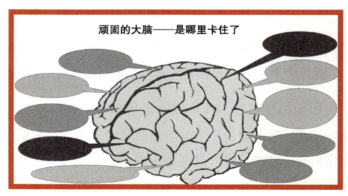

© 2016 Maguire

- 思想
- 你说过的话

- 你做过的事或者你没有做的事
- 你想要的东西
- 不高兴的感觉
- 强烈的感受
- 你感兴趣的事情
- 别人说的话
- 有待解决的问题

当我的头脑被这些事情困住时，我就很难：

- 识别社交信号
- 转换思路
- 思考我的行为可能给朋友带来的感受
- 思考别人将会如何理解我说的话
- 思考我给别人留下的印象
- 在常规惯例被打破之后，做到灵活适应
- 倾听
- 学习新的知识
- 集中注意力
- 意识到焦虑情绪对我造成的影响
- 管理自己的情绪
- 思考他人的感受

2. 告诉孩子，当我们陷入困境时，任何人都无法做到灵活应对。让孩子看看上面的列表，问问他是否曾经被什么事情困住过。当事情一筹莫展的时候，他会有什么样的感受？这种情况会引发哪些行为？那种头脑卡壳的感觉是怎样的？其他人在这种情况下如何回应？

3. 拿一张和"顽固的大脑"相关的示意图，用不干胶或者小纸条做一个对话框。让孩子在纸条或者不干胶上写下那些让他头脑卡壳的事情，然后贴在示意图上。和孩子聊一聊，哪些情绪和事情会干扰他。让他说说，当他陷入困境时，身体会发出哪些信号，产生哪些感受？如果孩子想不出来，你可以讲讲自己的经验或者你之前的观察。

4. 朗读下面应对困境的办法。

应对困境的办法

- 暂时放下，转换到一个新的场景中分散一下注意力
- 后退一步
- 去散步，或者进行体育锻炼
- 写日记或者与人聊天
- 对自己说："我被困住了，我必须有所突破。"
- 将头脑中的负面想法转换成正面想法
- 洗澡
- 和宠物玩耍
- 拿一个有弹性的手镯，轻轻扭一扭

总结

给孩子准备一套办法，让他在头脑陷入困境时使用。当你发现孩子陷入困境而不知所措时，你可以引导他尝试使用这些办法来解决问题。

练习 19：摆脱困境

练习目标

孩子已经明白我们的大脑有时候会表现得固执。本练习将帮助孩子学

习一些摆脱困境的方法。孩子喜欢听家长解释"大脑是如何工作的"。每个人的大脑结构多少都有点不同，这就使得有些人更难摆脱头脑困境。当孩子意识到这一点时，他们可能就会发生根本性的转变。

活动

1. 朗读下列内容，让孩子理解"大脑变速挡"这一概念。

和汽车类似，大脑的不同部分能让大脑前进、变速、停止和重新规划。大脑中有一个部分叫扣带回，它的功能与车的变速挡类似。大脑的变速挡能让大脑从一个想法跳到另一个想法，帮助人们放下一些事情，从而显得更加灵活。所以，当大脑的变速挡被卡住时，你会感觉自己被某个想法困住而无法调整自己的思考和行为。当大脑的变速挡被卡住时，人们要想做出改变，一个办法就是换个环境或者更换一下手里正在做的事情——这会打断大脑的运行，中断卡住的思路。这种改变被称为"模式中断"，是"重置"大脑最好的方法，可以给大脑换挡。有时候，大脑的变速器无法自动完成切换。每个人的大脑在任务切换功能上都略有差异，有些人的大脑更容易卡壳。

2. 为了让孩子摆脱大脑的卡壳状态，家长可以让孩子在"顽固的大脑"那个练习的示意图中选择几件让他陷入困境的事情，继续进行练习。朗读下面"模式中断"的做法，让孩子选择其中两项进行尝试。让孩子演示最近卡壳的状态，体会模式中断的效果。

3. 和孩子约定一个提示的方法，下次当他感觉自己头脑卡壳时，家长可以提示孩子采用"模式中断"的方法解决问题。

"模式中断"的做法

- 做点别的事转移注意力
- 写下解决问题的办法

- 做一些自己喜欢的事情
- 在手腕上戴一个弹力手带，当自己产生负面情绪时，就弹一下
- 散步
- 运动健身
- 画画
- 拜访亲朋好友
- 想一想自己的负面想法是否有实际的依据
- 转换思路来应对那些让你郁闷的负面想法

总结

当孩子头脑卡壳的时候，家长要记得提醒孩子尝试一下"模式中断"。如果孩子总是纠结于某个想法，家长就需要花时间思考一下，看看孩子的负面想法是否有真实的依据，能否让他换一种思路。

第二级：工具（适用于问题更加严重的情况）

练习 20：我要说了算

练习目标

建立友谊的过程，包括调整我们说话的内容，以及根据他人的回应调整我们的表达方式。当孩子思维的灵活性更强、行为的适应性更好时，他们也未必懂得如何理解他人。尽管不是有意为之，但总让人觉得他们固执己见、一意孤行，并且毫不妥协。我将这类行为称为"我要说了算"的行为。我们有必要让孩子意识到这种行为表现带来的影响和给他人留下的印象，以及对人际关系造成的破坏作用。

活动

1. 朗读下面对"我要说了算"行为的描述。

当不考虑自己对他人的影响，一味地关注自己的需求和愿望时，我们就进入了"我要说了算"的行为模式。我们的主观愿望未必如此，但客观上"我要说了算"的行为表明我们拒绝分享、拒绝合作、拒绝倾听。这种情况下，我们就容易进入社交歧途。

和朋友相处，相互谦让非常重要。我们需要考虑朋友想要做的事情是什么。我们要注意不让自己陷入"我要说了算"的思维模式中，因为那样意味着我们要将自己的想法强加于人，在要做什么事、吃什么东西、去哪里玩这些事情上，我们都要与人争论不休，同时拒绝倾听他人的意见。如果在所有的事情上我们都要替对方做主，那么朋友关系也就失衡了。

2. 和孩子讨论一下"我要说了算"的行为。

"我要说了算"的一般行为

- 和朋友相处时，总是要做主
- 纠缠别人，非要按自己的方式行事
- 决定活动或游戏内容
- 在任何事情上，只接受自己想要的结果

问问孩子："我要说了算"的行为是什么样的？人们对这种行为有什么看法？这种做法会带来什么后果呢？

总结

和孩子讨论他是否有"我要说了算"的行为，以及他那样做的时候别人的感受如何。

练习 21："我要说了算"的具体场景

练习目标

如果想让孩子明白凡事都要自己做主的行为是一种问题行为，最好先让他体会一下当别人这样做的时候他自己的感受如何。这样的经历可以帮助孩子理解做出改变的重要意义。

活动

1. 阅读下列场景描述，请孩子回答后面的问题。如果有必要，可以让孩子进行角色扮演，将具体的场景演示出来。当孩子熟悉每个场景后，家长可以让孩子回答下列问题：那个人展示出了哪些"我要说了算"的行为？他的行为给他人留下了什么印象？人们如何看待他？其他人反应如何？你认为其他人会怎样对待他？

场景案例

- 杰伊爱吃比萨饼。当比萨饼送到家的时候，他冲过去拿走了整盒的比萨饼，他完全不考虑他人的需求，自己想吃就都拿走了。那天晚上，他想和弟弟一起玩电子游戏，弟弟说了一句："我不想玩"，随后重重地将门关上，把杰伊关在了门外。

- 凯莉很不高兴，因为不管做什么，丽丽都要做主。如果大家一起看电影，丽丽就坚持看她自己选择的电影。如果别人不答应，她就软磨硬泡，直到别人答应为止。如果凯莉挑选了一首歌，丽丽就会不断地说："行了，还是选这个吧，这个好，这个好。"接着会说："我的品位这么好，你肯定会喜欢的。"如果在某些事情上，凯莉与她意见不同，她就会不依不饶，因为她觉得凯莉任何时候都不会反对自己。有一次，活动结束后，凯莉对妈妈说："与其争论不休，不如放弃自己的要求，这样反而能更轻松一点。"

总结

和孩子聊一聊，为什么场景中的人物会很反感"我要说了算"这种做法？和孩子进行分角色扮演，模仿上面的场景。你扮演上面案例中的主要角色，让孩子体会旁人的感受。然后，再让孩子谈谈自己的感受。让孩子想一想，如果别人总是坚持自己的想法，还控制他的行动，这会给他一种什么感觉？最后，让孩子演示故事中的主人公怎样才能表现得更灵活一些。

练习 22：谁来做决定

练习目标

孩子们在一起相处时，缺乏灵活性的孩子会显得固执，并且会支配整个活动过程。他们通常不会意识到自己的行为会对同伴带来哪些影响。"谁来做决定"这个练习能将社交过程中孩子可能做出的行为直观地展现出来，并且说明这些行为可能对朋友关系产生的影响。

活动

1. 让孩子看一看"谁来做决定"示意图，并阅读下面的描述。

谁来做决定

我要说了算，否则我就不玩了
看我想看的视频
吃我喜欢的食物
听我喜欢的音乐
玩我喜欢的游戏
我来选游戏
我来定规则
时间地点统统我说了算

我的同伴可以怎么做
没得选，只能听你的

互相妥协，保持均衡

© 2018 Maguire

示意图展示出孩子在社交过程中所做的选择。每次坚持选择自己想要的东西时，孩子都是在做选择。请注意，下面的球会滚向那个对所有选项都要自己做决定的人。

2. 看完示意图后，让孩子说说自己的心得。是谁决定了大多数的选择？如果自己什么都不选，所有的事情都让别人决定，自己会有什么感受？如果自己对一部分事情做出选择，那又会是什么感受？各方分别有多少事情可以做主？你看到这些选择权的分配，有什么感想？

注意：如果孩子始终没有意识到自己有"我要说了算"的行为，家长可以在练习中增加一项任务。比如，让他和某个兄弟姐妹，或者你认真挑选的一个同伴一起待一天。跟孩子约定，每当他表现出"我要说了算"的行为时，就让他自己在瓶子里放一个筹码或者一个小纸片，用来计数。计数活动不要太过明显，活动当天也不要再提醒。如果这种计数方式让孩子觉得别扭，可以由家长完成观察记录。活动结束后，找个适当的时间，和孩子一起看看记录结果。

总结

"谁来做决定"，可以通过符号化的方式将一边倒的"我要说了算"的行为模式展现出来。在日常生活中，你可以时常给孩子一些提醒，比如，问问他和同伴相处时，有多少事情他做主，有多少事情同伴做主。

练习23："我要说了算"与社交规则、社交的正确途径和误区

活动

1. 回顾"我要说了算"的不同场景。
2. 使用入门训练中的"社交的正确途径和误区"这一工具，标记出在

不同的场景中，哪些做法是社交的正确途径，哪些是社交误区？具体案例中的人们忽略了哪些隐性规则？

总结

谈谈社交的正确途径和误区给他人带来的感受是什么。让孩子说一说，针对"我要说了算"的行为模式，他自己需要做出哪些调整，才能给别人留下良好的印象。

练习24：人们对"我要说了算"的行为有哪些看法

练习目标

让孩子真正理解这种行为的表现形式和人们对这种行为的看法。当孩子有了切身体会和直观体验后，他们更容易理解为什么需要做出改变。

活动

1. 和孩子谈一谈，对于"我要说了算"的行为，他人做出的反应有何重要意义？你和孩子就具体场景中的每个环节分别进行角色扮演。问一问孩子："你的感受如何？其他人的感受如何呢？'我要说了算'的做法会给朋友关系带来什么影响？"

场景案例

- 凯茜总是提醒其他人做这做那。当看到一块糖果或者点心时，如果她自己想吃，就会跟所有人说这是她的。凯茜和四个兄弟姐妹从超市购物回家，在路上她就说刚买的红色棒棒糖是她的。回家后，大家刚把购物袋放下，她就跑过去把所有的棒棒糖都拿走了。

- 大家每次和马特一起玩都会出状况，最后什么游戏都玩不下去，因为马特总是要按照他自己的想法玩。只要有人不同意，他就发脾气。所以，谁都不愿意和他分在同一个组，不想和他一起做事情，因为看起来冲突根本无法避免。其他人私下做什么事情，也都不想让他知道。

和孩子讨论，上述场景中的主角应该选择哪些正确的社交途径。再和孩子聊聊，其他人对于"我要说了算"的行为会有什么感受，他们会如何对待那些凡事都要自己做主的人。

总结

在日常生活中，随时将那些"我要说了算"的行为指给孩子看。和孩子一起制订计划，列出孩子需要提升自身灵活性的情形，一起想想如何做得更好。和孩子讨论，如果要改正这些行为，他将会碰到哪些困难。

Why Will No One Play with Me

第13章

注意举止得体
学会观察环境

练习25：做个环境观察员

练习目标

本练习旨在帮助孩子学习观察具体场景的过程中需要考虑的因素。本练习采用直观的方式，让孩子明白观察活动场景是怎么回事，以及其中的构成因素是如何相互配合的。

活动

1. 阅读下列关于观察环境的说明

在各种不同的情形或环境中，对隐性规则和社交信号进行解读，这样的做法被称为观察环境。也就是说，当进入某一场所或身处某一情境时,你需要看看有哪些人在场,有哪些隐性规则或其他的社交规范。

2. 首先向孩子说明,你将会对观察环境的整个过程进行分步骤讲解。在有关社交技能的家庭训练活动中,你可以将下列示意图中的每一步读给孩子听,引导他逐一演练相应的技能。

3. 在家庭训练活动中,你可以站在房间门口练习观察,一边观察,一边配合动作演示和口头讲解。

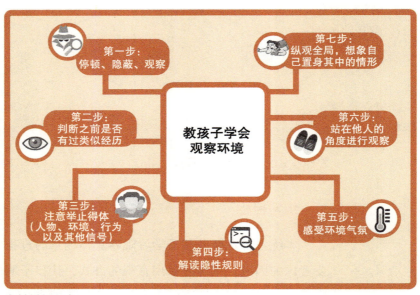

© 2016 Maguire

第一步:停顿、隐蔽、观察

当人们进入新的环境时,会留意观察周围的情况,看一看当时的情形和在场的人。在所有的社交场合中,人们都需要观察和留意社交信号,例如语调、肢体语言、面部表情等。

第二步:判断之前是否有过类似经历

停下来想一想,当下的场合和人物与之前经历过的情形有哪些异同,这样可以帮助孩子迅速理解当时的社交规范和隐性规则。

第三步：注意举止得体（人物、环境、行为以及其他信号）

为了牢记进入新环境时需要考虑的因素，你可以用下面这个缩略语帮助记忆。这个缩略语就是 PEAS 和 Cues。PEAS 是以下四个词的首字母：人（People）、环境（Environment）、举止（Actions）和相似点（Similarities）。Cues 指的是社交信号，用来提醒自己随时留意社交信号。

第四步：解读隐性规则

不要忘了去解读你遇到的每个环境中的隐性规则，这样你就可以迅速地识别并选择正确的社交行为。

第五步：感受环境气氛

适当估计在场的人的情绪、感受和兴奋程度，并相应调整自己的行为来适应环境。把握环境气氛有助于我们理解环境中的隐性规则和社交规范。

第六步：站在他人的角度进行观察

当你进入新环境时，要想想别人会如何解读你的行为和你发出的信息。考虑他人的感受，有助于你在必要时调整个人的行为方式来适应隐性规则。

第七步：纵观全局，想象自己置身其中的情形

纵观全局意味着对环境有全面的观察。设身处地想一想，如果你身处其中，你的某个行为会给自己造成什么影响？他人会如何看待？你该如何调整自己的行为？

总结

让孩子说一说为什么对环境进行观察很重要。让孩子悄悄观察家庭成员，并说出观察到了哪些社交信号。语调、肢体语言、面部表情都可以帮助孩子看清楚家中正在发生的事情。

练习 26：环境观察相关的案例讲解

练习目标

本练习将指导你和孩子分步骤完成环境观察的过程，让孩子对整个过程有所了解和体会，明白环境观察的每一步在实际场景中是如何实现的。

活动

1. 阅读下列案例，带着孩子逐步完成环境观察的过程。你可以选择孩子熟悉的环境，这样能让活动显得更真实。在孩子阅读下列案例时，可以让他们参考"观察环境"的示意图进行对比。

场景案例

格温妮走进一家礼品店，店里有卡片、礼品、钱包、首饰、装饰品和礼物包装纸。妈妈问格温妮："你有什么发现吗？"格温妮按步骤进行了观察。

第一步：停顿、隐蔽、观察

格温妮走进商店前，停下脚步，环顾四周。她看到店里有很多易碎的节日装饰品。她告诉妈妈："店里很拥挤，有很多易碎品。以前我去过类似的地方，但从没来过这里。"

第二步：判断之前是否有过类似经历

格温妮发现这家店和去年跟奶奶一起去过的某家店很相似，只是这里空间更大、人更多。妈妈问："在这里，如何做到举止得体呢？"格温妮停下来，想了想。

第三步：注意举止得体（人物、环境、行为以及其他信号）

格温妮观察了一下这里的环境、身边的人以及他们的行为，想了想这里和之前去过的地方有哪些相似之处。她可能会留意人们说话声音的大小，观察是否有孩子、老年人、成年人和青少年。她看到人们正在专心地谈论事情，也注意到了人们的兴奋程度以及人们是否匆忙慌张。对于店内的环境，她会看看货架间的通道是否拥挤，人们如何示意准备结账，当他们等待店员打开箱子查看商品时，他们是懒洋洋地靠在箱子上，还是两手交叉站在那里安静地等候。

再来看看人们的行为。如果人们赶时间着急付款，他们会怎么做？他们说话的语调怎样？队伍中等待的人是否介意他们的做法？是否感到被他们打扰了？

然后，对场景的相似性做出判断，也就是说，思考眼前的情景跟以前去过的地方是否相似，眼前环境中人们的肢体语言和面部表情，我们以前是否见到过。

第四步：解读隐性规则

格温妮说："这里有易碎品，所以尽量不要用手触碰。"她说："这里很安静，所以这里的规矩是不要大声喧哗，也不要跑来跑去，需要待在妈妈身边。"然后，妈妈问她，如果有一群孩子要来这里，店里的人会怎么想，以及她现在看到了人们的哪些肢体语言和面部表情，人们的兴致如何。

第五步：感受环境气氛

格温妮提到柜台后面的女士动作很快，顾客动作也很快，看起来人们各自忙碌，几乎没有目光接触，大家都很安静。妈妈让她想象一下作为顾客或者店员的感受。妈妈提示格温妮："你觉得什么样的行为会让这里的顾客和店员感觉更舒服些？"

第六步：站在他人的角度进行观察

格温妮说："店里的收款员非常忙碌，她可能希望我们提前把钱准备好，以减少结账时间。其他顾客会希望我们有序排队，不干扰他们购物。"最后，妈妈问格温妮："你希望自己从礼品店离开的时候，能有什么样的感受？在店里，什么样的行为才算举止得体？哪些行为是对的？哪些行为是错的呢？"

第七步：纵观全局，想象自己置身其中的情形

格温妮回答了妈妈的问题，说自己不能自私，如果有人正伸手去拿仅剩的最后一件商品，那么她最好不要把那件商品拿走。她还说，在拥挤的店里也要替他人着想。

家长可以问问自己的孩子：在上面的案例中，格温妮对环境进行观察的步骤有哪些？哪些信号提示格温妮注意哪些隐性规则和正确的社交规范？格温妮是如何明白自己应该采取什么样的行为的？如果孩子一时说不出来，家长可以把帮助格温妮获取信息的关键信号讲给孩子听。

总结

下次和孩子一起外出的时候，家长可以让孩子在公共场所对环境进行观察。如果有必要，在不引起他人注意的情况下，家长可以让孩子练习暗中观察的能力。

练习 27：培养重要的观察技巧

练习目标

学习观察环境，其中一个重要的技能就是要学会停下来，观察社交中的重要信息。在日常生活中，你可以经常问问孩子，看看他注意到了什么，观察到的信息对他来说意味着什么。这样的练习做得越多，孩子观察环境的能力就会提高得越快。

活动

1. 阅读下列关于如何培养重要的观察技能的说明。

为了更好地掌握社交信号和社交信息，拥有更好的人际关系，你需要变成一个优秀的观察者。人们的社交信号、相关的个人信息组成了他们参与社交活动的背景信息、社交规范以及隐性规则。你可以根据所有这些信息，选择恰当的行为来适应当时的情况。

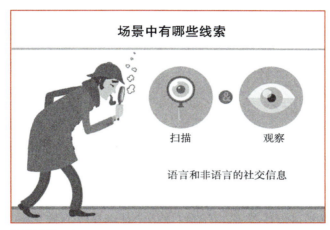

© 2016 Maguire

2. 家长把下面的场景案例读给孩子听一听，演示出来给孩子看一看。让孩子一边观察一边把他观察到的社交信号记录在侦探日志上。请孩子留意，故事中的哪些社交信号有助于故事中的主人公看懂当时的环境。

场景案例

全班同学准备去做一次实地考察。老师问："谁还有问题？"乔问了一个问题，得到答复之后仍然喋喋不休。同学们开始表示不满，瞪了他几眼，但是乔并没有注意到。同学们开始各自收拾行李，有同学说："要是还有人说个没完没了，我们就赶不上车了。"乔好像并没有听出这话是说他的。老师也试图打断乔，让他不要再说了。

读完这个案例，你可以问问孩子："在这个场景中，乔忽略了哪些社交信号？这些信号说明乔应当怎样调整自己的行为？这个场景中有哪些隐性规则呢？"

总结

告诉孩子,"社交侦探"的任务就是观察人们的表情和肢体语言所传递的信号,从而对人们的感受做出判断。引导孩子继续在日常生活中用心观察。

练习 28:观察身边的环境

活动

带孩子去购物中心或者大型超市之类的地方进行一次实地考察,让他悄悄地对工作人员和顾客进行观察。孩子的任务是要像侦探一样留意语言和非语言的社交信号,同时搜集信息。在实地考察结束之后,或者在中途休息时间,家长可以让孩子在侦探日志中将他的发现记录下来。

- 帮助孩子做一个明察秋毫的观察者,请他留意所观察的场所有几个入口、出口、卫生间,它们分别在什么位置,然后画一张方位图。
- 员工是否都穿着制服?他们的制服是否能表明他们的工作性质?根据你的观察,哪个人在负责整个商场的运营?
- 哪个员工脾气不好?你是通过哪些语言和非语言的信号得出这一结论的?
- 哪个人并不是真正的负责人——这样的人不是老板,但是自以为说了算,表现得像在负责整场活动?
- 谁在赶时间?你是通过哪些社交信号做出判断的呢?

总结

和孩子回顾实地考察的情况。每次带孩子去某个新场合时,家长可以让孩子观察当下的场合中有哪些人,有哪些社交信号。

练习 29：暗中观察一个熟悉的地方

作业

去朋友家的时候，孩子可以进行暗中观察。让孩子像侦探一样留意社交信号，并搜集信息。离开后，让孩子将自己的观察和发现记下来，讲给父母听。

- 房屋的风格是正式的还是随意的？家庭成员是如何对待家具物品的？
- 家里是整洁的还是混乱的？他们是否喜欢将物品摆放整齐？他们重视什么？
- 你可以触摸他们家里的东西吗，还是最好不要乱摸乱动？
- 能否在他们家里随意地四处走动？能否站到家具上面去？你是如何知道的？
- 他们家吃什么食物？他们是追求饮食健康，还是口味第一？
- 他们家人有什么兴趣爱好吗？
- 他们家是否有隐性规则？

练习 30：观察当下场景，回忆既往经历

练习目标

读一读"观察当下场景"和"回忆既往经历"的描述。和孩子回顾一下入门训练中"回忆既往经历"的内容。

你去某个地方见到了某些人，或许你会有似曾相识的感觉。当你对某个场合进行观察、对隐性规则进行摸索时，你可以想想当下的场合和既往的场景有哪些异同。这有助于你理解当下场景中的隐性规则，或者根据过往的经验，对眼前的场景和人物做出判断。

活动

阅读下列场景案例。

场景案例

- 费恩和老师提前约好要进行一次谈话。来到老师办公室门口时，他发现办公室的门关着，老师正在和另一个平常总惹事的学生进行谈话。费恩不知道该怎么办，他该推门进去还是在走廊上等着？他该敲门还是转身离开？
- 亨利正在拿自己不擅长体育运动这件事跟大家说笑。弗朗西斯不知道自己是否该参与他们的谈话。亨利绘声绘色地讲述最近参加的躲球游戏，而周围的人看起来饶有兴致。弗朗西斯算不上亨利的好友，也从没有和亨利开过玩笑。

你将上面的案例给孩子读一读，让孩子回忆某个让他不知所措的场景。问问孩子："你该怎样借鉴以往的经验，判断眼前场景中的隐性规则和社交规范？"孩子能够观察到的可能包括：人们的兴奋程度、情绪状态、相互使用的肢体语言，当前场景下的隐性规则等。让孩子想一想哪些社交信号可以帮助人们采取相应的回应方式。

总结

和孩子聊一聊既往的经历以及对当下场景进行的观察。问一问孩子，基于观察到的内容，他可以做出哪些相应的行为调整，什么样的行为和当下的场景是相符的，这样的行为有何重要意义。和孩子一起探讨过往的经验对将来会有怎样的帮助。

练习31：社交信号的分解与运用

练习目标

本练习将对环境进行观察这一概念进行细分，并且对每一部分进行讲解。这套方法能够帮助孩子更好地理解如何对环境进行观察，并付诸实践。

活动

1. 阅读社交信号的分解说明，并参考示意图进行讲解。

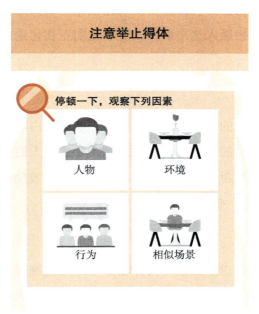

© 2016 Maguire

每当进入新的环境时，我们都可以注意到语言信号和非语言信号，以及当前环境中的隐性规则，这些规则是当前环境中人们互相交往需要遵守的规矩。

2. 向孩子说明，你去过的任何一个场合都会有人和环境，人们在这个环境中活动。你现在所处的场合，总会与曾经去过的场合有某种相似之处。让孩子说说，能否想到某个他曾经去过的场合，其中包含下面列出的社交信号的全部构成要素。

人物

当我们身处公共场合时，我们都希望模仿环境中人物的行为方式，迅速地融入群体。要融入群体，我们就需要读懂周围人发出的信号。进入某个新环境时，我们需要注意当下场景中有哪些人，其中是否有熟人。如何模仿群体的行为方式呢？我们需要看清楚：当下环境中的人们表现得郑重其事、轻松自在，还是插科打诨？他们在谈论什么话题？他们用什么样的语调讲话？如果你想融入这个群体，对于他们正在讨论的话题，可以做哪些补充？

环境

你可以通过环境的布置发现一些线索，从而明白哪些行为方式是当下环境所期待的。人们的情绪如何？精力是否旺盛？人们是表情严肃还是哈哈大笑？人们的相互距离较近还是较远？这种场合鼓励一对一的交流，还是更需要大家聚集在一起？

行为

人们的举动可以透露出很多具体场景中的隐性规则和行为期待。人们在做什么？彼此如何对待？人们的举动给你提供了什么样的暗示？基于他人的行为方式，你认为自己怎样做才能更好地融入当下的环境？

相似场景

将不同的社交场合进行比较，有助于孩子理解在不同的场合下如何适当调整自己的行为。对不同情境中的相同与差异进行观察比较，有助于孩子快速从容地融入当下的社交场合。眼前的场合与曾经遇到的场合有哪些异同？根据类似场合中的隐性规则判断，在眼前的场合中，你应该有怎样的言谈举止？

暗示的社交信号

暗示的社交信号是人们表达的与情绪、愿望、想法、意图相关的语言或非语言信息。这类社交信号隐藏在人们的语调、语速、精神状态、肢体语言、目光接触和面部表情中。在任何环境下，读懂周围人们的暗示信息都有助于你看懂当时的隐性规则和选择自己的行为方式，迅速识别需要留意的信号有助于准确判断自己的言谈举止是否有助于融入环境，把握哪些话该说、哪些话不该说。

总结

可以在家里多人共处的场景下，让孩子运用本练习中介绍的各种技巧，进行一次实际演练。

练习 32：停下来观察

练习目标

本练习的目的是让孩子学会在任何场合下都能够停下来，使用上一个练习中介绍的要点对环境中的社交信号进行观察。带孩子去游乐场之类的地方演练。你选择的场合要适合孩子进行练习。此外，在日常生活中，遇到适合孩子练习观察的场合，你可以不动声色地给孩子一些提示。

活动

1. 去购物广场、游乐园或者操场进行一次实际演练。提醒孩子要有意识地停下来观察环境中的社交信号。活动结束后，家长可以私下和孩子总结一下，把观察结果记下来。问问孩子，他观察到了哪些隐性规则，在停下来观察时遇到了哪些困难。通过人物、环境、行为来解读社交规范的要点。

2. 孩子是否在日志上记录了自己的观察发现？

总结

在日常生活中，以轻松随意的方式练习停下来观察环境的做法，这样可以让停下来观察周围环境成为一种习惯。不断探索身边的世界总是很有意思，能让孩子乐于进行练习，并且逐渐形成停下来观察的习惯。

练习 33：解读隐性规则

练习目标

对环境进行观察，其中一项重要的内容是明白每一个环境中都有其隐性规则。在生活中不断地运用这些规则，孩子就会逐渐对环境更加敏感。也就是说，他可以迅速搞清楚周围的状况，包括人物、环境、角色以及这些因素对于他来说具体意味着什么。

活动

1. 提醒孩子，每一个环境中都有其隐性规则，这些规则有助于人们理解在特定环境中的社交规范和正确做法。让孩子学会暗中观察，做一个优秀的观察者，这样就能发现当下环境中的隐性规则。家长要提醒孩子，为了做到举止得体，他们需要对 5 个关键方面进行观察。

2. 可以带孩子去酒店、咖啡厅、商场或者图书馆，让他进行一次社交侦探实地演练，了解一下那里的隐性规则。

3. 让孩子在社交侦探日志中将自己观察到的隐性规则记录下来，同时记下他是如何发现这些规则的。

总结

在日常生活中，家长可以和孩子经常探讨隐性规则。可以聊一聊家里的规矩，有些规矩摆在明面上，而有些不言自明。你可以经常问问孩子，某些社交信号给陌生人提供了哪些信息，你越经常问，就越能帮助孩子提高识别社交信号的技能。

第二级：工具

练习 34：观察情绪

练习目标

对某个场合的氛围进行评估时，孩子需要理解人们的精力充沛水平、情绪状态、肢体语言以及活动背景。

观察情绪包括观察表情、肢体语言和潜在的信息。对某些孩子来说，对他人的情绪进行观察并非易事。孩子首先要意识到观察人们情绪的必要性；然后有意识地练习停下来观察，以发现他人的情绪状态；最后，根据他人的情绪状态对自己的行为进行调整。

活动

1. 进行角色扮演，向孩子演示人们是如何通过肢体语言、语调、言语行动表现情绪的。在你表演的时候，让孩子猜一下你当时的情绪状况。让孩子看一看你在面对家庭琐事，孩子没完成作业，或者家庭环境混乱时生气的样子。

2. 请孩子参加家庭小游戏，让他选择两位家庭成员进行观察，通过家庭成员的肢体动作、说话声音、所做的事情，让孩子判断他们当时的情绪状态。同时，请孩子将观察结果记录在下表中。

情绪状态	家庭成员1	家庭成员2
紧张		
困惑		
失望		
充满希望		
兴奋		
压抑		
犹豫		
自信		
崩溃		
烦躁		

3. 带孩子去商场、超市、学校、酒店、咖啡厅、书店，选择其中两个人进行观察，将他们的身体语言、声音、不同情绪状态下的言行记录在下表中。

情绪状态	被观察者1	被观察者2
紧张		
困惑		
失望		
充满希望		
兴奋		
压抑		
犹豫		
自信		
崩溃		
烦躁		

4. 回家以后和孩子讨论人们的情绪，让他说说以后怎样做才能更好地适应环境。如果孩子不知道如何回答这些问题，家长可以将下面的场景案

例分享给孩子作为参考。

场景案例

- 孩子来到一个安静的办公场所，其他人都在工作。让孩子说一说，在这样的场合，他能大声喧哗和四处捣乱吗？如果忍不住要大声喧哗和四处捣乱，他应该如何调整自己的行为，才能让自己安静下来并降低兴奋程度？
- 在某个特定的时刻，孩子看到某个人特别忙碌，或者这个人正在专心做一件事情，例如正在忙手头的事，或者正在整理资料，或者正在跟别人谈话。问一问孩子："如果对方正忙碌不堪、焦头烂额，你是否可以先停下来，让他做完手头的事情，再向他索要零食呢？你应该怎样调整自己的行为呢？"

总结

和孩子聊一聊他所观察到的内容。

练习 35：以温度信号为线索的猎熊小游戏

练习目标

根据温度信号猎熊这一小游戏[⊖]，通过有趣的方式引导孩子观察他人的面部表情。这个游戏可以反复进行。家长也可以通过秃鹰觅食的游戏，帮助孩子练习观察他人情绪和表情的技能。

活动

练习开始之前，找一个毛绒动物玩具熊，藏起来，别让孩子看到。

[⊖] Adapted from Dana Maher, 2017; Jed Baker, 2003.

练习开始后，告诉孩子你们要一起进行一次猎熊游戏。孩子需要根据你的面部表情判断冷热变化，来猜测玩具熊的方位，最终找到玩具熊。你会给出两种表情：当孩子接近玩具熊时，你会做出很热的表情；当孩子远离玩具熊时，你会做出很冷的表情。

约定规则后，游戏开始，相互不再说话，孩子只能通过你的面部表情来找到玩具熊。

总结

在孩子找到玩具熊之后，你可以问问他是如何通过观察表情做出判断的。和孩子坚持练习观察别人的面部表情。

练习 36：观察精力充沛水平

练习目标

一个人的精力状况是他情绪状态的关键指标。让孩子学会停下来，观察一个人的精力水平，这样可以形成更强的场景意识。

活动

1. 阅读与"观察精力充沛水平"相关的描述。

情绪代表了你对一个人或一个场景的感受。当一个人产生情绪时，他的精力水平会随之发生改变。情绪变化会通过人们的身体动作和行为方式体现出来。比如，当一个人感到疲劳和困倦时，他的精力显得不够充沛，语调较低，动作迟缓。你可以根据人们的精力水平判断他们此刻的需求。他们也会期待你根据他们的精力水平，对自己的行为方式做出适当的调整。

2. 下列表格列举了人们不同的情绪状态。家长可以引导孩子思考在相应的状态下，对方期待怎样的行为。在观察环境时，我们需要留意其他人在当下场合中正在做什么，他们对你的行为有怎样的期待。为了搞清楚这一点，你需要了解人们怎样根据情绪和场合调整自身的行为。

精力水平	期望的行为
压抑	
精力充沛	
萎靡不振	
焦虑	

总结

坚持与孩子讨论人的精力水平、情绪状态，以及我们如何对不同情况做出适当的反应。让孩子观察你一天之内不同时间段的精力水平，必要时给他一些提示。

练习 37：对环境进行观察和站在他人的角度看问题

练习目标

对场景有认知，其中重要的一点是要学会站在他人的角度，解读对方的感受。如果能够做到这一点，你就可以在不同的氛围和场景中都展示出合适的行为。对他人的情绪、环境和场景的细微变化进行有效解读，有助于孩子在任何情况下都能展示出从容得体的社交行为。

活动

1. 告诉孩子，他做事时需要考虑他人的感受，并基于他人的期望对自己的行为做出调整。

2. 以入门训练"站在他人的角度看问题"为基础，在下面的场景案例中，让孩子站在不同的角度对具体的案例进行讨论。站在他人的角度，需要孩子根据对方的感受和反应，对自己的行为进行调整。告诉孩子，当他身处别人的位置时，就更愿意根据当时情境中的活跃程度、情绪状态、社交规范和隐性规则，来调整自身的言行。

场景案例

- 剧场中有一个汽水喷泉，人们正在排长队等着接汽水。因为不知道哪种汽水味道更好，你想把每一种口味都尝一下。排在你后面的人不断地变换着姿势，显然他已经不耐烦了。其他人也在相互看着，防止有人插队。前面的人刚刚接完，杯盖都还没来得及取走，后面的人就迫不及待地冲了上去。这种情况下，你应该怎么做？
- 你喜欢模仿不同国家的人的口音。在一个人多的地方，你应该怎样做？
- 走进午餐餐厅的时候，你的朋友刚刚收到了一个坏消息，他很消沉，而你正好收到一个好消息。这时候，你应该怎么做？
- 你爸爸把钥匙又弄丢了。你知道他经常丢钥匙，你想数落他总忘记把钥匙挂在钥匙链上。这时，他正着急地到处找钥匙。你应该怎么做呢？

针对上述每一个场景，家长可以问问孩子：其中的隐性规则是什么？社交规范是什么？其他人会有什么感受？他们的表情传递了哪些信息？在不同的场景中，人们的声调如何？他们说的内容体现了他们怎样的情绪状态？他们的精力水平如何，高还是低？你对当下场景中的人熟悉吗？在场的人们的行为举止表明了哪些社交规范？

总结

让孩子继续观察他人的精力水平和情绪状态，并学会相应地调整自己的行为。

Why Will No One Play with Me

第 14 章

谁是你的目标听众
根据听众需要调整沟通方式

练习 38：谨言慎行

练习目标

言行谨慎，指的是能够对环境进行观察，然后根据环境、在场的人以及自己与这些人的关系，选择和把握自己言行举止的能力，也就是要知道哪些话该说，哪些话不该说，哪些内容可能会冒犯别人，哪些内容属于不该传播的隐私信息。本练习采用直观的方式，帮助孩子学会有意识地控制自己的言行举止。

材料

- 一个意面过滤盆
- 一个小球

活动

1. 告诉孩子，有些信息自己知道就好，不能与人分享。有些信息不能分享，可能是因为信息的分享会伤害他人，也可能是因为这些信息是个人信息，或者是仅限几个人知道的私密信息，或者是因为某些信息不适合当下的话题或对话。人与人之间的关系存在着不同程度的亲疏远近。我们基于与他人关系的远近，来决定哪些信息可以分享。

2. 把小球放入意面过滤盆。

3. 将意面过滤盆放入厨房的水槽中，在小球上面倒水。水会透过过滤盆的小孔流出去，而小球会继续留在过滤盆里。

4. 告诉孩子，人的大脑和过滤盆一样，有些信息会留在头脑中，而有些信息会从头脑中跑出来。

5. 让孩子想想，自己说的话是否经过了头脑的过滤，还是始终停留在大脑中。当孩子对此有所理解之后，请孩子说说他自己的想法。

6. 让孩子回顾过滤盆和小球的例子，问问他："通过大脑过滤，我们可以将哪些东西说出来（例如对他人的赞美）？哪些东西应该留在大脑中（例如突然插嘴、打断别人说话、说坏话）？"

总结

让孩子在自己的头脑中形成一个过滤网，想一想哪些东西可以透出来。坚持锻炼筛选信息的能力。让孩子说一说，什么时候需要过滤信息，什么时候不需要过滤。

练习39：过滤社交信息

练习目标

本练习旨在帮助孩子理解过滤社交信息的必要性，让孩子懂得过滤信息的做法对朋友关系的影响。当孩子不清楚哪些信息需要过滤时，家长可以经常拿出意面过滤盆，用类比的方式给孩子演示。

活动

1. 谈一谈过滤信息的必要性，以及过滤信息有哪些重要意义。

2. 逐一阅读下列场景案例，让孩子说一说他对这些案例的看法。然后，对照案例中的问题，让孩子说一说案例中的人物是否进行了信息过滤，探讨不进行信息过滤的后果是什么。

场景案例

- 杰茜是游泳队的顶级选手，同时也是全州范围内的顶级选手。在一次游泳运动会上，她的好朋友凯文表现不佳。杰茜取得了第一名的成绩，而凯文是最后一名。凯文情绪低落，而杰茜兴致勃勃地跟他讲自己夺冠的经过，很骄傲地说自己在泳镜掉落的情况下，依然领先其他人好几秒触到了池壁。杰茜是否对自己的信息进行了过滤？为什么这个时候杰茜需要对信息进行过滤？这种情况下，杰茜应该讲什么，不应该讲什么呢？

- 薇尼的爸爸刚刚获得一份新工作。在自家车上，爸爸和妈妈当着薇尼的面聊过这个事情。爸爸的薪水会有显著的提升，而且薇尼对薪水的具体数字一清二楚。爸爸说非常庆幸自己离开了上一家事务所，因为原来的老板不够成熟。在一次聚会上，爸爸的前同事也在场，薇尼将爸爸的话告诉了别人。薇尼这么做是否进行了信息过滤？为什么薇尼需要进行信息过滤呢？对于薇尼来说，哪些话该说，哪些话不该说呢？

- 迈克不想和叔叔以及堂兄弟去参加生日派对，他觉得他们经常吹牛，而且对自己不好。当叔叔邀请他的时候，迈克说自己去不了，最近实在太忙了，明年再去吧。迈克是否进行了信息过滤？过滤信息对迈克有什么意义？迈克该说哪些话，不该说哪些话呢？

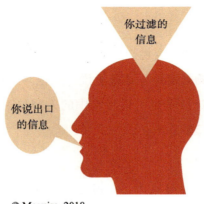

过滤社交信息

© Maguire, 2018

总结

问问孩子从本练习中学到了什么，让他想想为什么过滤信息非常重要。

练习40：需要过滤的话题

练习目标

本练习旨在让孩子直观地看到公开信息和私密信息分别是什么样子，了解哪些信息不应该公开。

活动

1. 阅读下面关于本练习内容的说明。

每个人都有不适合公开讨论的话题。本练习可以让孩子了解哪些是公开话题，而哪些是私密话题。有些信息并不适合公开。为了避免伤害他人，对于那些他人希望我们保守的秘密，我们就不应该随意散布。我们不应该提那些冒犯他人的敏感话题，或者与当前谈话无关的话题。

2. 告诉孩子，信息分为公开信息和私密信息。我们有必要对信息进行过滤，以免冒犯或者伤害他人，或者令人失望。

3. 请孩子列举那些他认为需要过滤的话题。如果孩子一时想不起来，你可以心平气和地和他分享一些你自己观察到的情况。你可以说："我记得上次……"，或者你也可以描述一下当时的场景，不要急于讲述信息不过滤会带来的后果。问一问孩子，上次是怎么回事，上次有哪些话不该说，对方感受如何，下次遇到类似的情况，他觉得自己可以怎么做。

我认为需要过滤的信息

伤害他人的信息	秘密	私密信息
敏感话题	与当前谈话无关的话题	其他

总结

让孩子今后要学会过滤信息。让他想想，对于未经过滤的信息，其他人会有什么反应。在日常生活中，让孩子坚持练习过滤信息的技能。

练习41：在家里练习信息过滤

练习目标

过滤信息技能的习得，需要反复练习。孩子需要意识到他人如何理解自己发出的信息，明白哪些话不应该说。

活动

1. 让孩子知道，信息过滤技能的习得需要多加练习。和孩子一起，在自己家中或者在亲戚范围内进行相应的练习。

2. 转眼间，孩子就需要独自面对生活了。他可以按照自己曾经练习过的方式，在现实生活中过滤掉那些可能会冒犯他人的或者那些私密的以及无关的信息。

3. 练习结束之后，问问孩子，他准备过滤掉哪些信息，原因是什么。问问他，学习了过滤信息的技能后感受如何，以后碰到类似的情形时他会怎样做；有没有觉得某些信息过滤起来不容易，有时本该将某些信息过滤掉而他没有那样做时，是否会后悔。

总结

和孩子商量，选定一些活动、人物和场景，坚持进行过滤信息的练习。每次的练习可以持续一个小时，这样孩子才更可能掌握这项技能。坚持练习，让孩子提升自己的意识以及过滤信息的能力。

练习 42：谁是你的目标听众

练习目标

孩子需要学会面对不同的人，包括老师、教练、父母、朋友。你可以把孩子日常生活中主要人物的照片打印出来，摆成一圈，让孩子对着他们练习说话。

活动

1. 将本练习中"谁是你的目标听众"示意图拿给孩子作为参考。告诉孩子，基于不同的听众，我们需要对自己的说话方式做出调整。

告诉孩子，本练习中提供的不同面孔，代表着我们在日常生活中遇到的不同的人。每个人都需要懂得，基于不同的听众和场合，我们需要对自己的表达方式和讲话内容进行调整，并决定哪些内容能讲而哪些不能讲。

第 14 章 谁是你的目标听众

© 2016 Maguire

与他人对话时，我们需要考虑下面这些因素：

- 你的目标听众是谁？
- 你对目标听众了解吗？
- 你的听众会如何理解你说的话？
- 你需要提供哪些信息？
- 你希望目标听众有何感受？
- 你如何决定自己要讲的内容？

通过下列场景案例，告诉孩子应该如何调整谈话内容。让孩子选定不同场景中的听众，然后阅读有关的场景案例。

场景案例

- 坎德尔和艾比两个小伙伴和父母在沙滩上玩耍。坎德尔问爸爸自己能否去冰激凌车上买零食，她爸爸没有同意。而艾比的爸爸允许艾比去买。艾比转过身，向坎德尔炫耀："我要买一个刨冰和一个戒指糖。"
- 野餐时，TJ和爸爸的老板聊天。这个老板的头发已经花白，是个阅历丰富的大人物。TJ绘声绘色地从头到尾详细讲述了一期自己最喜欢的电视节目。
- 曼尼说自己"性格直率"。在学校的科技集市活动上，他会直接走到别人面前说："你的作品还需要继续改进。"
- 弗雷德病得很重，已经在家卧床休息了一整天。放学后，杰森来看他。杰森想玩电子游戏。弗雷德躺在床上，呕吐时吐到了垃圾桶里。杰森走进弗雷德的房间，完全不顾及弗雷德当时的状态，还要和他聊新的电子游戏。

2. 将上面这些场景案例读给孩子听，问问他，其中的人物说了什么，他人会如何理解，他们是否根据谈话对象的不同对谈话内容做了相应调整，对方会做何反应。让孩子演示上述场景，想想场景中的人物应该如何说话以及应该做出哪些改变。

总结

继续在生活中观察自己的听众。当孩子遇到陌生人时，家长可以有意识地问问孩子："针对这个陌生人，你应该如何调整自己的行为呢？"

练习43：谁是你的目标听众——注意语境

练习目标

对于很多孩子来说，语境是个不容易理解的概念，也是一个影响孩子如何根据场合调整说话内容的重要因素。理解语境有助于孩子分辨各种不同的社交场合并相应调整自己的行为。

活动

1. 朗读下列关于语境的说明。

语境是指当你跟某人说话时周围环境中所发生的事情。语境包括场合、环境、情绪状态,以及目标听众身上正在发生的事情。关注语境是指要考虑你的目标听众身上发生了什么。例如,你的目标听众是不是很伤心?他是不是刚刚收到了坏消息?理解语境可以帮助你根据对方状况调整自己的说话内容。无论身处什么场合,我们都有必要停下来思考以下三件事情:什么地方?谁在场?当时的状况是怎样的?

2. 将下列清单给孩子看一看。在下面这些情况下,他有必要对自己的说话内容和说话方式做出相应调整。

需要注意的背景信息

- 他要找的人非常忙。
- 他要找的人正准备离开。
- 他要找的人刚刚听到坏消息。
- 他要找的人很高兴,而他情绪低落。
- 他要找的人用肢体语言说明他们现在不想说话。
- 他的运气很好,而他要找的人显然运气不佳。

让孩子说一说,在哪些情况下,人们不希望听到好消息,或者不希望听到让人伤心的消息。

3. 阅读下列场景案例,让孩子说一说自己当时讲的话可能会被对方如何理解,根据对方的说话背景,自己应该如何调整说话方式。

场景案例

- 你的老师正在办公室收拾东西,灯已经熄灭了。老师正胡乱把书本丢进手提包里。她时不时看一下手表。她的手机一直在响。你想找老师讨论一下论文的事,可是你没有提前预约。
- 理查德的父母刚刚收到了坏消息,他们去迪士尼游乐园的计划取消了。父母的说话声音很小,他们好像刚刚哭过。妈妈表情凝重,手里不停地揉搓着一张纸巾。理查德想问问是否去游乐园的计划被取消了,甚至还想恳求父母不要取消。

看完上面两个场景案例,让孩子说一说:"案例中的谈话背景是什么?根据当时的情况,其中的人物应该如何调整自己的说话内容和方式?"

总结

和孩子聊一聊,他觉得在哪些情况下需要对自己的说话内容进行调整。在日常生活中,家长可以带着孩子一起,观察谈话的语境。

练习44:判断人们的动机:他们是谁?他们要做什么?

练习目标

有些人能够有意识地分析他们遇到的每一个人,关注对方的人品、性格和做事方式。有些人就无法做到。孩子对目标听众的动机、立场、价值观、兴趣和既往经历了解越多,对他会做出的反应判断就越准确。

活动

1. 朗读下列描述,想想人们对我们的言行做出反应背后的动机和原因。动机是人们采取某种行动或产生某些需求背后的原因。它通常是隐秘的,不会摆在明面上。动机有助于你理解为什么人们会做某些事、说某些话。站在他人的角度,对无数的细节进行观察,我们就可以形成对这个人真实的认识,预判他可能采取的行动。一旦站在对方的角度思考,我们就可以看清对方的人品，理解他们的价值观，并且预测他们可能会做出怎样的选择。

2.告诉孩子，为了对他人的行为做出预判，他需要关注一些细节，例如他人的兴趣、对宠物的好恶、敏感话题、重要事物、他们的选择等。对方的人品也是他们在某些情况下会做出何种反应的判断依据。各种细节构成了你对这个人的整体印象，而这个整体印象可以帮助你判断这个人对你讲话内容形成的感受。

3.记录每个人的行为，将你观察到的与对方人品和兴趣爱好相关的信息记录下来。如果孩子不知道如何回答上面这些问题，你可以让他先观察再作答。

记录下面这些人的行为：

- 最喜欢的老师。
- 最不喜欢的老师。
- 与你的家庭关系密切的朋友。
- 权威人物。

针对上述每个人，回答下列问题：

- 这个人有什么兴趣爱好？
- 他们最喜欢的电视节目、游戏、业余爱好、音乐、体育运动队和电影分别是什么？
- 他们最珍视什么？
- 他们对哪些话题比较敏感？
- 他们的动机是什么？
- 我们对这个人的人品做出的判断来源于哪些证据，或者哪些小事？
- 他们是否是权威人物？
- 他们是否和你打过交道？

- 他们喜欢什么？讨厌什么？他们是否有宠物方面的偏好？
- 他们有哪些兴趣爱好？
- 他们说话时精力充沛吗？
- 他们对什么话题很有兴趣？

4. 完成上述信息收集后，家长可以问问孩子，看看他们从这些信息中了解到了什么。让孩子说一说，哪些信息可以反映出这个人的实际情况。然后让孩子预测，如果遇到下面这些情况，这些人会有哪些反应。

- 花很长时间听你讲一个故事。
- 听一个蹩脚的笑话。
- 遇到问题找借口，指责别人。
- 爽约。
- 犯错。
- 吃垃圾食品。
- 在他家中跑来跑去。
- 拥抱和肢体接触。
- 质疑他们的计划。
- 吃健康食品。
- 听你讲你自己感兴趣的事情。

让孩子根据自己收集到的信息，对这些人遇到上述情况时的反应做出判断。如果孩子觉得很难做出判断，家长可以提示，让他参考自己收集到的与对方相关的具体信息。问问孩子，他所收集到的信息透露了这些人哪方面的情况，他打算如何与这些人相处。

总结

让孩子坚持对他人进行观察，不断地收集信息，并根据这些信息对对方的行为做出预测。如果孩子在某些社交场景中不知所措，家长可以让孩子针对某个具体的人进行信息收集。如有必要，家长可以帮助孩子利用这些信息解决他所面临的困难。

练习 45：听懂他人的语气

练习目标

我们讲话的语气会极大地影响他人对我们说话内容的理解。如果孩子用尖利讽刺的语气说话，那么就会影响他给别人留下的印象。语气尖刻的人通常意识不到自己的问题，也意识不到自己的语气会带来怎样的影响。本练习旨在帮助孩子意识到语气的重要性。

活动

1. 阅读下面与语气相关的说明，将表格展示给孩子看。

语气既能体现出我们说话的方式，也会改变我们话语的含义。语气是指我们说话的重音所在，以及我们对某些用词的强调。不同的语气代表不同的情绪，例如失望、嘲讽、调侃等。

例如，如果有人对你说："你能快点吗？"语气会让一句中性的话变成一句粗暴、不敬、冒犯、侮辱或者是赞赏的话。要理解人们说话的语气，我们需要记住语气有三方面的作用，也就是语气可以让说话变得"私密"（P）、"挑衅"（O）、"恶劣"（T），大家可以简单记作 POT。

2. 朗读下面的话，并将其表演出来，同时帮助孩子理解：由于语气的不同，一个中性的表达如何变成了机智、嘲讽、严厉的表达，或者转化成了调侃。看完案例之后，家长可以问问孩子："为什么会有这种变化？你听出了什么呢？"

中性的表达	嘲讽的语气
用中性平和的语气说："我只是喜欢你的围巾。"	说话时，强调"喜欢"这个词。"我只是**喜欢**你的围巾！"
用中性平和的语气说："冠军，职业联赛等着你。"	读出这句话时，用过分夸张的嘲讽语气及明显贬低的声调说："冠军啊，哎呀呀，职业联赛等着你呢吧？"
用中性平和的语气说："那可太好了。"	用尖酸的语气，拖着长声说："那可太～～好了！"
用中性平和的语气说："你可真是个天才。"	重音放在"真是"和"天才"上，来表达正好相反的意思："你**真是**个**天才**。"

告诉孩子，有时候肢体语言也会把中性的表达转换成冒犯的语言。将下列情形分角色表演出来，先演示中性对话，再加入肢体语言。

中性的表达	增加语气和肢体语言
用中性的语气说："对不起，我现在没时间和你说话。"	一边假笑，一边翻白眼，用讽刺的语气说："对～不～起，我现在没空和你说话。"
用欢快的语气说："这就是我想要的！"	眼睛环顾四周，皱着眉头，抱着双臂，用尖利、嘲讽的语气说："我**就**是想要这个！"

总结

在日常生活中，和孩子一起留意人们说话的语气。和孩子约定一个暗号，每当他语气变得不好时，你随时用暗号提示他。

练习 46：留意自己的语调

练习目标

本练习可以让孩子体会犀利的语气产生的影响。通过学习，孩子可以加深对自己的认识，学会把握自己的语气。本练习能让孩子进一步了解自己说话的语气。

活动

1. 说一说别人听到你的语气时会有怎样的感受，学会留意自己的语气。

让孩子将下列的说话方式表演出来，家长可以用智能手机将整个表演过程录下来。

表达方式	举例	表演
犀利	"你真是个天才。"	重音放在"真是"上，"天才"两个字的发音干脆利落
讽刺	"冠军，职业联赛等着你呢。"	语调平淡，毫无情绪，表示出你在嘲笑对方，暗示职业联赛不可能要他
嘲弄	"你的衣服最漂亮了，你应该去做服装设计师。"	加重"最漂亮"三个字的语气，表达出与字面意思截然相反的意思

2. 把录制的内容放给孩子听一听，问问他："这个语气听起来怎么样？其他人听到这样的表达会有怎样的感受？你希望自己的话听起来是什么样子呢？"

问问孩子：你本来希望传递的信息是什么？

让孩子参考"站在他人的角度看问题"示意图。让孩子想想，对他人进行嘲讽或者胡乱批评，对方会是什么感受？对于犀利的表达方式，他人会如何理解呢？对于讽刺的表达方式，他人又会如何理解呢？如果你经常使用犀利的方式说话，他人会如何对待你？

总结

让孩子坚持练习，不断地对自己的语气语调进行调整。在日常生活中，家长可以经常和孩子练习重要谈话的语气。

练习47：社交媒体、短信息、电子邮件与沟通对象

练习目标

很多孩子不明白书面沟通用语的重要性。当孩子使用电子邮件、短信息、社交媒体与人沟通时，如果他们意识不到语气、标点或者表情符号可能会对他人产生影响，就有可能会给他们带来麻烦。本练习可以帮助孩子理解如何根据不同的沟通对象，对书面沟通方式做出调整。

活动

1. 告诉孩子，在发出书面信息前，可以按照以下步骤考虑自己的沟通对象。

- 停顿一下，先想清楚再开始打字。
- 说话或者发邮件、发短信之前，想想对方会如何解读你发的信息。
- 想一下接收方是谁，你是否认识他们。
- 读一下自己所写的信息，想想如果改变语气或者用词，对整条信息有什么影响。
- 再想一想：你要说什么？这是你要说的内容吗？你的语气如何？

2. 模仿一位老师或一个朋友，想想他们按照下列指示，会如何读下面的句子。

- 你**想过**要交作业吗？（重音放在"想过"这个词上，让这句话听起来有嘲笑和指责的意味。）
- 哦，**真**是这样吗？
- 我觉得你**搞错**了，让我看看你到底是怎么搞的。
- 你又没有问**我**当时的情况怎样。
- **你**所说的情况几乎毫无可能。

问问孩子：沟通对象听到这些话时将会如何理解？我们如何让这些话听起来不那么刺耳呢？

总结

让孩子坚持练习书面沟通，多想想沟通对象是怎样一个人，对方会如何理解我们发给他的信息。

Why Will No One Play with Me

第 15 章

合作式对话
友善的沟通方式

练习 48：一次良好对话的构成

练习目标

本练习旨在帮助孩子理解合作式对话包含哪些内容。为了掌握合作式对话的技巧，孩子需要理解一次对话应该如何推进，明白跑题、抢话、打断对方、自说自话的做法都会让合作式对话难以进行下去。

活动

1. 阅读下列简介以及后续对合作式对话各部分的描述。

每一次对话都由多个部分组成。有的与表达相关，有的与倾听相关，还有的与我们如何回应相关。对话通常从互相问候开始，接着是双方针对谈话内容表达各自的看法。然后，双方会对语言和非语言的信号进行解读。

你可以对一个人说话，也可以对一群人说话。一次对话，是在说话的人所讲述的内容和参与群体的思想之间搭建一座桥梁。你可以通过参与对话来体验搭建桥梁的过程。

2. 让孩子根据下面的对话进行角色扮演，讨论对话中每个步骤的含义。

© 2018 Maguire

- 打招呼："嗨"或者"近来好吗？"
- 开始一个话题：最近一次度假或者暑假，或者一场体育比赛。
- 围绕话题展开对话：针对提出的话题，补充自己的看法。补充内容可以与你自己或者谈话对象提供的信息相关。例如：

  甲：今年夏天我要多参加几次宿营。

  乙：我也是，我也喜欢宿营。你打算去哪儿？
- 避免与话题无关的内容：不要说一些不着边际的话，或者伤害对方的话，或者打断当前的谈话内容，而要说一些有助于将对话进行下去的内容。例如，上面提到了夏天宿营的话题，如果你的回答是晚饭打算吃什么或者讲笑话，那么就跑题了。如果对谈话对象进行负面评价，这种行为就会伤害对方。如果突然抱怨某个老师或者你认识的某个人，那么就会打断谈话。

- 解读语言信号和非语言信号：这有助于孩子理解说话人对某个话题的感受。他们对这个话题是否感兴趣？如果对方唉声叹气、打哈欠，或者把注意力转移到了别的地方，那么他们的肢体语言就是在告诉你：他们对你说的话题不感兴趣。
- 倾听：倾听的目的在于接收信息。真心倾听以及显得自己在听都很重要。
- 展现出积极参与对话的态度：下面这些简短的回应能让说话的人感觉到你正在倾听，并且你对他讲的内容感兴趣。

  "我明白了。"

  "嗯，嗯。"

  "喔，是这样啊。"

  "哦。"

  "唷！"

  有时候，回应是要表达对说话人悲伤、失望情绪的共情。例如：

  "哦，那真是太难了！"

  "哦，后来怎么样了？"

  "真是太不容易了！"

- 身体姿势：利用肢体语言表达积极参与的态度，从而推动对话的进行。例如，微笑能让说话的人感受到你的友好和关注。

  表示感兴趣的动作包括微笑、点头，或者坐在椅子上时身体前倾。

总结

如果孩子不理解以上内容，家长可以将其演示出来，让孩子能够直观地看到。

练习49：展示出倾听的样子

练习目标

倾听与回应是重要的社交技能。倾听他人讲话非常重要，同时，展示出倾听的样子对他人来说也很重要。本练习不仅可以让孩子学会倾听，也可以帮助他理解如何展示出倾听他人的样子。孩子会逐渐意识到展示出倾听他人的样子也同样重要。

活动

1.问问孩子，当人们对说话人感兴趣、认真倾听时，看起来是什么样子？听对方讲话重要吗？为什么展示出认真倾听的样子同时紧跟对方的说话思路很重要？如果你四处走动，和说话人没有目光接触，跟不上说话人的思路，对方会怎么想？

2. 和孩子进行角色扮演，看看一个好的倾听者应该是什么样子的。通过演示，引导孩子学习如何关注对方，如何做出回应，做到双手不乱动，肩膀放正，身体面向对方，认真倾听。问问孩子，什么样的身体动作表示我们在认真倾听对方的讲话？

3. 告诉孩子，与他人交往时，可以使用肢体语言与他人沟通。演示不认真倾听的行为表现是什么。如果你将身体转向一边，低头看鞋，或者走来走去，这样的行为会向他人传递什么信息？问问孩子，如果他和你说话时，你将身体转向一边，他的感受如何。

总结

你可以提醒孩子，当你跟他说话时，希望他能端正姿态，显示出认真倾听的样子。和孩子对话时，你可以主动帮助孩子既表现出积极倾听的样子，又能够真正做到主动倾听。如果孩子做不到，家长可以和孩子一起进行日常练习。

练习 50：构建合作式对话

练习目标

懂得如何进行合作式对话是一项重要的社交技能。为了培养孩子的相关能力，作为教练，家长需要让孩子亲眼看见、亲耳听到什么是合作式对话，让孩子了解合作式对话包含了哪些元素，其中哪些元素能够保证对话顺利进行。为了帮助孩子直观地了解合作式对话是如何推动对话的进展的，家长可以采用一些辅助手段，比如和孩子一起玩叠叠乐积木塔的游戏，或者玩投接球的游戏，或者在罐子里放鹅卵石。孩子每次说出推动对话进展的内容，他就可以搭一块积木，或者把球扔回给你。通过这样的方式，让孩子直观形象地感受一个对话应该如何不断地向前推进。对话中的每一句话，都是基于对方前面所讲的内容。如果孩子在对话中跑题，他就要暂停搭积木一次，或者减少鹅卵石的数量。这样，孩子才能明白只有合作式对话才能推动对话的进展，这种方式对于孩子的跑题行为也是一个提醒。

活动

1. 帮助孩子理解一来一往的对话才是合作式对话，而每一句话的内容都基于前面对方的回应。参考下列对话话题清单，和孩子一起想想是否还有其他的话题。需要注意的是，孩子可能会偏爱某些话题，但是你发现他的同伴对这些话题却毫无兴趣，或者你发现你家孩子总在反复地谈论某些话题。为了达到更好的练习效果，可以让孩子选择各种不同的话题。

2. 从话题列表中选择一个话题，和孩子一起进行一场对话练习。

合作式对话的构建过程

和孩子一起选定一个话题进行对话练习。当一方对话题有所推进时，他就可以搭一块积木，或者在罐子里放一块鹅卵石作为标记。这样，孩子就能更加直观地观察到每一句话都是基于对方前面所讲的内容。当每一句对话都能够推动话题的进展时，说话的一方就可以给自己搭一块积木或者加一块鹅卵石。

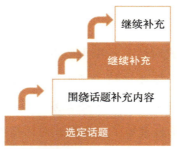

© 2016 Maguire

话题清单	
学校	老师
最喜欢的东西	电视节目
学校里流行的游戏	宠物
卡通人物	电影
周末过得怎样	假期过得怎样
喜欢吃的食物	体育明星
你暑假做了什么	你今年暑假有什么打算

3. 选定某个话题，和孩子进行对话，帮助他练习如何在对方回应的基础上将合作式对话进行下去。让孩子尽量避免谈论与话题无关的内容。

总结

如果孩子觉得进行合作式对话有困难，家长可以问问孩子具体有哪些困难？让孩子想一想与话题无关的内容为何会影响合作式对话？

对话结束后，问问孩子感受如何，听一听他打算如何改变自己的对话方式。

练习51：空椅子

练习目标

对很多孩子来说，他们意识不到自说自话是个问题。他们只谈论自己感兴趣的事情，而无视他人是否感兴趣。这些孩子首先需要体会一下，如果别人对自己说个不停，自己会有什么感受。这个任务需要你帮助孩子一起完成。通过练习，孩子就会逐步学会换位思考。另一个办法是让孩子依旧自说自话，你用录音或者录像的方式记录下来。这样做的时候，家长一定要小心，不要让孩子觉得难为情，要让他们明白你的初衷是帮助他们从他人的角度观察自己的行为，让他们看到长时间自说自话而他人无法打断时会有哪些感受。为了让孩子体会一直听别人说而无法参与对话的感受，家长需要让孩子站在同伴的角度，体会对方的感受和想法，让他看到一个人没完没了地自说自话的样子。

活动

1. 本练习中的活动内容可以以一种搞笑的方式开始。活动开始时，在孩子坐下来之后，你就开始对他不停地说，让他没机会开口。你可以选一个自己感兴趣的话题，不停地说，就好像你面前是个空座位一样。你可以讲很多细节，让孩子没有机会说话，或者让他根本无法真正参与到对话中来。必要的话，你可以打断孩子，继续说自己想说的话，让他没有机会插嘴。即使他想站起来问问题，你也不用搭理他。这种做法能将一个人没完没了地自说自话的情形非常形象地展示出来。

2. 几分钟后，你可以停下来，问问孩子是否注意到了你的说话方式。一个人没完没了地说和他与他人进行对话有何不同？如果一个人总是没完没了地说，对方会有怎样的感受？

总结

和孩子聊一聊，为什么对话应该以合作的方式进行。让孩子说说他自己曾经没完没了地自说自话的例子。如果你家孩子没有这种情况，家长可以让孩子说说他人的相关行为。

练习 52：说话要简明扼要

练习目标

有些孩子不管是自己说话、跟人对话还是讲故事，都可能自己说个没完,不给他人说话的机会。本练习旨在帮助孩子学会简明扼要地叙述事情,避免冗长拖沓。孩子将懂得为何说话简明扼要非常重要,同时,他还能学会观察社交信号,进而对自己的讲述方式和情绪进行调整。学会简明扼要地讲话,以及谈论同伴感兴趣的话题,有助于孩子成为受欢迎的人,让他有能力进行合作式对话。孩子必须明白给听众提供的信息要适量。

活动

1. 给孩子讲述什么是简明扼要的讲话。用下面的示意图说明,将一件事情讲清楚,需要包含人物、事件、原因三部分内容。

© 2016 Maguire

2. 阅读下列场景案例,演示冗长拖沓的叙述方式。

场景案例

"所以,我参加了学校组织的去华盛顿特区的旅行。华盛顿特区真是太棒了,它历史悠久。我住的酒店房间中有汽水饮料机。我们在大厅里跑来跑去。我们还去了史密森尼博物馆。去那里时,我们中很多人在滚梯上跑上跑下,后来,一个安保人员制止了我们。我们坐大巴回来的旅程也很有趣。特区的5月非常热,我们吃了冷饮和刨冰来解暑。后来,我们找了一个树荫坐下来休息。在越战纪念碑旁边的绿地上,有50棵树。或许是50棵吧,反正我数乱了好几次。"

3. 让孩子从上面的文字中剔除一些细节内容,仅保留主要内容。和孩子探讨，将这些内容剔除之后，整个故事发生了怎样的变化？让孩子读一读留下的内容。和孩子讨论，怎样才能让故事变得紧凑，紧凑的故事与之前的版本有何区别。

4. 让孩子练习写一个简要的故事。问问孩子：谁是故事的听众？为什么要讲这个故事？你觉得听众为什么会听你讲故事？

5. 让孩子选一两个他自己喜欢的故事。你和孩子一起将故事改写得更加简洁紧凑。让孩子将故事讲给你听，你可以帮助孩子控制时间，简化故事细节、语气以及其他可能造成故事冗长拖沓的内容。让孩子选取生活中的一两件事进行总结，如果实际生活中有人问起这些事情，他可以非常简明扼要地给予回答。

6. 给孩子做示范，帮助孩子理解一个简明扼要的故事应该如何讲述，让他对此有直观的认识。

总结

问问孩子，本练习的哪一部分进展顺利，他从中学到了什么。你和孩子约定一个暗号或者提示词，这样你就可以随时随地提醒他了。

练习 53：不要跑题

练习目标

对话始终处于动态过程之中。对话是人们围绕一个话题，尝试对他人做出回应，从而不断来回进行的互动过程。

活动

1. 让孩子说说跑题是什么意思，专注于某个话题又是什么意思。

2. 通过以下对话，对讲话者与倾听者围绕某一话题不断推进的对话过程进行说明，同时指出其中跑题的情形。

对话

甲：你看橄榄球吗？
乙：看啊，我喜欢爱国者队。你呢？
甲：我太喜欢我的狗狗了。我喜欢带着它遛达。
乙：什么？

3. 问问孩子这段对话有什么问题。告诉孩子，人们有时免不了会跑题。让孩子自己选择一个话题，和你进行一次合作式的对话，让他尽量聚焦在某个话题上，不要跑题。如果跑题了，家长可以问一问孩子为什么会那样，他是否在进行合作式对话？让孩子逐渐学会自己思考。

总结

让孩子说一说，对于说话跑题的情况，他人会有怎样的感受。

练习 54：倾听——画一个火星人

练习目标

提高倾听技巧，有助于孩子认真倾听并获取有用信息，提升他对细节的关注能力，从而提升他倾听的能力。

活动

1. 给孩子一支铅笔和一张白纸，请他按照你的指示画一个火星人。
2. 将指示信息给孩子读两遍。请孩子一边听一边在纸上画，其间他不能问问题，也不能请你帮忙。

对火星人的描述

- 火星人有一个圆圆的、大大的脑袋,有一个小小的身子。
- 火星人头上有两个看起来像闪电的触角。
- 火星人有两只大眼睛。
- 火星人有两只大脚、六个脚趾。
- 火星人有两只手,戴着手套。
- 火星人有一张椭圆形的大嘴,嘴里有三颗锯齿状的牙齿和四颗方形的牙齿。

画的火星人

- 对照以上描述,让孩子再看一遍自己画的火星人。问问孩子,他给自己的倾听能力打几分。让孩子说一说这项练习有何难点。

总结

和孩子讨论倾听的过程,问一问他从本练习中学到了什么。

第二级 工具

练习55:聚焦对话

练习目标

本练习旨在让孩子学会不要贸然打断他人的讲话,而是要等待适当的时机。在带领孩子进行练习时,家长可以使用下面提供的标识。这些标识不是为了打击孩子,而是对孩子的跑题行为进行适当的提醒,或者让他忍住不要插嘴。

活动

1. 将下面的标识打印出来，贴在小木棍上。后面贴一层纸板，会比较耐用。

将标识牌拿给孩子，告诉他：

有些内容与谈话主题无关，对谈话没有帮助。为了避免伤害他人的感受，或者避免跑题，每个人都需要对自己有所克制，或者对自己的讲话内容做出取舍。为了对话能够有效推进，我们有必要适当地聚焦在对话主题上，尽量不谈与话题无关的内容，并且要保持讲话的秩序。

2. 告诉孩子，当他有机会讲话时，应当围绕当前话题来讲。要想想自己的话对其他人是否有用，是否对谈话本身有帮助，是否有助于谈话以互动的方式进行下去。问一问孩子：跑题对于谈话来说意味着什么？

3. 让孩子看看标识牌，告诉他，你会使用这些标识牌提醒他在开口之前想清楚自己要说的话，提示他要专注于话题本身，或者在跑题时给他及时提醒。当孩子有所克制，或者专注于话题本身时，你也可以使用标识牌对孩子的行为给予肯定。

4. 对话开始时，家长可以让孩子想一想：自己是否经常占用全部说话时间？自己是否尽量避免说一些与话题无关的内容？自己说的话是否与话题相关？是否注意到了对方的情绪和表情？自己能否对对方讲的内容做出适当回应？

5. 你可以选择一个话题，与孩子一起练习聚焦对话。如果孩子跑题了，你可以举起"跑题"的标识牌。如果孩子总是说"我就说一句"，或者偏离了主题，你可以举起"这对谈话有用吗"的标识牌，或者举起"对方需要知道这些吗"的标识牌。如果孩子认真倾听，你可以举起"我感到被倾听"的标识牌。你可以多做一些标识牌，将自己想表达的内容都写在上面。

6. 孩子需要聚焦在当前的话题上，尽量避免说一些与话题无关的内容。

如果孩子跑题了，你可以举起"跑题"的标识牌提醒他。

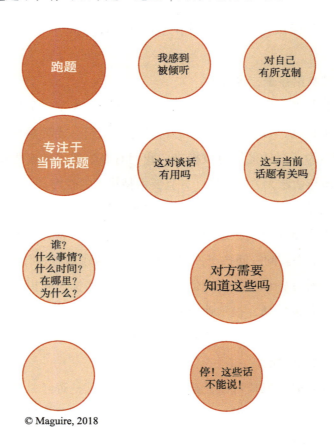

© Maguire, 2018

7. 这些练习要反复进行，直到孩子能够明确地认识到如何在对话中聚焦话题以及避免跑题，并且能够做到有所克制。

总结

让孩子说一说聚焦对话标识牌的用途。让他说说自己说话跑题时，对方会有怎样的感受。让孩子想想在需要克制自己说话的冲动时，有什么样的办法可以解决。

练习 56：社交数据库

练习目标

为了与他人建立互动式的朋友关系，孩子需要学会观察和收集与朋友相关的信息，也就是说，要记住朋友的兴趣、爱好、个人经历、好恶、是否有幽默感、对宠物的态度等。社交数据库的概念，就是要让孩子意识到收集朋友信息的必要性，让他自己建立一个隐形数据库，来储存与朋友相关的所有信息。

活动

1. 朗读下面关于社交数据库的介绍。

2. 作为朋友，我们需要搞清楚他人的兴趣、爱好、个人经历、个人好恶、是否有幽默感。同时，我们需要将这些信息记在心里，这并不是说我们要对他人进行调查，而是我们需要保持对他人的好奇心，记得不仅仅关注自己的兴趣，也要关注对方的兴趣。了解朋友的相关信息和兴趣爱好，并尽量记住这些信息，这是作为朋友的分内之事。你可以在自己的大脑中搭建一个社交信息数据库。与他人说话时，这个数据库会提醒你尽量避免某些敏感话题。我们需要对他人保持关注，对他人的了解越多，我们就越容易与他人建立更紧密的朋友关系。

3. 和孩子一起选择一个你们都认识的人，列出所有与这个人相关的信息。让孩子想一个接下来他打算结识的人，或者他不熟悉的人。想象自己与这个人要进行一次对话，目的是要发现他的兴趣点。备用问题包括："你最近在忙什么呢？你喜欢什么？你最喜欢的电视节目、游戏、业余爱好、音乐、运动队、电影都是什么？"让孩子说一说他的朋友是否很有趣，或者很严肃。他和这些朋友的关系如何，对方喜欢什么，不喜欢什么。

总结

问问孩子打算如何使用社交数据库，他对收集和使用社交数据库中的信息是否还有疑虑。如果有疑虑，家长可以和孩子一起想办法。

练习 57：给社交侦探一点任务——充实社交数据库

任务

去学校或者参加某项活动时，让孩子留意收集他希望了解的那些人的相关信息：对方有什么兴趣爱好？喜欢什么游戏、电视节目、音乐、运动队、电影？有什么业余爱好？然后将自己的发现与家长分享。

练习目标

人际关系是相互的。孩子需要认识到，当他没有记住他人的相关信息时，他人可能会感到被冒犯。建立社交数据库的过程，能让孩子明白社交联结是朋友关系的基础。

活动

1. 选择一个愿意与你家孩子进行练习的人，帮助孩子学习如何建立社交数据库。如果被选择的人不是你们的家庭成员，家长可以在征得孩子同意的前提下，将孩子社交技能训练的情况与对方提前说一下。

2. 提前告诉对方，你家孩子正在学习如何了解他人，以及如何搭建社交数据库，从而了解他人。

3. 引导孩子选择一个具体的时间，让他找机会和选定的那位潜在的朋友聊天。孩子需要了解对方喜欢哪些活动、哪些体育项目或者哪个俱乐部。对方有何好恶？家庭现状如何？对方喜欢玩哪些游戏？有没有哪件事他们愿意做一整天？还有另外一些问题可以作为备选：对方最近在忙什么？某件事情现在进展如何？你喜欢做某件事情吗？能否给我讲一讲你感兴趣的某件事情？

总结

问问孩子从练习过程中学到了什么。让孩子打开思路，想一想如何解决练习过程中遇到的问题。

Why Will No One Play with Me

第16章
友谊是条双行线：你打算走多快
合作、参与、解决问题

练习58：双向的朋友关系

练习目标

友谊是相互的，这就是说孩子需要展示出和他人成为朋友的愿望，展示出友好的姿态，主动和别人来往。与人合作，不仅意味着妥协，更重要的是要认识到友谊是相互的。

活动

1. 朗读下面关于朋友关系的描述。

友谊是条双行线。友谊需要平衡，双方都要从中有所收获。迎合他人的字面意思是：当他人主动接近你时，你应该迎上去和对方打招呼；如果有人对你微笑，你也应该微笑以对；如果对方做出让步，你也要想办法与对方达成一致和共赢；如果有人表示愿意跟你一起玩，你可以主动发出邀请；如果上次玩游戏从你开始，那么这次可以让朋友先开始；如果有人希望你能先停下，你可以先停下来。

让孩子讲一讲，在下列不同的场景中，哪些做法能够展示谦让的态度。

- 挑选游戏
- 有人向你微笑致意
- 有人请你一起玩耍
- 有人表示希望参加你们的活动
- 决定游戏规则
- 加入一个群体活动

2.将下面朋友关系中的角色定位读给孩子听。

作为朋友，我要表现随和，愿意按照朋友的意愿行事，愿意让步，愿意克制自己，愿意考虑朋友的感受。我需要考虑朋友的感受，对自己的言行进行适当的调整，让对方感受到相互之间的合作与支持。

问一问孩子："和他人一起玩时，作为朋友，你应该做什么？作为一个好朋友，你觉得自己应该做些什么？你觉得做一个好朋友有什么为难的地方吗？"

总结

和孩子继续讨论友谊中的让步问题。家长可以随时问问孩子，他应该如何按照实际情况做出让步。

练习59：合作

练习目标

本练习旨在帮助孩子在实际生活中练习妥协和让步，让他将书本中学到的概念转化为实际生活中可运用的技能。

活动

1. 和孩子讨论，为什么在与朋友相处时需要妥协迎合、谦让有序、寻求折中。

2. 让孩子讲讲自己一周内为了达到目的做过哪些让步，说说在哪些方面他可以妥协和让步？

3. 和孩子约定一个暗号，用来提醒他注意自己的行为，例如点点头，或者别的暗号。如果孩子同意，你可以做一张表格，记录孩子迁就他人的例子。如果孩子觉得这样的做法会让他难为情，那么你可以记录在智能手机上或者写在本子上。

当孩子进行练习时，你可以给孩子一些奖励，或者在图表上给他记分。

孩子做出让步的记录	
我妥协谦让的行为表现	场景
1	
2	
3	
4	
5	

总结

将孩子做了的妥协谦让行为记录下来，和他一起从头到尾看一遍，并一起庆祝。问问孩子：感受如何？妥协和谦让的难点是什么？家长可以继续鼓励孩子进行类似的练习，甚至可以在家庭内部设计不同的游戏，让每个人都有机会练习妥协和谦让的技巧。

练习 60：辅助练习妥协谦让技能的拼图游戏

练习目标

本练习的目的是让孩子在游戏中练习妥协与合作的技能。在该游戏中，如果双方不进行合作，那么任何一方都无法完成拼图。通过这个游戏，家长可以看看孩子需要多长时间能够意识到，如果不与同伴合作，就会陷入困境，就无法完成拼图。

活动

1. 将两套拼图游戏的零片混在一起，然后再将其分为两部分，每部分都有对方需要的拼图零片。

2. 将其中的一部分零片拿给孩子，告诉他们要一起玩拼图游戏，目标是将简单的图画拼接完整。游戏规则只有一条：双方可以互相帮助。除此以外，没有其他的规则。

总结

拼图完成之后，家长可以问问孩子："我们怎样才能完成拼图？你觉得这个拼图游戏中蕴含了什么道理？"

练习 61：建塔游戏

练习目标

建塔游戏[1]可以让孩子练习与人合作的能力。建塔的过程中需要游戏参

---

[1] Adapted from Donald E. Gibson, PhD. Exercise available from the author at dgibson01@manhattan.edu.

与者展现出协商与合作的技能。本练习能够反映孩子在日常生活中与他人协作的能力。如果孩子的这些技能掌握得不太好,可以多练习几次。

材料

- 拼插积木
- 计时器

活动

1. 本项活动的参加者不得少于一人。如果有可能的话,孩子的兄弟姐妹或者其他家庭成员都可以参与进来。总的来说,孩子需要在与他人的互动中,练习协商与合作的技能。

2. 在活动开始前,家长需要私下跟孩子讲清楚,这个活动的主要任务是练习与人合作以及相互间让步的技能。和孩子讨论一下,他需要展示出哪些行为,才能与他人一起合作完成建塔游戏。

3. 跟所有的游戏参与者讲清楚,大家要使用拼插积木一起建一座尽可能高的塔,游戏计时人员会按照游戏规则对参加游戏的人员进行监督。

4. 所有的设计工作、搭建工作都需要进行计时。

5. 游戏时间总共 10 分钟,整个团队要在规定时间内搭建一座尽可能高的塔。搭得最高的团队获胜。所搭建的塔要可以触碰,不会被嘴吹倒。

6. 各小组完成建塔,最后进行评选。

7. 游戏结束后,家长和孩子一起回顾建塔的过程。"哪些情况进展顺利?"如果孩子不喜欢由主持人监督大家按规则玩游戏,可以让孩子说说原因,也可以让孩子说说如何看待违反规则的行为。

总结

和孩子讨论与人合作有何重要意义。如果在建塔的过程中出现任何错误的社交行为，家长可以问问孩子："那时，其他人会有何感受呢？"

第二级 工具

练习62：无规则建塔游戏

练习目标

无规则建塔游戏可以帮助孩子学习如何与他人合作以及如何做出让步。这个游戏可能会给孩子带来巨大的情绪反应，但是，能帮助他在相对安全的家庭环境中练习与人合作的技能。

活动

1. 这项活动需要多人参与。家长可以请一些愿意积极配合并能给孩子带来安全感的朋友或者家庭成员参与，一起帮助孩子学习和成长。

2. 活动开始前，和大家说明，所有人需要在10分钟内搭出尽可能高的塔，除此之外没有别的规则。看一看孩子如何应对这类没有预定规则的活动。对孩子的要求是管理好自己的情绪，不对他人的做法进行评判。

3. 告诉所有的游戏参与者，他们可以使用拼插玩具或者其他积木，没有其他规则。

4. 计时10～15分钟，各小组同时开始游戏。

5. 各小组完成建塔，然后进行评选。

总结

私下和孩子讨论建塔游戏，问问孩子的感受。如果在游戏过程中遇到了困难，家长可以和孩子一起开动脑筋想办法解决。

练习 63：融入群体的方法

练习目标

本练习的目的是帮助孩子掌握一套行之有效的方法，从而让他能够融入各种不同的群体。

活动

1. 告诉孩子，在任何情况下，无论是与一群孩子一起玩、课间休息、聚会还是在操场活动，他都有可能需要加入某个群体。家长可以给孩子做演示：当我们想和他人一起玩的时候，应该怎么做；当我们接近某个活动群体，想参与进去时，应该怎么做；当你真正加入某个群体时，应该怎么做。

2. 家长可以请家庭成员一起参与练习，或者用毛绒玩具代替家庭成员和孩子一起进行练习。让孩子演示，如果想接近某个群体，他应该怎样做。如何发现群体中可以接近的人？要想加入某个群体，应该站在什么位置？如何判断某个人不愿意被人打扰？别忘了提醒孩子，要留意他人发出的社交信号。

3. 然后，将融入群体的方法一步一步地读给孩子听。

- 稍微停顿一下，观察所处的环境。
- 想一想，这个场所和之前去过的地方有哪些相似之处，又有哪些不同之处。
- 看懂这个群体的隐性规则。
- 看看这个群体中是否有自己认识的人，这些人对什么事情感兴趣。
- 留意社交信号、肢体语言和面部表情。
- 正视他人，主动示好，例如微笑。
- 接近群体。

总结

帮助孩子到实际的活动场所、操场、游乐场等地方练习融入群体的技能。家长可以和孩子一起制订计划，练习如何融入群体。

练习 64：友谊的进展

练习目标

对于有些孩子来说，接近他人、融入群体并非易事。本练习就是为了让孩子能够审视自己的做法，看看自己的行动节奏是否合适。

活动

1. 将下列如何接近他人的做法读给孩子听。

当我们希望接近新的朋友，或者希望进一步推动朋友关系时，有时我们不容易弄清楚应该分享什么内容，以及以什么样的节奏推进。人们性格迥异，在接触新朋友和加入新群体时，方式也各不相同。有的人喜欢像兔子一样往前冲，有的人喜欢像乌龟一样慢慢爬。在交友的过程中，每个人都需要找到合适的节奏。进展的快慢，取决于你对他人的了解程度、他人发出的非语言信号、共同的兴趣爱好以及你们之间来往的频率。

2. 将下列示意图展示给孩子看，阅读相关的描述，帮助孩子理解朋友关系发展中过快、过慢和恰当的发展速度。

像兔子一样跑得太快

- 冲进人群。
- 丝毫不顾及人们正在进行的活动，闯进去做自己喜欢的事。
- 告诉所有人应该怎么做。
- 参与每个群体的活动，但是每次都像萤火虫一样，露个面就走了。

- 与他人过度亲密，进入他人的私人空间。
- 刚见面就没完没了地缠着别人。
- 不管什么话题都抢着说，不给别人说话的机会。

像乌龟一样迟钝缓慢

- 走到别人身边，碰碰他人的肩膀，小声问："我可以和你一起玩吗？"
- 逡巡在一群人身边，或者站在旁边不说话，过一会儿自己离开。
- 在房间内贴边走，有意避开屋子中间的人群。
- 跟着人群，但始终在后面，无法融入。
- 时常离开活动现场去卫生间，或者经常中途有事离开。
- 不搭理其他人。
- 别人跟你打招呼时，不给予回应。
- 总是有和别人一起玩的想法和计划，但是从来不采取行动。

张弛有度

- 与他人见面，了解他们。
- 见面时常常谈起双方共同的兴趣爱好。
- 看看他人课间休息时在做什么，然后和他们一起玩。
- 混杂在人群之中。
- 与那些可能成为朋友的人一起玩游戏。
- 关注他人想谈论的话题。
- 努力尝试接近某个群体。
- 加入不同的群体，接触不同的人，而不是只跟一个人玩。

总结

对照上面的行为特点，家长可以看看自己家孩子属于哪种类型。让孩子说说，当他接近某个群体时，他自己的感受如何。

练习 65：尝试

练习目标

为了帮助孩子融入群体，让他学会如何与他人交往，家长需要放手，让孩子自己大胆尝试。这样的尝试，会给孩子带来生动形象的体验。口头上给孩子提醒，告诉他应该怎样做，这样的方式对孩子益处不大。让孩子大胆地进行尝试，让他在尝试的过程中思考自己的行为是否有效，并做出相应的调整，这样对孩子来说更有帮助。

活动

1. 参照上一个练习的内容（与交友节奏过快、过慢、合适相关的行为描述），和孩子一起进行角色扮演，分别演示各种情形。

2. 如有可能，家庭成员可以一起参与，给孩子演示如何接近一群正在玩的孩子。家长可以选择那些有意愿参与的家庭成员，一起给孩子演示如何接近他人。或者将几个毛绒玩具摆放在一起，假装它们是一群正在玩的朋友，帮助孩子学会如何接近他人。家长可以让孩子自己练习一步步地接近他人，然后和他讨论为什么有些方法不起作用。

总结

和孩子讨论，看看他接近他人的方法需要做出哪些改进。问问他是否希望自己的行为看起来和兔子或者乌龟一样，看看他有哪些特定的行为需要调整。

练习 66：友谊的发展阶段

练习目标

下面"友谊的发展阶段"示意图说明了结交新朋友的过程。

该示意图不仅能够帮助孩子了解在友谊的发展过程中，他在哪个阶段可能会遇到困难，而且能明确地告诉他，从和陌生人打招呼到和对方成为朋友，这是一个完整的发展过程。

活动

1. 将下列示意图展示给孩子，并朗读与不同友谊阶段相关的描述。

交朋友不是一朝一夕的事情。友谊存在不同的发展阶段。在每一个不同的阶段，你都需要尽力去了解他人。你会寻找和自己兴趣爱好相同的人。当你跳过某一发展阶段，你便很难加深对他人的了解。你有可能会表现得

第 16 章 友谊是条双行线：你打算走多快

有失分寸，像那只莽撞的兔子，或者像那只慢慢爬的乌龟。

友谊的发展阶段

你卡在哪里了

1. 遇见可能成为朋友的人
2. 想想他们与其他同伴有什么相似和不同
3. 进行闲聊
4. 对潜在朋友加深了解
5. 分享关于你自己的信息
6. 尝试与潜在朋友分享共同的经历
7. 在学校和这位新朋友多见面多聊天
8. 在校外和这位新朋友多来往

© 2018 Maguire

2. 提示孩子复习入门训练中的练习"友谊的类型"，帮助孩子理解：有些人只是点头之交，而有些人则可能成为真正的朋友。请孩子留意友谊的不同阶段，和孩子讨论，随着时间的推移，友谊如何不断加深。让孩子在示意图中标记自己感到困难的阶段，问问他哪些因素阻碍了他建立深入的朋友关系。

让孩子想一想，他在校内认识一个朋友以后，如果希望在校外继续来往，可能会遇到哪些困难。问问孩子，他是卡在了哪个阶段，又是什么妨碍了他在课间和放学后参与大家的活动。

总结

家长可以和孩子讨论交友过程中遇到的困难，探讨可能的解决办法。

练习 67：什么是客套行为

练习目标

有些人友善随和、待人有礼。告诉孩子所有人都会有的社交行为，大家称其为客套行为。那些在活动中总被晾在一边的孩子，有时候会将对方的客套话当作真诚的邀请。本练习将教会孩子区分什么是客套行为，而什么是对方真正的社交邀请，帮助他明白真正邀请他人一起参与活动的正确方式是什么样的。如有必要，家长可以让孩子专门花时间收集相关信息，然后辨别学校里哪些人对他的邀请是真诚的，而哪些仅仅是客套而已。

活动

1. 将下面与客套行为相关的介绍读给孩子听。

有一些非语言信号会告诉你，他人希望和你成为更亲密的朋友。通常，要辨别出他人的行为是客套行为还是真心邀请，这并非易事。

有时候，人们对我们表现得和蔼可亲，仅仅是因为我们和对方曾有一面之缘，对方并没有打算和我们成为更亲密的朋友。因为不同的机缘，我们会和不同的朋友进行交往。别人对我们客气，不一定是想与我们来往，也不一定是想成为更亲密的朋友，这种情形非常正常。

如果他人想真心邀请你，他们会发出具体的行为信号。在社交活动中，看懂这些信号无疑是非常有帮助的。

真心邀请你的信号

- 别人对你说"我们找时间一起玩啊"。
- 别人总是找你一起出去玩,或者常常和你待在一起。
- 别人跟你分享信息,或者聊共同的爱好。
- 他们和你约定时间一起玩。
- 不管是玩游戏、做作业,还是参加其他活动,某个人总是愿意和你结伴。
- 他们会询问你的兴趣爱好。
- 即使是随意闲聊,他们也会迅速将话题转变为与你生活内容相关的探讨。
- 他们总是拉你混一个圈子。
- 他们会把你作为朋友介绍给别人。

自己可以回想一下,别人对你是否真正感兴趣。他们和你分享了哪些跟他们相关的信息?他们通过怎样的方式表达想和你一起出去玩的愿望?

客套行为

- 对你微笑。
- 从来不问你的好恶。
- 对你忽冷忽热,有时候会搭理你,有时候不理睬你。
- 对你的喜好从来没有兴趣。
- 除了打招呼,他们和你没有更多的对话。
- 从来不找你出去玩。
- 当你接近他们时,他们和其他人的对话通常会停下来。
- 即使你尝试和他们聊更多的内容,他们也还是将对话停留在打招呼的层面上。

总结

让孩子说一说如何分辨点头之交和潜在的朋友。

练习 68：从寒暄到交谈的方法

练习目标

对某些孩子来说，从打招呼到寒暄，再进一步和对方进行深入的交谈，这是一个困难的过程。通常来说，紧张会让孩子更难和他人进行深度交谈并建立联系，进而成为朋友。

如果孩子觉得从打招呼到深入交谈的过程看起来非常神秘，那么本练习可以给他提供一个适用于所有场合的框架。在接下来的几个练习中，我们将会分步骤地讲解从打招呼到深度交谈的整个过程。

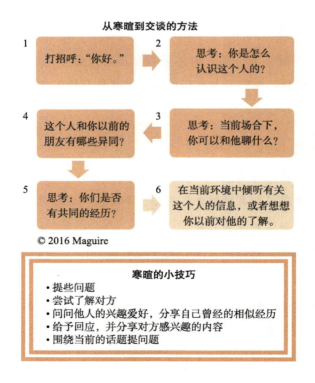

活动

1. 提纲挈领地概括一下：从打招呼到寒暄，再到长时间的深谈，不是一件轻而易举的事。问问孩子："当你准备和他人聊天时，会有怎样的感受？遇到过什么样的困难？"

告诉孩子，从相互寒暄到和对方进行深入交谈的框架适用于任何场合。

2. 将示意图中的每一步读给孩子听。

3. 阅读下列场景案例。告诉孩子，不论在什么情况下与人打交道，好奇心总是有帮助的。人们喜欢谈论他们自己。如果你了解对方的某些信息或者某些线索，你就可以从这些线索开始，逐步地将对话展开。对他人进行盘问是不合适的，我们可以从多种角度了解他人。问问孩子："和鲍比聊天时，你可以问哪些和他相关的问题呢？你希望了解哪些和他相关的信息？"

场景案例

你在某个活动场所遇到一个小朋友。你以前从来没有见过他。这个孩子说他的名字叫鲍比，现在上二年级。他住在附近的一个小镇上，那里有一个很厉害的棒球队。他穿着T恤衫，T恤衫上是一部热门电影的标志。他告诉你他很喜欢这个地方，经常来这里玩。

问问孩子："从上面这个场景中，你了解到了哪些和鲍比相关的线索？"让孩子把他想到的列在本子上。

总结

选择孩子日常生活中的场景和人，帮助他练习从相互寒暄到深入交谈的过程。

第二级 练习

练习 69：借鉴经验，结识新朋友

练习目标

让孩子思考，自己刚刚结识的新朋友与已经熟悉的人有哪些异同。这能帮助孩子理解可以询问哪些问题，例如兴趣、背景之类的问题。这项练习能让孩子在任何一个全新的场合中学会观察，找到适当的切入点开展社交活动。

活动

1. 提醒孩子回顾入门训练中"回忆既往经历"的练习，清楚地告诉孩子，在任何场合下，我们都可以想一想眼前遇到的人与自己熟悉的那些人有何相同和差异。让孩子明白，我们遇到的每个陌生人谈论的内容，展现的肢体语言、面部表情以及动作，都会给我们提供一些信息，帮助我们更好地了解他们。这些信息也可以用来开启一段对话。

2. 让孩子阅读下列案例，让他说一说案例中的人物与他认识的人有哪些相似和不同之处。问问孩子：基于案例，他可以获得哪些和这个人相关的信息？根据这些信息，他应该如何接近这个人？可以和这个人聊哪些事情？如何加深和这个人的友谊？

阅读下面的场景案例，让孩子说一说他可以问这个人哪些问题，从而加深对对方的了解。

场景案例

- 你在沙滩上遇到一个小朋友，她看起来和你年龄相仿。她好像很喜欢游泳，在水里玩了几个小时。你去过海边好多次，曾经看到她给

别人指路，告诉别人卖零食的地方在哪儿。
- 你去博物馆做实地考察。在去博物馆的公交车上，你和一个认识的人坐在一起。你们俩曾经跟同一个老师学习体操，你知道她也喜欢自由体操。她现在已经去另外一个体育馆学习体操了。
- 你没有和朋友们一起吃午饭。你看到餐厅里有些认识的人，尽管你和他们并不是非常熟。其中一个人是科里，他和你同班，去年你们还在同一个机器人小组，但是你们没怎么说过话。

总结

在孩子下一次见新朋友之前，让他提前想一想，即将要见的人和之前认识的人有何相似与不同之处。可以通过与此人相关的任何线索，对他的好恶和背景进行预判。

练习70："灯光到位！摄像到位！开拍！"

练习目标

本练习旨在帮助孩子学会在头脑中想象带妆排练，作为一个外人如何加入正在进行中的活动。让孩子事先录制一段有关活动场地的视频，并且亲自到那个场地去看看。这样的视频有助于孩子在头脑中形成举行活动的真实场景。

活动

1. 让孩子拍摄一段小视频。带着孩子到他平时可能参加群体活动的地方，进行实地拍摄。选择时间点时要征求孩子的意见。让孩子对整个场景以及想象中的活动过程进行拍摄。让孩子在场地里走一遍，让他尽可能展现自己在具体活动场景中的行为表现。有几点是需要注意的：记得保护好他人的隐私；在拍摄之前，最好征得在场所有人的同意后再进行拍摄，或者等大家都离开后再进行拍摄；要选择适合拍摄的地点，例如午餐餐厅、公园里的活动区域，或者操场等。

2. 完成录制之后，家长可以和孩子一起观看视频，聊聊孩子融入活动的计划，并且进行演练。让孩子在观看视频时，设想将来自己置身其中时的情形。让孩子说一说，如果置身其中，他将会有怎样的感受，会做些什么。让他一边说，一边演示接近和融入活动群体的过程。让他想想别的孩子平时参加活动的场合和方式，想想他们活动时会待在什么位置上。让孩子想想，在现在这个场景中，应该如何从一个地点走到另一个地点。

总结

和孩子一起选定某个时间，练习如何接近并融入活动群体。如果孩子还想多练习一次，家长可以带他去另一个没有熟人在场的场合进行练习。

练习 71：铺垫性问题

练习目标

遇到陌生人时，许多孩子不知道该如何开启对话。本练习将帮助孩子学会如何从打招呼进展到真正的对话。

活动

1. 阅读下面关于铺垫性问题的说明，向孩子展示相关的示意图。

对话需要铺垫性问题将不同的话题连接起来。你需要学会问一些问题来开启对话，通过提问的方式将话题进行下去，鼓励他人和你分享更多的信息。你可以将对话想象为一座木头小桥，其中每个元素都有助于你设计一次对话。

2. 选择一个话题，和孩子一起分角色练习如何进行对话。和孩子讨论，当人们准备延续一个对话时，哪些问题对这次对话会有所帮助。让孩子看一看下列这些随时随地可以问的问题。

- 最近忙什么呢？
- 今天玩得开心吗？
- 当时是什么情况啊？
- 你最喜欢玩哪个游戏啊？
- 你最喜欢演出里的哪一部分？
- 你周末去哪儿玩了？

铺垫性问题

打招呼　　　　　　　深入交谈

讲话人提出的话题：
运动项目
老师
现在几点了
游戏
爱好
美食
我不喜欢我们班老师
上次比赛时，教练的要求太苛刻了
真不想上学了！赶紧放假吧。

接话和铺垫：
嗯，有点意思。
嗯，我也不知道。
是吗，为什么啊？
说得没错。
太搞笑了。

你可以怎么说？
你今天怎么样？
你喜欢（老师/这种情况/这个活动/教练）吗？
当时是什么情况？
发生什么事了？
我发现……（这里可以说一些你在公开场合观察到的、不会让人尴尬的话题）

© 2018 Maguire

总结

和孩子分角色练习如何主动接近他人，如何和对方开启对话。尊重孩子自己的节奏，不要催促他。有意识地给孩子一些练习的机会，帮助他掌握这项技能。

练习72：练习接话

练习目标

俗话说：熟能生巧。孩子从打招呼到更加具体的对话，在这个过程中，孩子会变得越来越自信，和他人进行对话也会越来越容易。

活动

1. 坐在孩子身边，假装你们互不相识。提醒孩子在对话过程中注意铺垫和接话。下面是一些备选的问题。

- 最近忙什么呢？
- 今天过得怎么样？
- 当时是什么情况？

2. 和孩子进行分角色演练。和孩子打招呼，即使孩子保持沉默也没有关系。如果孩子觉得有必要，你可以假装自己是他的一个不太熟悉的朋友。

总结

让孩子说说他做练习时感觉哪些方面比较顺畅，哪些方面感觉有困难。让孩子坚持在学校使用练习中学到的技巧。

Why Will No One Play with Me

第17章

换位思考
学会站在他人的角度看问题

练习73：选择自己最熟悉的人进行换位思考

练习目标

本练习旨在帮助孩子学会从他人的角度进行观察，从而能够对他人的情绪感同身受。这一练习可以让孩子理解对方是谁，有何动机，并且能够对他人的反应和情绪做出预判。孩子需要梳理和重新审视自己过往的经历，吸取经验，全面分析当前的情况，解决具体问题，在今后的社交活动中做出明智选择。孩子需要评估自己的行为会对他人造成的影响，考虑可能会带给他人的感受，这样才能采取更利于社交的行为。

活动

1. 你可以私下将孩子自私的行为以及他需要注意他人感受的情形列举出来。例如，某种口味的饼干还剩下最后一块，孩子不喜欢这种口味，而其他孩子喜欢，那么他最好把最后一块饼干留给其他孩子。另一个例子是，孩子我行我素，不顾及其他家庭成员的低落情绪。需要特别注意的是，如果直接指出孩子的自私行为会让他伤心难过，那你可以讲述一个朋友身上的类似表现。

2. 接下来，让孩子复习入门训练中"站在他人的角度看问题"的练习。让孩子看看你所收集的案例，不要直接指责他，可以采用教练式的提问。例如，你可以说："我看到你上一次将最后一块蓝莓饼吃掉了，你弟弟喜欢吃蓝莓饼吗？"这时，你可以假扮成弟弟，和孩子进行角色扮演。也可以让孩子扮演弟弟，这样他可以体会一下弟弟当时的感受。

开启对话的几个问题

- 某人对某个行为有何看法？
- 某人的某个行为会给他人带来什么影响？
- 通过哪些信号，我们可以了解某人的身体状况和情绪状态？
- 为什么那个人很看重某件事？
- 这样做会给他人带来什么感受？

总结

在日常生活中，我们可以经常提醒孩子换位思考。每当看到需要孩子考虑他人感受的情形时，你都可以提醒他换位思考。

练习74：总揽全局——对他人的反应做出预判

练习目标

为了帮助孩子理解他人，并对他人可能做出的反应进行预判，家长

第 17 章 换位思考

有必要让孩子从不同的角度对他人进行观察。提醒孩子从他人的角度出发，想一想对方的过往经历、行为模式、动机以及他比较敏感的话题。对于孩子来说，从他人的视角考虑问题并非易事。下面的内容会帮助孩子明白，了解一个人的过往经历，有助于他对他人的行为模式和回应做出预判。

活动

1. 告诉孩子，为了做到换位思考，就需要考虑他人在类似情况下的感受，以及对我们的行为做出的反应，然后再综合考虑当时的整体情况。也就是说，我们需要退后一步，站在第三方的角度对他人的整体情况进行观察。

2. 朗读下面的场景案例，然后问问孩子：下列场景中，人们在乎什么？类似情况下，我们自己会有何反应？

场景案例

- 托比经常帮助好朋友尼克。尼克没有铅笔，托比会把自己的铅笔给尼克使用。托比邀请尼克参加自己的生日聚会，还经常把糖果分享给尼克。他对尼克真诚以待。尼克对此并没有心存感激。每周二，尼克和托比一起上课外班时，会和托比一起玩，是因为课外班没有其他男生可以一起玩。但是，在平时的课间休息时，尼克通常不会想到和托比一起玩，而是和其他小朋友一起玩对抗类的体育游戏。托比不擅长体育运动，而尼克好胜心强，每次都想赢。今天，学校没有别的安排，孩子们可以进行一整天的自由活动。托比获准自由挑选当天活动的搭档，但他拿不准要不要选择尼克。

- 茉莉亚刚刚获得了体操队中人人羡慕的位置，而她的好朋友艾米没有取得满意的成绩。茉莉亚不知道艾米听到自己的成绩时会有何反应，也不知道她是否会参加自己的聚会。艾米去年曾经提到自己非常珍视真正的朋友。她对体育运动的兴趣不大，但她喜欢体操，更喜欢垒球。艾米去年没有被体操队录取，就专心去打垒球了。

3. 和孩子讨论上述场景之后，家长可以让孩子站在他人的角度，进行角色扮演，然后讲述一下自己的感受。

4. 选择一个孩子在与他人互动的过程中没有考虑周到的场景，让孩子想一想，如果当时考虑了对方的既往经历，是否对他当时的行为会有所帮助。和孩子讨论一下："在活动过程中，你和朋友的互动模式是怎样的？你的朋友通常会采取怎样的行为？"如有必要，你可以和孩子一起进行角色扮演，或者让孩子通过换位思考的方式，更好地理解这项技能。

下次，当孩子遇到社交问题时，让他开动脑筋，尽量考虑周全。

练习 75：听懂话外音

练习目标

有些孩子不会解读语言和非语言的沟通内容，不明白大部分沟通都至少有两个层面的意思：我们表面上说出来的意思，以及我们的语调、肢体语言、面部表情、讲话的语境所传达的隐含意思。本练习的目的，是要帮助孩子听懂话外音，让他领会其他人讲话的真实意图，以便做出适当的回应。

活动

1. 将下面关于"听懂话外音"的说明，读给孩子听。

人们在沟通时，既会通过语言，也会通过语调、肢体语言、面部表情来传达自己的意图。沟通既可以是语言形式的（明示），也可以是非语言形式的（默示）。对这些沟通方式的解读，我们称之为"听懂话外音"，也就是说，你需要解读人们说的内容以及他们要传递的真实意思。

例如，如果有人用上扬的语调对你说"是啊，你还能不对吗？"，表面上他们在说你说得对，但是他们的语调改变了字面意思，其真正的意思是"你是错的"。

2.让孩子看一看"听懂话外音"示意图，读一读示意图中的内容。

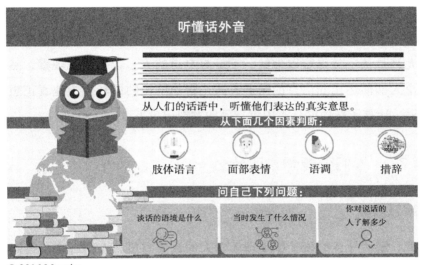

3.对很多人来说，解读这些信息并非易事。然而，这些技能是可以通过练习获得的。

将下面的示例演示给孩子看，说明理解话外音的含义。阅读下面这些句子，让孩子说一说你朗读的句子所表达的真实含义。

示例	演示
真的吗？	语调上扬，显示出你感到惊讶，听到的信息完全出乎你的意料
我可太～～高兴了！	重音放在"太"字上面，用讽刺的语调说明你并不高兴
你可真是个人物！	语调尖刻，重音在"真"
我没事。	坚定的语调，表示到此为止，不想再继续讨论了

总结

在日常生活中，家长可以继续和孩子练习如何听懂话外音。将这样的练习变成一种游戏，随时进行。

练习 76：暗中留意话外音

作业

和孩子提前约定，让他在学校留意某个人的话外音，例如老师或者教练，尤其是孩子觉得难以理解、不好打交道的人。让孩子先观察，然后记录这个人如何运用非语言的沟通方式，将他所说的话转化为他真正想表达的意思。让孩子在侦探日志中将自己的发现记录下来。

练习 77：人们究竟想表达什么

练习目标

听不懂话外音的孩子很难理解别人的真实意思。人们可能会使用语调等非语言形式表达真实意思，让孩子认识到这一点十分重要，有助于他根据场景调整自己的行为。

活动

1. 读一读下面与"人们究竟想表达什么"相关的说明文字。

人们说的话，并非表达自己的真实意思。他们的语调、当下的情形、你和他们过往的相处经历、他们的肢体语言等，都有可能改变他们要表达的意思。孩子需要停下来对他人进行观察，人们往往通过身体动作和语调变化传达自己的真实意思。所谓"听懂话外音"，是指要适时停顿，搞清楚说话人想要表达的真实意思。

2. 按照下面关于语调和肢体语言的说明，演示给孩子看，让孩子观察、思考，想想表演者没有明确说出的真实意思。告诉孩子，表演者肢体语言和语调的变化都可能使这些句子的含义发生改变。

人们说的话	人们的真实意思	演示说明
随便		干脆利落，表明你毫不在乎
你真逗		重音在"真"，语调上扬，用一种非常鄙夷的语气，表明他们真没意思
哦，你也应该一起来		"哦"之后先停顿一下，再说后面的话，表明其实不想让你来
无所谓		用强烈的语气表明其实你很在乎

总结

指出日常生活中肢体语言改变话语本身的含义，而需要理解话外音的具体例子。让孩子暗中观察那些不好沟通的人，和孩子分角色表演那些人说话时的样子，以及他们真实的意思。

第二级　工具

下面几个练习的目标，是帮助孩子打造积极友善的个人形象。我将此称为"公共关系课"。

练习78：你的个人品牌

练习目标

"公共关系管理"能够帮助孩子对自己生活的方方面面进行观察，发现自己需要调整的地方，从而给外界留下良好的印象。通过这几个练习，孩子将会明白自己应该在哪方面表现得更加积极，或者更明确地表达自己的意图、愿望和想要传递的信息。我们首先探讨一下孩子自己的个人品牌，帮助他理解世界上每一个人都有自己的品牌。

活动

1. 向孩子说明，每个人都有自己的"品牌"，就像商店里的每个商品都有自己的品牌一样。阅读下面关于品牌的描述。

产品的品牌向我们传达了产品的特色和内涵。品牌承载着产品的声誉和个性特征，例如迪士尼、尼克频道、麦当劳。

2. 和孩子聊聊，其实我们每个人都有自己的"品牌"：我们的主张、我们的价值观、我们的声誉以及我们给他人留下的印象。就像我们根据自己对品牌的了解来选择买哪些商品一样，周围的人也会根据我们的言行举止，以及他们对我们的理解，形成对我们的看法。

3. 让孩子列举三四个品牌，或者列出他自己喜欢的体育明星、电影明星，让他说说为何他觉得这些品牌或人物是独特的，或者是可信的。"当提到这些人时，你会想到什么？他们的个人品牌是什么？"

4. 和孩子探讨，他对自己的"个人品牌"有哪些期待。让他给自己设计一个标识，来代表他自己的主要特点和个人品牌。你可以问问孩子："你希望拥有什么样的个人品牌？你希望人们了解你的哪些方面？你自己有哪些优势？比如，你知道自己的专长吗？你可以为这个世界做些什么？"阅读下列个人品牌特征列表，参考第 6 章中的优势/兴趣匹配表，让孩子圈出他希望自己的个人品牌中包含的特点。

个人品牌特征列表

- 诚实
- 头脑开放
- 真诚
- 有活力
- 可靠
- 随和

- 宽容
- 有领导力
- 友善
- 有趣
- 睿智
- 勇敢
- 好奇
- 其他_____

总结

在日常生活中，继续和孩子讨论个人品牌的话题。家长可以将自己平时对品牌的观察讲给孩子听。遇到新的品牌时，可以让孩子说一说："这个品牌代表着什么？这个品牌塑造了怎样的形象？"

练习 79：公共关系管理

练习目标

试图理解他人内心情感世界的一项重要的内容，就是明白你的行为会影响他人，进而影响他人对你的感受和做出的回应。

公共关系管理能够帮助孩子理解"我的行为会给他人带来影响，同时别人的做法也会对我产生影响"。"他人对我的行为会形成看法，反之亦然。"这样的思考过程会让孩子意识到"公共关系"的存在，换句话说，他人只能理解我们展示给他们的信息。

活动

1. 根据下面的"公共关系"示意图，向孩子说明，别人会对他的行为形成看法，而他也会对别人的行为形成看法。让孩子说一说："他很想做好哪些事情，但仍然需要把相关信息展现出来。"

2. 和孩子讨论上面示意图中的内容，给他解读每句话的含义。问问孩子：他自己的行为对他人有何影响？告诉孩子：无论我们的意图是什么，人们只能通过我们所展现出的行为来了解我们。例如，你很害羞，可是，在他人眼里，可能你就是对别人爱答不理；或者你说了不该说的话，但你并无恶意。问问孩子，什么样的行为能给别人留下好印象并受人欢迎。

3. 让孩子回顾一下，之前自己是否有过公共关系处理不当的情形。让孩子想一想：当时别人的感受如何？如果下次遇到类似的情况，可以做出哪些改进？

总结

根据"公共关系"示意图所提供的信息，和孩子一起制订一项公关活动计划，让孩子按计划采取行动。

练习 80：解决公关问题的步骤

练习目标

本练习给孩子提供了提升个人品牌形象和培养社交技能的具体流程。解决公关问题的流程，给孩子评估自己在社交活动中的个人品牌形象提供了一个客观的手段，而且不会对孩子造成伤害。

© 2016 Maguire

活动

1. 告诉孩子，公关活动是指为了提高品牌声誉、打造正面品牌形象而进行的一系列活动和做法。前面我们提到，他人会对我们的行为形成看法，做出回应。制订一个个人品牌提升计划，能够帮助孩子给同伴留下更好的印象、结交新的朋友。

2. 给孩子讲解"解决公关问题的流程"，并朗读图表中的问题，让孩子逐一回答，并在笔记本上记录答案。

3. 针对孩子在具体环境中改善自我表现的需求，和他一起制订一个公关计划。

总结

和孩子探讨他希望给外界留下什么印象，他可以如何改善自己的品牌形象。

第 19 章

适可而止
自我调节

练习 81：刹车失灵，全速前进

练习目标

自我调节能力，是指人们在各种情形下管理自身压力和兴奋程度，从而保持冷静的能力。人的身体和大脑有着不同的活跃程度，从困倦、冷静、压力过大直到失控的过程，人们的兴奋程度越来越高。我将这种过度兴奋的状态称为"刹车失灵，全速前进"。当孩子无法进行自我调节时，他就失去了自控能力。如果家长能够帮助孩子认识到自己的身体反应、情绪感受、兴奋程度与自身行为之间存在相互关联，那么他就能更好地进行自我调节。

活动

1. 阅读下面和"刹车失灵,全速前进"相关的说明和示意图。

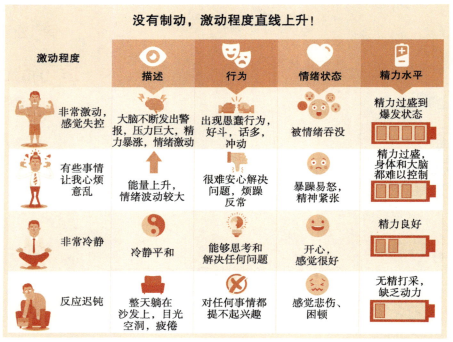

© 2016 Maguire

剧烈的情绪反应可能说明你正处在兴奋或者压抑状态之中。这时,大脑就会拉响警报,让你变得警觉和激动,从而影响你的情绪和行为。有的时候,你感到慵懒倦怠,什么都不想做。有的时候,你觉得自己非常清醒,状态良好。还有的时候,有些事突然引起你的烦恼,让你变得冲动或者压抑到无法承受,冲动情绪最终都会反映在头脑和身体两方面。一旦发生这种情况,你的大脑和身体就会越来越激动,就像直线上升的电梯一样,越升越高,停不下来。

刚开始时,你会感到坐立不安、十分紧张。我们将这种状态称为"事物困扰"。当你的大脑和身体激动到无法自控时,你就会变得无法控制自己的言语和行为。这就是我们所说的"刹车失灵,全速前进"的状态。

2. 阅读上面图中的说明，了解不同的激动程度对孩子行为带来的影响。告诉孩子，大脑的每一种状态都会相应地对人的精力水平、行为方式和情绪状态产生影响。仔细阅读上图中与行为、情绪和精力水平相关的描述，了解这三者是如何受大脑激动水平影响的。

当人的大脑和身体处于"刹车失灵，全速前进"的状态时，人的行为看起来会显得愚蠢、怪异、冲动、易怒、好斗、口无遮拦，说话不经过大脑思考。所有的行为看起来都很出格。人一旦处于过度兴奋的状态，头脑中的电梯就会一直往上冲而停不下来，直到失控。为了做到自我调节，控制好自己的身体和大脑，我们必须采取一些行动，以防止自己过度激动，就像把自己大脑中的电梯一级级地降下来一样。我们可以参考入门训练中让自己冷静下来的方法，让自己逐渐地恢复到完全冷静的状态。

3. 让孩子描述人在过度兴奋或行为失控时的样子。让孩子说一说人们各种状态背后的原因。让孩子演示一下，当他萎靡不振、冷静振作、不胜其烦、完全失控时，他会表现出哪些行为。给孩子讲解大脑的兴奋程度对行为的影响。

总结

家长可以将激动程度的概念纳入日常生活之中。当孩子表现得非常激动时，家长可以适当地提醒他。在合适的时间，和孩子聊一聊他处于不同激动程度时的感受。

练习 82：坦然面对输赢

练习目标

对于那些面对输赢不会自我调节的孩子，家长可以利用训练活动这个安全的环境，让他们体会自己的情绪变化和激动反应。本练习的目标是，帮助孩子能够更清楚地认识到，当自己面对输赢时，激动程度会有哪些变化，是哪种情绪最终导致自己无法坦然接受输赢的结果。这部分内容需要孩子反复练习，才能让他在安全的环境下学会管理自己的情绪和激动反应。

材料

棋类游戏、连连看、四格抛球游戏、我说你做、红绿灯游戏、画图猜词游戏、盒装手术台游戏，或者其他任何竞技类体育项目。

活动

1. 读一读下面和"坦然面对输赢"[1]相关的描述。

当孩子玩游戏玩得正起劲时，让他控制好自己的情绪和激动程度绝不是一件容易的事。孩子体内的"升降机"会迅速上升，情绪会剧烈波动直到失控。这样的情绪反应也会给玩伴带来相应的影响。

本练习会帮助孩子学会坦然面对输赢。同时，在孩子情绪失控时，让他们能够注意到身体发出的信号和警报。通过练习，孩子将学会应对剧烈情绪波动的方法，学会管理自己的情绪，从而避免出现失控状态。

2. 让孩子演示，能够坦然面对输赢的玩家和不能坦然接受游戏结果的玩家是什么样子的。让孩子想一想，哪些行为是过分的，而哪些行为是适当的。告诉孩子，在游戏中，要学会管理自己的情绪，避免过于激动。和孩子讨论一下，当人的情绪即将失控时，身体会发出哪些信号和警报。

3. 邀请孩子一起玩一局游戏。当孩子即将赢得比赛或者输掉比赛时，如果出现需要缓解气氛、暂时冷静的情况，家长可以给孩子一些提示，让他留意自己的身体信号。

在游戏过程中，如果孩子出现情绪反应剧烈的情形，家长要提醒孩子，让他们关注身体发出的信号和警报。

上面这一游戏是一项模拟练习。如果孩子在赢得游戏时无法做到自我

---

[1] Adapted from Baker, 2003.

调节，那就让他多赢几次，帮助他练习在获胜后进行自我调节。如果孩子输掉比赛时不知道如何应对，家长可以让孩子多尝试几次失败，让他有机会体会失控的感觉和练习应对的办法。

4.当孩子的情绪处于失控状态时，可以给他一些提示，引导他关注自己的情绪状态，让他明确地说出自己当时的情绪感受。你可以说"我发现……"，然后说一说游戏的过程，让孩子说出自己的感受。这样可以让他有机会把自己的情绪感受和身体信号关联起来。和孩子一起打开思路，想一想可以用哪些办法应对情绪的剧烈波动或者情绪失控。

总结

让孩子在游戏过程中不断尝试做到坦然面对输赢。如果情况允许，家长可以邀请其他家庭成员一起参与游戏。帮助孩子提前想好控制自己情绪反应的办法，帮助他们逐步学会管理自己的情绪。

练习83：体内的警报会引起身体反应

练习目标

孩子根据身体信号对自己的情绪和身体状况做出判断的能力，有助于他形成清晰的自我认识，清醒地了解自己的激动程度。学会识别自己的身体信号，有助于孩子理解自己的激动程度，并进行有效的自我调节。

在情绪波动变化时，人的身体会发出相应的信号。这时，体内的警报会拉响，会告诉我们自己处于烦躁状态，情绪可能马上会失控。基于不同的身体感受，人的大脑也会发生相应的变化。身体的实际感受或者说身体信号，告诉我们，自己的身体正在经受着压抑失望，而情绪正在从冷静状态逐步螺旋上升到过度激动的失控状态。

这些信号表明，你的身体越来越激动，情绪正在高涨。本练习的目标就是让孩子学会把身体信号看作即将失控的警报系统。身体信号提醒人们从身体和情绪两个方面，了解自己的激动程度。孩子意识到这些信号的存在，有助于他们清晰辨别自己的感受，从而采取让自己冷静下来的方法，缓解自己的激动状态。

活动

1. 让孩子读一读与身体信号相关的描述以及相关的案例。

在情绪剧烈波动时，你会感到非常压抑或者异常兴奋，你的激动程度从冷静状态迅速上升到过度激动的状态。这时，你的身体信号和感受会告诉你，你已经越来越兴奋了。这些身体信号和感受是身体的预警系统，它会告诉你：你正在变得沮丧、冲动或者过度压抑。

2. 和孩子一起看看下面的列表。

身体可能会发出的信号

- 身体感到发热和激动
- 反胃
- 后背疼痛
- 感到心神不宁
- 感到恶心想吐
- 耳鸣
- 感觉要爆炸一样
- 不停地弹动手指
- 情绪起起落落
- 身体感到不适
- 呼吸加快
- 肌肉紧绷

- 身体冒汗
- 面部发红
- 身体发热
- 哭泣
- 说话含糊不清
- 太阳穴处突突直跳
- 血压升高
- 暴躁易怒

3. 问问孩子，当他过于激动时，他的身体会出现哪些反应？失控是一种怎样的感觉？在某种情绪出现时，身体会出现哪些反应？当你期待的某件事情就要发生时，你是否感到很紧张？

孩子不一定能确切地说出自己身体的反应。如果说不清楚，后续的练习中还会继续讲解，告诉孩子当身体出现反应时他会有怎样的感受。

总结

家长可以坚持和孩子讨论身体反应这个话题，和孩子约定一个暗号，当看到他的身体出现某些反应时，可以用这个暗号来提醒他。这些内容需要家长和孩子配合好，避免提醒孩子时，反而给孩子造成情绪波动。家长可以温和地问问孩子："你现在感觉怎么样？""你能感受到身体的变化吗？"

第二级　练习

练习84：把握分寸

练习目标

孩子有时候会做出非常过分的行为，捣乱任性，没有分寸。这些情况会给孩子带来麻烦，引起他人对他的反感排斥。本练习要求孩子模仿自己失控时的行为表现，并且和家长一起想办法，做到适时停止自己出格的行为，恢复到正常状态。

活动

1. 告诉孩子，每个人都有行为出格的时候。人在情绪失控时更有可能做傻事。问问孩子，他是否有过这样的经历，什么样的行为是过分的。请孩子演示一下那些过分的行为。

2. 让孩子看看下面的出格行为示意图，将完全可控到完全失控的不同阶段的行为表现读给孩子听。跟孩子分角色演示每个阶段的情形，让孩子展示出不同阶段的区别。

© 2016 Maguire

总结

让孩子说一说,如果他做了特别过分的事,会造成什么后果?公开场合可以容忍的行为底线是什么?

练习 85:失控状态下的蠢行

练习目标

这些游戏可以帮助孩子再次体会到不同激动程度的真实感受,体会身体和思维的不同状态。在安全的环境中,让孩子开展一项能让他越来越激动的活动。最好挑选一个他平常有可能会失控的环境。这样,他可以体会到自己在最激动时的感受。一定要主动帮助孩子体会不同的激动水平。让孩子想一想,当他失控时,身体会有哪些反应,行为会发生哪些变化。

活动

1. 让孩子回顾"出格行为"示意图。告诉孩子,你希望他能够体会一下失控的感觉,这样他才能学会调整内在情绪,恢复到冷静状态。跟孩子说清楚,你将会让他参与一项活动,这项活动会让他的情绪迅速达到过度激动的状态,从而促使他做出一些过分的行为。和孩子提前说好,当他情绪失控时,你会打断他,要求他停止所有的举动,然后请他回答一些问题。主要是让他说出自己当时的身体感受,帮助他练习从过度兴奋状态恢复到冷静状态。

2. 和孩子一起选择一个能够让他激动起来的场合进行练习。例如进行剑术比赛,玩蹦床,带着狗四处跑,玩红色漫游者、水滑梯、摔跤,或者撕名牌。

3. 当孩子情绪失控时,家长可以立刻喊停,请他说一说:"你现在感觉如何？刚才发生了什么？你身体感觉如何？你什么时候感觉到自己的举止过分了？如果从 1 到 5 由低到高进行打分，你给自己的激动程度打几分呢？"

4. 如果孩子无法意识到自己的身体信号，家长可以将自己观察到的情形告诉孩子，让他说说实际情况和你观察到的是否一致。这种提示对孩子会有所帮助。

5. 然后，你可以告诉孩子，你会帮助他将内在情绪从失控状态恢复到冷静状态。参考入门训练中有助于孩子冷静下来的办法，帮他恢复到冷静状态。

总结

如果这种练习效果良好，家长可以带着孩子坚持练习。经常练习能够帮助孩子熟练掌握自我调节的技能。

练习 86：适可而止

练习目标

重复行为，例如反复讲同一个笑话，霸占整个话题而不给他人说话的机会，或者总是不依不饶地要求他人按照自己的方式做事，这些行为都会引起同伴的反感。本练习旨在帮助孩子意识到他自己的重复行为会对朋友带来影响。

活动

1. 阅读下面的内容。

当你的大脑处于失控状态时，你会无法控制自己的行为。比如，当你情绪高昂时，你可能将一个笑话反复讲很多遍，或者没完没了地叙述同一件事。再比如，你的语气变得尖刻，或者哈哈大笑，肆无忌惮，或者你抱怨起来没完没了。我将这类行为称为"适可而止"的行为。这样的行为可能并非出于我们的本意，但是我们有时就会不知不觉地陷入这种行为中。这样一来，我们就落入了社交误区，无法给人留下好印象。

2. 阅读下列常见的"适可而止"的行为。

通常需要"适可而止"的行为

- 反复讲同一个笑话
- 大家都停下了，你还在笑个不停
- 显得有点傻
- 没完没了地问问题
- 坚持要求别人按照你的方式做事情
- 不断重复你的需求和愿望
- 没完没了地谈论同一个话题
- 不断地打断他人

3. 让孩子演示那些需要"适可而止"的行为。让他说说自己是否也有类似的行为，或者他看到别人有哪些类似的行为。这种行为会给他人留下什么样的印象？带来什么样的感受？后果是什么？当人们有这类行为时，自己的身体会有何感觉？怎样判断自己是过度激动还是行为出格了？

总结

当孩子准备开始做"适可而止"的练习时，家长可以和孩子约定一个暗号，以便适时提醒他。

练习87："适可而止"的具体场景

练习目标

孩子加深对自己的认识，是提高自我调节能力的关键。如果有必要，可以让孩子基于日常生活中的重复行为进行相关的练习。家长作为行为教练，和孩子谈一谈，关键是要帮助孩子理解他自己的行为给他人带来的感受及造成的影响，以及他人后续会以什么方式对待他。

活动

1. 阅读下面的场景示例，让孩子回答后面的问题。

- 帕特里克表现蛮横，情绪已经失控了。朋友们迅速恢复常态，对帕特里克的糟糕行为表示反感。他们跟帕特里克说"这样做就没意思了"，可是帕特里克觉得很好玩，还想重复，他的行为彻底惹恼了朋友们。朋友们开始谈论新的话题，可是帕特里克还在重复刚才的笑话，让大家的谈论无法继续。

- 珍妮横冲直撞，大家都躲着她。在分组活动的时候，她不仅始终拿着铅笔，还把铅笔当武器挥来挥去。在学校组织野餐时，她自己一个人趴在野餐垫上，惹得同学们都不太高兴，最后大家都不再搭理她了。围成一圈做游戏时，她会横躺在椅子上嘻嘻哈哈。有时，她会把脸凑到别人面前。老师多次批评她的行为。珍妮在自己的椅子上动来动去，看到别人不满的表情，她又火冒三丈。她站起来朝那个女生大吼大叫。老师很生气，要罚她停两节课。珍妮看到其他同学彼此会心的神情，情绪又失控了，对着大家大声喊叫："看什么看！"

- 在夏日烧烤聚会上，奥斯卡总是模仿别人的样子和声音。孩子们很快就厌烦了他这个举动。但是，他还是一直模仿别人。有人开始岔开话题，可奥斯卡继续模仿别人，故意搞笑。

2. 阅读上述场景示例后，让孩子说一说："在上面的场景中，哪些行为需要做到适可而止？上面场景中的人物激动程度如何？他人的行为对这个人的行为有何影响？这个人应当采取怎样的行动来停止自己的重复行为？缺乏分寸的重复行为对朋友关系有何影响？"家长可以重述上面的场景示例，让孩子演示怎么做才能做到适可而止。

总结

为了证明自己的观点或者推行自己的方法，我们需要和他人进行沟通。但是，如果一而再再而三地重复自己的话，就可能给对方带来压力和干扰。如果孩子不断地重复某些行为，不懂得适可而止，例如讲一个超长的笑话、不停地发问、强迫他人或者霸占话题等，那么家长可以和孩子事先约定同一个行为最好不超过两次。

Why Will No One Play with Me

第19章

不要让别人看到你的窘迫
情绪调节

练习88：战斗、逃跑还是僵直，以及你心中的剑齿虎

练习目标

为了帮助孩子学会控制情绪，家长有必要先让孩子理解大脑中的情绪管理系统。孩子对自己情绪起伏的时刻和方式了解得越清楚，应对起来就越自如。

活动

1. 首先要告诉孩子，每个人都有情绪剧烈起伏的时候。造成情绪起伏的原因，可能是某个人、某个环境或者某种压力。如果孩子不理解什么是压力，家长可以举

几个例子，例如作业太多、遭到排挤、心里对某次聚会有顾虑，或者心里惦记着某场比赛等。将下列相关内容读给孩子听，并让他观察示意图。

当你感到伤心失望或者情绪反应激烈时，你的大脑会被情绪吞没，就像河里的洪水冲上了浅滩，情绪就会失去控制。人的大脑中有一套古老的预警系统。在穴居捕猎的荒野时代，这套系统能够保护我们免受剑齿虎的攻击或者避免其他危险因素。一旦你感到压力巨大，你的大脑就会进入战斗—逃跑—僵直的模式，也就是说你可能选择战斗、逃跑或者僵直其中一种行为。这三种行为的出现，表明我们的大脑不确知我们已经生活在现代的安全环境之中，没有剑齿虎来袭击我们了。

2. 参考第11章中"造成强烈情绪反应的事件"列表，问问孩子，哪种压力、环境和人会导致他被情绪吞没，人在情绪失控时是什么感觉。如果孩子讲不清楚，你可以告诉他，情绪失控时，人会感到脑子里嗡嗡作响、身体躁动，愤怒和伤心的感受让人坐立不安，随时都想逃跑、攻击或者大声吼叫。

总结

让孩子警惕那些可能给自己带来巨大压力的事物，留意自己剧烈的情绪反应，以及自身的战斗—逃跑—僵直反应模式。

练习 89：被动应对和主动思考

练习目标

当孩子被情绪吞没时，边缘系统和情绪反应会控制他的大脑，让他无法对所面临的情况进行分析和规划。这就促使孩子进入战斗—逃跑—僵直的模式之中，从而影响他的行为，而他自己并没有意识到情绪状态给自己带来的影响。

活动

1. 阅读下面关于"被动应对[⊖]"的说明。

当你被情绪吞没时，你就进入了"被动应对"的状态。你紧张、伤心、生气、愤怒，感觉自己的情绪失控了。你可能觉得自己想停也停不下来。你可能会做出一些明知道不该做的事，但是当时你感觉自己就像一列脱了轨的列车，无法控制。

© 2016 Maguire

[⊖] Adapted from Goldsmith, 2016; Goleman, 1995; LeDoux, 1998; Shanker, 2016; Smith and Weinfeld, 2017.

2. 读一读下面和"主动思考"相关的介绍。

当你处于冷静可控的状态时,你会主动思考,会综合考虑一件事情的各方面因素,以解决问题为出发点进行思考。你觉得自己能够记住各种信息,懂得寻求帮助,可以冷静地应对各种情况。

3. 让孩子说一说自己是否经历过"被动应对"和"主动思考"的状态。
4. 朗读下列"被动应对"和"主动思考"行为列表。

被动应对行为

- 感到自己停不下来
- 争辩
- 动手打人
- 吼叫
- 语言攻击和行为攻击
- 跑
- 跳
- 易怒
- 心不在焉
- 冒险

- 感觉情绪要爆发
- 感觉崩溃
- 感觉灵魂出窍了
- 爆发
- 说话急促
- 记不住事情，学不了新东西
- 满脑子都是自己的情绪，容不下其他事情
- 感觉自己什么都记不住
- 注意不到社交信号

主动思考⊖行为

- 专注于解决问题的思考方式
- 懂得寻求帮助
- 保持冷静，理智地选择应对方式
- 能够回想起以前的事情
- 做出冷静的决定
- 解读社交信号
- 考虑他人的感受
- 保持专注

5. 读完上述两个列表，让孩子想一想是否经历过被情绪吞没后被动应对的状态。被动应对的状态是什么样的？主动思考的状态是什么样的？

总结

下次在孩子表现出强烈的情绪反应时，家长可以和孩子一起采用第11章入门训练中讲解的办法，帮助孩子尽快恢复冷静状态。

⊖ Adapted from Goldsmith, 2016; Goleman, 1995; LeDoux, 1998.

练习90：观察被动应对模式和主动思考模式

作业

让孩子去学校或大型商场，观察哪些人处于主动思考模式，哪些人处于被动应对模式。看看当人们遇到情绪波动时，他们的身体、动作、语言方面有何变化。然后让孩子将这些观察结果分享给父母。

练习91：蓝天意念深呼吸法

练习目标

如果孩子能够停下来进行深呼吸，他就有机会恢复冷静，并进行理性思考。深呼吸可以调动人的批判性思维和决策制定这两项执行功能，而这两项执行功能都是孩子应对日常生活所必需的。

活动

1. 告诉孩子，为了让自己冷静下来，深呼吸的方法可以随时随地使用。将下面蓝天意念呼吸法的分步骤说明读给孩子听，同时向孩子演示这些动作：

（1）采用腹式呼吸法，从鼻孔吸气，同时头脑中想象蓝天的样子。

（2）屏住呼吸，数3个数。

（3）从口腔呼气，头脑中想象灰色的天空。

（4）重复上述深呼吸4次。

2. 告诉孩子，短促的呼吸不能提供身体和大脑所需要的氧气。蓝天意念呼吸法会帮助人们降低兴奋度，提供调整情绪所需要的化学物质。

3. 让孩子想一件让自己心烦的事，运用蓝天意念呼吸法冷静下来，然后问一问孩子感受如何。

总结

告诉孩子，深呼吸可以有效地帮助他减缓情绪反应、平复情绪波动。

练习 92：先准确描述，再着手应对

练习目标

当孩子已经处于战斗—逃跑—僵直模式时，你仍然可以帮助他冷静下来。告诉孩子，他的感受会向他的身体发出恢复冷静的神经传导物质，让他体内的剑齿虎冷静下来，感到当下没有威胁。

活动

阅读下列内容。当你被情绪吞没时，你的大脑会被情绪控制，看起来你自己无能为力。实际上，你仍然可以采取"先识别，再解决"的方式来应对。

- 你需要首先意识到，自己的情绪波动很大，你正在被情绪淹没，你进入了"被动应对"的状态。
- 其次你需要识别也就是准确描述你的感受。准确描述是一种有帮助的做法。
- 一旦准确描述了这种情绪，你就可以采用入门训练中讲解的方法，来处理当时的情绪，让自己冷静下来，重新恢复到"主动思考"的状态。
- 想象一台升降机从顶层降落到地面的过程。这有助于你从"被动应对"状态恢复到"主动思考"状态。

总结

征得孩子的同意之后，在随后的一周内，让孩子坚持练习中讲解的方

法。家长可以跟孩子一起针对类似的情境制订行动计划，帮助孩子按照"先准确描述，再着手应对"的方法，在实际场景中解决问题。

练习93：触发因素

练习目标

触发因素，是指那些能够给人造成过度情绪反应的因素，包括人物、事件、场景与环境等。这些因素会造成一连串的情绪反应，从而让孩子失去判断，最终导致情绪的爆发失控。本练习[1]可以帮助孩子清晰地认识到哪些触发因素会给自己带来剧烈的情绪反应。

活动

1. 告诉孩子，触发因素会引发人们对人物、事件、环境产生过度的情绪反应。例如，家长提醒你去做作业，别的小朋友不和你一起玩，这些事情可能会让你不高兴，并且可能让你情绪失控。这些因素会让你的情绪一触即发，让你的大脑停止思考，从而导致你很难与他人相处。

2. 让孩子看一看下列触发因素列表，让他将那些容易造成情绪失控的因素标记出来。哪些因素会让他很难记得去解读社交信号，甚至无法与人相处？为什么这些触发因素会引发剧烈的情绪反应？让孩子讲讲自己的经历，哪些人、哪些事或者哪些场景曾经让他情绪失控？

触发因素

身体触发因素

- 饥饿

---

[1] Adapted from Febus, 2018; Goldsmith, 2016; Goleman, 1995; LeDoux, 1998; Smith and Weinfeld, 2017.

- 劳累
- 精力过于充沛，需要发泄
- 精神萎靡
- 脑子里想着烦心事
- 身体感觉不舒服

情绪触发因素

- 感到困惑
- 感觉格格不入
- 伤心
- 失望
- 焦虑
- 无聊
- 感觉无法控制某些事情
- 被激怒
- 感觉心烦意乱
- 过长时间的等待
- 听到巨大的噪声
- 闻到难闻的气味
- 在不同活动之间切换
- 听到"家庭作业"或者"出发时间"这类字眼
- 在班里被点名批评
- 看到狭小的室内杂乱不堪
- 身处混乱场面

社交触发因素

- 朋友关系出现问题

- 参加生日聚会
- 被人支使着做事
- 被人传闲话
- 感觉受冷落
- 搞不清楚社交状况
- 不得不和你不认识的人交谈
- 与人交谈
- 午饭时间不知道坐哪里合适
- 课间休息时，独自一人，感觉孤单

3. 在下面的场景中，不同的人遇到了不同的触发因素。让孩子说说，造成这些人剧烈情绪波动的因素分别是什么。

场景案例

- 辛迪的朋友曾经批评她，说她足球比赛时表现不好。现在，辛迪每次参加足球训练或者见到那个朋友时，情绪都会变得很糟糕。她会反复想起那个朋友批评她的情景。
- 曼娜觉得在生日聚会上被人冷落了。她觉得所有人都忽视她，不跟她说话。当妈妈问曼娜生日聚会怎么样时，她对妈妈大喊大叫，然后伤心地哭了。
- 欧文不想做作业，他觉得作业太没意思了。当妈妈提醒他做作业时，欧文又烦躁又生气，他跟妈妈争辩了几句，之后气得说不出话来。

总结

跟孩子讲讲你自己有哪些情绪触发因素，说一说自己当时的感受。让孩子懂得，有些触发因素会让人的行为一反常态。

练习 94：不要让别人看到你的窘迫

练习目标

孩子需要学会应对自己的情绪，掌握管理情绪的技能。当孩子反应过度时，他的行为会给他人留下负面印象，引起他人反感。让孩子认识到每个人都需要管理自己的情绪，情绪管理是社交之中的必备技能。

活动

1. 将下面的内容读给孩子听。

有时候，你感到非常焦虑，你的情绪反应很强烈，以致被这些情绪所控制。让他人看到你情绪失控的样子不太好。你需要管理自己的情绪，恢复常态，不要把强烈的情绪暴露出来。你需要进行针对性的练习，才能在情绪反应剧烈时有所意识，做到妥善应对。这样做，你就能够表现出愿意被他人看到的样子。

2. 告诉孩子，人处于情绪反应剧烈的状态下，有可能反应过度。这种行为很可能给他人留下负面印象，让对方感到意外。你可以给孩子示范，让他学会在内心波涛汹涌时，看起来依然风平浪静。让孩子演示自己情绪反应剧烈时的样子。

3. 问问孩子，"你在什么时候会反应过度？你当时有什么感受？你是如何表达自己的感受，并想办法控制好它们的？"家长可以给孩子演示，人在情绪反应激烈时应当怎样做，才会显得冷静淡定。家长和孩子探讨可以采取哪些具体、可行的步骤，帮孩子逐渐恢复冷静。

总结

和孩子一起找出能够帮助他调整情绪的有效方法（参考第 11 章中让人

冷静下来的通用方法列表）。让孩子说一说，面对某种情绪时自己通常的做法是什么，以及下次碰到类似情形时，自己应该如何做得更好。

练习 95：情绪火山

练习目标

本练习旨在帮助孩子认识到，触发人们情绪波动的因素会促使人们的大脑被情绪控制，从而影响他们的行动、思考、决定和反应。通常来说，过激的反应会妨碍社会交往。孩子对自己的情绪体验及导致情绪失控的因素了解得越透彻，就越容易管理自己的情绪。

活动

1. 让孩子看一看"情绪火山"示意图，并阅读下列说明。

触发因素会让你越发激动直至情绪爆发。当大脑进入战斗—逃跑—僵直的模式时，可能某个人、某个地点或者某种场景会触发你大脑中的某个开关，导致你迅速被情绪吞没。

和火山一样，爆发不是在顷刻之间发生的。火山爆发有一个发展的过程。首先，在地表以下，热量聚集，岩石熔化，形成了岩浆。然后，随着热量继续升高，压力逐渐增大，气体和岩浆开始沿着火山壁爬升。如果这种情况继续发展，岩浆最终会冲出火山口，形成火山爆发。

观察下列示意图中的情绪火山。如果你的情绪不断高涨，你最终也会爆发。

在生活中，你总免不了遭遇一些困扰，这些困扰不断升级，最终逼得你情绪爆发。如同火山喷发一样，当你越发激动时，在某个点上，你可以停下来，运用平复情绪的方法，先准确描述自己的情绪，然后再采取措施妥善处理。

2. 让孩子看一看火山爆发示意图。参考下面"我有多冷静"示意图和孩子讨论，在情绪加剧的 5 个不同阶段，人的情绪是如何像火山一样逐步爆发的。下面的刻度标识 1～5 对应人们不同阶段的情绪水平和感受，从情绪波动的发生，直到情绪的失控爆发。让孩子描述他在不同情绪发展阶段的不同感受。

"我有多冷静"五级标尺

1 冷静	2 开心	3 烦躁	4 非常生气	5 极度愤怒
可以完全掌控自己的感受	感觉良好	感觉情绪开始变得激动	即将失控	失控

3. 与孩子进行分角色扮演。参考"我有多冷静"示意图中的描述，例如"感觉良好""快要失控"等，与孩子一起描述每个阶段的状态和感受。必要时，让孩子停下来，有意识地感受自己的身体信号。孩子可以采取让自己冷静下来的方法，调整自己的行为，防止情绪的崩溃爆发。

4. 从入门训练中选择一到两个能让自己冷静下来的方法。和孩子一起分角色表演，演示人在低落消沉时的状态。并且运用那些能让自己冷静下来的方法，将情绪从 3～4 级逐渐降低到 1～2 级。

总结

家长和孩子可以提前制订计划，帮助孩子应对在学校和家中可能出现的剧烈情绪反应。

练习 96：记录孩子一天当中的情绪变化

练习目标

你下班回到家，看到孩子当时的状态，可能很难判断到底是什么事情引发了孩子的情绪。如果孩子能够停下来，回忆一下当天发生的事情，找出导致自己情绪低落的原因，那他就可以更好地梳理自己的情绪，从而做到有效管理。

活动

1. 让孩子给自己一天当中每个时间点的情绪状况打分[1]。告诉孩子，你会观察和记录他的情绪起伏。让孩子对照"情绪火山"练习中的五级情绪标尺，记录自己一天中不同时间点的情绪感受。

---

[1] Adapted from Kuypers, 2011; LeDoux, 1998.

2. 和孩子聊天时，家长可以问问他在某一具体情形下感受如何。哪方面的原因造成了他的情绪起伏，是老师、他人还是班级？当时他的感受如何？当时场景下的哪些具体事情对他产生了影响？

记录一天中具体时间点的情绪感受	
我的感受	打分（1～5分）
早晨	
在公交车上	
数学课	
科学课	
英语课	
历史课	
语言课	
艺术课	
音乐课	
体育课	
课间休息之前	
课间休息之后	
午餐时间	
放学后	
家庭作业时间	
睡前时间	
深夜	

总结

和孩子讨论他给自己打 5 分的部分，参考入门训练中保持冷静的方法，一起想想在类似的情况下如何做好情绪管理。

第二级 练习

练习 97：什么是正常的焦虑情绪

练习目标

随着我们不断长大，他人会越来越希望我们有能力管理好自己的情绪，而不是被情绪所控制。当孩子感到非常焦虑或者反应过度时，其他孩子的情绪也会受到影响。人们并不苛求孩子压抑自己的情绪，但是，孩子需要逐渐意识到自己是否反应过度。我们需要帮助孩子理解反应过度会带给他人什么样的感受。

活动

1. 让孩子回忆他自己被情绪吞没而反应过度的情形，让他将当时的情形演示出来。例如，他当时可能不顾一切地冲出教室、大哭、跺脚、推人或者尖叫。如果孩子想不起这样的例子，你可以说："我记得有一次……"，跟孩子分享你曾经观察到的情况。家长一定要告诉孩子，案例分享不是为了指责或者旧事重提，而是为了让他明白过度反应是什么样子的和他当时的感受。

2. 给孩子看看本练习中的示意图"什么是正常的焦虑情绪"。

严重的焦虑给人的感觉像一辆超长重型卡车，压得人喘不过气来，让人变得反应过度。可是也有一些焦虑，就像自行车一样轻巧。我们内心的焦虑程度，会直接影响我们的感受和行为。

3. 从入门训练通用列表中选择一件让孩子焦虑的事情。问问孩子："当你反应过度时，你感受如何？是感觉沉重，像一辆大卡车？还是感觉轻巧，像一辆自行车？"让孩子给自己的焦虑水平打分，从低到高，从1分到5分。家长可以问问孩子："你需要怎样的帮助才能承受这样的焦虑？需要多大的帮助才能控制好自己的焦虑情绪？"

4. 可能你会感觉自己的焦虑就像一辆脚踏车、汽车或者卡车，如果你对自己的焦虑情绪反应过度，其他人会有怎样的感受。

你需要多大的"力量"来帮自己控制焦虑情绪?

总结

这张示意图可以粘贴在任何方便孩子看到的地方,例如厨房或者其他任何适当的地方。在孩子下一次心烦意乱时,家长可以问问他:"你的反应像这张图中的哪一个呢?小汽车还是大卡车?"

第四部分

社交技能训练之实操及其他

Why Will No One Play with Me

第 20 章

制订结伴玩耍的计划
如何规划和适当安排

结伴玩耍给孩子提供了社交的机会，孩子可以通过结伴玩耍培养技能、观察他人、从错误和成功中不断学习。

结伴玩耍是孩子们童年时代的最爱，是每个孩子在社交中都会向往的。然而，有时不管多么努力，结伴玩耍都会让你和孩子感到不知所措，甚至遥不可及。刚开始，你可能希望孩子参加群体玩耍活动，却苦于没有获得邀请。后来，当有人邀请孩子一起玩耍时，孩子又没能好好把握这样的机会。下面，我们将会讲述结伴玩耍的方法，让孩子有机会在实际生活中运用家庭训练和练习中学习的社交技能。

结伴玩耍为孩子实际运用社交技能提供了机会，这也是社交技能训练的最终目标。当孩子熟悉了训练内容，掌握了相关技能，下一步就是在实际场景中运用。家长需要在场外陪伴、观察孩子，只有这样，才能在活动结束之后，和孩子一起回顾他在活动中的表现。

结伴玩耍的活动包含下列因素：①社交互动；②孩子有自己的角色；③活动场合的规则合乎情理；④确定的时间长度。一次约定好的活动，可能是学校里的同学结伴玩耍，也可能是亲戚朋友的孩子随意地聚在一起。活动的目的，是帮助孩子在"浅水区"练习在家庭训练中学习的社交技能，从而为孩子进入社交"深水区"建立信心。

本章结尾处提供的结伴玩耍速查笔记，将规划部分整理成了便于使用的笔记，方便你根据对孩子的理解，为孩子打造最适合的练习环境。这些笔记可以作为你制订计划的辅助工具，为处于社交技能学习早期的孩子选择合适的玩伴、场合、活动内容，以及最佳的活动持续时间。我们不可能为了考验自己抵御诱惑的能力，买一块大蛋糕，然后以此开始自己的节食计划。更合理的方式是，你在冰箱里储存一些健康的食物，让健康的饮食方式成为一种习惯，这样做才有助于自己成功地节食。对于孩子来说，道理是一样的。社交互动已经给孩子带来了压力，所以，在开始进行社交技能练习时，家长最好能避开所有可预见的会给孩子带来压力的因素。这些因素包括人物、地点，或者孩子在平常良好状态下不需要应对的情况。饥饿、疲劳和压力过大，这些因素很容易导致孩子情绪崩溃。所以，家长最好选择孩子得到了充分休息、吃饱了肚子并且精力充沛的时间段。如果有些玩具很容易造成孩子之间的争执，那么家长可以将这些玩具暂时先收起来。当孩子学会了与人分享以后，家长再将玩具拿出来。对于以前曾经和自家孩子无法友好相处的孩子，你可以将来再邀请。

为结伴玩耍提前做好准备，并非仅仅让孩子参与到活动中去，而是要利用这个机会，让孩子在实际运用中学习社交技能，演练行为方式。这也意味着，在活动之前，你要和孩子一起商量好需要提高哪些社交技能。在整个过程中，孩子需要重点提升的新技能是什么，回顾之前执行功能问卷中确定的孩子最迫切需要改善的行为有哪些。复习"进度控制"工具，看看孩子在哪些方面取得了较大的进步，具备进入实际场景演练的条件了。

需要牢记的是，组织活动的目的是练习新的技能。尽管孩子可能还没有完全掌握这些技能，但是，只要练习就可以帮助孩子加强对自己的认识、对他人的认识，以及对训练目的的理解。对于孩子来说，任何一点微小的进步都是有意义的。孩子的社交技能需要通过这种方式进行培养，这符合大脑发育的规律。同时，孩子的自信心也能在这个过程中得到不断提升。

制订计划时，孩子需要给自己选定一两项任务。在训练过程中，家长可以针对孩子选定的任务进行讲解。在约定好的活动开始之前，家长可以给孩子适当的提醒，让孩子清楚地知道你对他的行为有何期待。例如，规划的任务通常包含下列内容：

- 和朋友分享电子游戏。
- 待人积极主动。
- 在情绪剧烈起伏时，懂得通过深呼吸来控制情绪。
- 留意身体信号——当自己感到生气时，运用学过的方法让自己冷静下来。
- 让对方先做选择。
- 自己想要的东西，最多跟他人说两次。

何时？何地？何人？何事？

玩伴之间是否脾气相投，是主要的考虑因素之一。如果孩子自我认知不足，或者不善于观察社交信号，那么他就未必能够准确理解自己与同伴之间的关系。你可能需要告诉他这次先不要邀请某些朋友，并且帮助他选择一些脾气相投的朋友一起玩耍。例如，一个处在青春期的孩子，有点不合群，他可能希望和学校里最有人气的同学交朋友。他可能会为了邀请那些人气高的孩子，而排除那些可以成为真朋友的同学。然而，那些人气高的孩子可能会拒绝他的邀请。在这种情况下，家长需要提醒孩子，不要只邀请那些人气高的孩子。

　　脾气相投，并不是非要找到各方面都很相似的玩伴，而是要找到和自己互补的玩伴。例如，两个孩子都有些粗野霸道，那么为了帮助孩子练习社交技能和新的行为模式，就应该为孩子找别的玩伴。如果能找到兴趣爱好相同、耐心随和、不主观偏激，并且可以充当自家孩子社交榜样的孩子，这样就再好不过了。

　　老师、教练、学校辅导员、心理辅导员都可以在孩子寻找适当玩伴的过程中提供有用的建议。你家孩子可以在社区中找一个熟识、可信赖的朋友，请他来一起规划活动。当然，也可以参考兄弟姐妹的意见。

　　相约玩耍的活动内容需要权衡取舍。首先，家长要考虑有哪些备选活动，这些活动可以在哪儿开展。适合所有场合的活动内容是不存在的。你需要考虑的因素包括：

- 自家孩子喜欢什么活动？
- 在这个环境下，需要事先将活动内容安排妥当，还是让孩子们临场发挥？
- 孩子在哪种环境下表现较好？孩子在哪些场合表现出色？在家、在公园还是在游乐场？
- 什么样的环境方便我在场观察活动的进展情况？
- 是否有自家孩子特别喜欢，并且其他孩子也可能愿意去的场所？
- 提前将容易造成孩子之间争执的玩具或者自家孩子有可能独自霸占的玩具收起来。
- 如果其中一个兄弟姐妹特别擅长交际，那么最好让这个超级明星在活动当天出去做自己的事情。这样，需要练习社交技能的孩子才不至于被社交达人的光芒掩盖。
- 准备受欢迎的零食。

一定要和孩子一起选择活动内容，并且在讨论过程中了解哪些环境和活动内容会让孩子有压力。这种讨论的价值，可能完全超越活动本身。这是家长作为教练引导孩子做出适当选择的过程，有助于孩子学会如何应对类似的情况。

尽量避免引发孩子消极反应的因素。整个训练计划需要孩子格外努力，因此，家长应当尽量给孩子营造一个熟悉、舒适的环境，让孩子心无旁骛，专心训练。在没有进行准备的情况下，让孩子随意与人相处，肯定不是最佳做法。例如，9岁的兰迪非常擅长玩自己最喜欢的游戏。可是，他一旦玩起来，就不让别人换其他游戏，只要不顺着他的心思，他就不跟别人玩。如果你正好在培养孩子如何把握玩游戏过程中的行为，让他学会在游戏活动中与人分享，那么在做准备时，你可以问问孩子："你觉得应该如何与朋友分享？当朋友建议换一款游戏时，你可以怎样做？当你感到灰心失望、不满意，或者突然不想和朋友一起玩时，你可以怎么做？"在做计划的时候，你可以提前预留出一些游戏时间，但是不要让电子游戏成为活动的主要内容。给孩子的任务要简单而具体，不要让孩子一次做十几件事。让孩子同时做一两件事情，最多不要超过三件。

活动的开始时间和持续时间也是活动成败的关键。不要忘记，结伴玩耍的目的是帮助孩子练习那些还没有掌握的新技能。孩子们相处未必会一帆风顺。当他们累了、饿了时，状态一般都不如平时好。

结伴玩耍持续多长时间合适呢？对于孩子来说，如果要练习新的社交技能，那么45分钟到1个小时就够了。在孩子能独自与同伴相处之前，你最好能够一直陪伴着他。等到孩子可以独自应对以后，你就可以放手了。不过，在孩子们刚开始相处时，你仍然需要留意孩子的行为。

如果活动按计划进展得很顺利，孩子们相处愉快，时间也不算很长，那么把活动时间适当延长一些也没问题。在这种情况下，你需要想办法在活动中加入休息时间，例如，让孩子们吃点零食，或者变换一下活动内容。

你也可以设计一些你自己能够参与的活动，例如帮助大家烤蛋糕，制作一些史莱姆橡皮泥，让孩子们进行艺术创作，或者一起做一些文艺活动。你可以给孩子们准备美术纸、马克笔、蜡笔、贴纸、胶棒之类的东西，让他们既能分享，又能各自行事。虽然做不到每个人称心如意，但是只要能友好相处就可以了。

这类活动应该多久安排一次？ 为了配合培训项目，你最好每周安排一次结伴活动，加上一次其他形式的社交活动机会，比如和朋友参加一次常规的集体活动、一起上课、一起参加儿童团体活动等。缺乏社交能力的孩子，通常很少能够收到活动邀请，他们需要在真实的世界中实践学习。你可以在亲朋好友中物色一个愿意帮助孩子并且愿意组织这类活动的人。

角色扮演和排练

在孩子们结伴玩耍之前，你可以和孩子进行分角色扮演，让孩子有机会提前适应活动期间的角色。做几次这样的准备之后，孩子才能意识到自己的角色究竟意味着什么。否则，对于孩子来说，"要友好，要轮流活动"这样的话就没有意义，也无法改变他的具体行为。角色扮演和排练，能够帮助孩子将一些规则转化为符合他特点的具体行为，从而帮助他建立自信心。

凯勒

凯勒妈妈总是告诉凯勒，不要总和好朋友蒂龙打架，可是凯勒不明白这到底是什么意思。在结伴玩耍时，凯勒也很想好好表现，可是他总会回到自己的习惯行为上去。他跟我说："不这样的话，我也不知道该怎么玩。"

凯勒和妈妈根据几种不同的情景，进行角色扮演练习。他们约定下次遇到类似的情景，凯勒可以怎么做。首先，当凯勒感到生气时，他需要先做深呼吸，然后数10个数。之后将自己的内心感受说出来，而不能动手推人、打人或者争抢。最后，他如果感觉到自己要动手，那么可以先去另一个房间冷静一下。妈妈经常和凯勒进行这类练习。这样的模仿练习让凯勒有机会运用这些方法，让自己冷静下来，而不是仅仅记住这些方法。（请参考第 3 章中的模仿练习）

妈妈：凯勒，假如蒂龙拿起你新买的泡沫子弹玩具枪向你射击，你该怎么办？
凯勒：首先，我先做一次深呼吸。
妈妈：然后呢？
凯勒：数 10 个数。
妈妈：如果这时他继续用泡沫子弹打你呢？
凯勒：那我会用语言阻止他。
妈妈：你打算怎么说呢？
凯勒：嗯……我也不知道。
妈妈：你觉得这么说可以吗？"蒂龙，你不要用枪打我了，我不喜欢你这样做！"
凯勒：嗯，这样说也许会有用。
妈妈：你还可以怎么说？
凯勒："蒂龙，这样打很疼。我们还是来打标靶吧！"
妈妈：这样说非常好。但是，假如这时你非常生气，没法好好说话，那你怎么办呢？
凯勒（有点兴奋）：我先去别的房间冷静一下。

在和好朋友约好的活动日到来之前，凯勒和妈妈进行了五次分角色演练。在最后一次练习结束前，凯勒非常兴奋，因为他知道自己应该如何回答妈妈的每一个问题了。他知道自己怎么做才是合适的。他会将练习过程中的从容自信带入到真实的活动中，并将练习中习得的技能运用到实际生活中。现在他和蒂龙再也不打架了，两个人仍然是好朋友。

有时候，不管在校内还是校外，孩子们玩得起劲时，就会忘记自己学过的新的行为模式。这时候，就需要通过一些或明或暗的提示，采取适当的方式来帮助他们。

威尔逊

　　威尔逊从来都不参加集体活动。在体操课上，他不知道该如何与他人打交道，只能默默地坐在场地的角落。当有人要和他一起玩耍时，他显得很被动，从不主动提建议。他总是小心翼翼，看起来一点个性都没有。周末时，他会去音乐培训学校，但他从不主动提议要演奏哪一种乐器，也不主动提出想要在乐团中哪个位置。威尔逊的妈妈和他一起进行了模仿练习，帮助他学习在社交场合中如何主动地展示自己，主动接触他人，和人交谈。妈妈假扮成他的朋友来向他说明，了解朋友的兴趣爱好有利于和他们交往。当威尔逊在实际的社交场合中不知所措时，他需要提前想好方案，以备不时之需。"我们出去玩一会儿怎么样？"这样的提议就可以作为应对这种场景的方案之一。如果感到身体不舒服，可以建议大家一起活动起来，例如一起踢踢球。运动有助于释放压力，可以帮助孩子进行自我调整。另外，他提前记住了几个可以聊的话题，例如热门电影，以及学校最近要举办的活动。与此同时，他会观察其他人对这些话题的兴趣。如果别人感兴趣，他也会参与这些话题的讨论。如果别人对这些话题不感兴趣，他也有其他的备选计划。

如果我家孩子年龄较大，不愿意让家长安排活动怎么办？

　　我们作为孩子活动的规划师，需要明白的是，是否给孩子安排了与他年龄无关的活动。孩子在小学阶段时，家长通常帮孩子约朋友一起玩耍。然而，等孩子长大一些，家长就不再那么积极主动了。这时，家长可以通过角色扮演的方式，帮助孩子了解如何接近同伴，如何约朋友一起玩，如何加入新的社交关系网。为了给孩子提供更多的帮助，家长可以参考第11章"友谊是相互的"和"互动式对话"中的工具，帮助孩子学习融入群体。

按照"何时、何地、何人、何事"的方法，指导孩子做好规划，邀请他人一起出去玩。

如果孩子对我的努力很抵触，怎么办？

孩子出现抵触情绪是正常的，尤其是在我们让孩子做一些他们不擅长或者感觉不舒服的事情时，尤其于此。首先，家长要找出孩子抵触的原因。对低龄孩子来说，给他们一点奖励是一个简单有效的方法。对未来成年生活有所预期的大孩子来说，家长可以和他们讨论人际交往和基本的社交技能对他们的人生目标有何影响。习惯性的情绪崩溃、情绪爆发和社交冲突会阻碍他们的发展。无论孩子提出怎样的反对意见，你都可以绕过这些障碍，对孩子循循善诱。你可以问问孩子："你为什么会担心这个呢？"而不是简单地忽视他的意见。下面这些答复方式，有助于你和孩子的对话进行下去，也可以帮助你发现孩子面临的真正问题。

如果大家约着一起玩，你觉得可以玩什么呢？
以前和大家一起玩的时候，你喜欢哪些活动内容？
你为什么不想约朋友一起玩呢？
你希望经常和朋友一起玩耍吗？
你的意思是说……

关键在于发现孩子抵触的原因，理解孩子的真实处境和感受，以及他所期望的积极结果。有关如何帮助孩子克服抵触情绪，家长可以参考第23章。

如果约不到朋友一起玩，怎么办？

如果你规划活动时遇到了困难，无法进展下去，那么你要想到其他人可能也遇到过类似的情况。如今，培养社交能力变得越来越重要，你所在的社区有很多孩子、很多家庭都面临着类似的问题。你可能需要扩大社会关系网，寻找可以一起玩的孩子。例如让孩子报名参加集体活动，去其他社区的公园走一走，或者参加社交技能小组。你也可以尝试了解孩子的熟人圈子。你可以和其他家长聊聊孩子在社交技能方面遇到的困难，告诉他们你正在有意识地培养孩子的社交能力。你可以问一问其他家长，看看他们的孩子能否一起结伴玩耍。有过类似经历的家长给出了如下建议：

- 让老师或者教练推荐一个玩伴。
- 学习一个新项目，参加新的活动。
- 问问兄弟姐妹的建议。
- 问问你信赖的亲朋好友。
- 寻找遇到同样问题的家长，看看是否有机会让孩子们一起玩耍。
- 找一些年龄更小或者更大的孩子一起玩耍。
- 参加一些小团队的活动，例如童子军、手工俱乐部、室内活动俱乐部，或者专业的陪护人员团队。

结伴玩耍速查笔记

- 约定活动时间。通常来说，45分钟比较合适。这个时间长度既能保证孩子有时间练习新的社交技能，也不会让孩子感到厌倦。
- 尽量减少没有事先进行规划的空闲时间，因为它会给孩子带来一定的挑战。
- 为活动设定一些规则，但不要过于僵化死板。只要跟孩子们说清楚活动区域和玩耍规则就可以了。
- 如果孩子身上出现了以前的行为问题，请不要感到意外。
- 如果孩子不愿和他人分享某个东西或者玩具，你可以暂时把这个东西收起来。
- 和孩子约定暗号和提示信息，用来提醒孩子。

你做到了

和孩子一起制订计划，做好约定，这看起来既可笑又没用。我们都明白这一点。但是，笑过之后，我们还要明白，训练活动需要制订计划。无论这个过程多么艰难，都是为了让孩子学会面对现实生活。孩子正在学习新的社交技能和行为方式，以便以后可以从容应对各种社交场合。帮助孩子寻找玩伴、克服困难，为孩子的努力过程提供支持，这些事情对作为教练的你来说，责无旁贷。

Why Will No One Play with Me

第 21 章

结伴玩耍
场边的教练

不要急于干预,教练的任务是观察、记录,在必要时给予适当的引导。

如果孩子正在学习游泳,你可能会经常带着他去参加团队训练。有一点非常清楚,那就是游泳教练不会自己跳到泳池中去。教练会密切关注正在游泳的孩子,偶尔对他们喊几句以示鼓励,或者简单做个点评。大多数时候,教练只是在观察,他们将具体情况记在脑子里,等孩子安静下来时再做点评。无论是体育、音乐还是国际象棋,有一件事情在全球范围内都是一样的:比赛时,所有的教练都待在场地边上。

当孩子将习得的技能运用在实际生活中时,作为教练,你应该待在场地边上。尽量不要直接干涉孩子,这不会让你的重要性有丝毫降低。对于孩子的表现,你可以观察并做好记录。在活动结束之后,你可以和孩子一起讨论总结。你还需要观察其他的环境因素,比如其他孩子的性格、互动方式以及情绪状况等。这样，在活动结束之后，跟孩子讨论他的体会和行为表现时，你也可以和他讨论一下这些社交细节。

你在场外对孩子进行观察指导，这是孩子社交体验的一部分。作为孩子社交活动的教练，你需要鼓励孩子，让他学习参与社交活动，应对出现的困难局面，而你只需在必要时介入。一定要记住，你需要时常调整自己的判断标准，以确定什么时候有必要介入。审视自己的行为，认识到自己需要改变，并运用习得的技能来尝试调整自己的行为模式，这些都是孩子的任务。无论孩子能否顺利完成，作为教练的你都应该待在场外，和孩子保持距离，观察孩子的行为。如有必要，你可以在场外给孩子一些暗号，但是，你的主要任务还是观察和记录孩子的成功和失误之处，以便在活动之后和孩子一起进行分析总结。

在日常生活中或者约着一起玩的时候，孩子们需要互相商量来解决问题，这为孩子提供了演练社交技能的机会。你需要给他犯错的空间，因为犯错是学习活动的重要组成部分。总结和分析，是我们下一章将要讲述的内容，这将帮助孩子反思自己在社交活动中的挫折，学会从中吸取经验教训。

活动开始

请记住，这项任务需要持续进行，你只要持之以恒，就一定能看到效果。孩子和别人一起玩时，往往会忘记之前和你约定好的任务。在学习新的社交技能时，他也会显得手忙脚乱。孩子一旦兴奋起来，就会把学习新技能这件事忘得一干二净。但是，这些经历和以往的经历很不一样。当你眼睁睁地看着事先规划的活动变得乱七八糟时，你也获得了和孩子一起成长的经历。这会让你们在事后对活动进行复盘时有更多的共同语言。

作为家长，你也需要练习一项技能：克制自己，不直接干预孩子，而是采用暗示的方式和孩子进行沟通。例如，孩子在某件事情上固执己见，无法和大家沟通，他又回到了自己原来的行为模式中，这时你该怎么办呢？你们应该做过相关的练习。在家中进行模拟训练和分角色扮演时，你或许和孩子约定过暗号和提示信息，在必要时，可以用来提醒孩子。

如果孩子自己解决不了问题，找你帮忙，你可以反过来问他一些问题，引导他尝试自己解决。这样，你就可以避免陷入具体问题的讨论中，让你和孩子的对话聚焦在他自己应该如何解决问题上。（具体细节请参照"口袋教练"一节。）

在记录活动过程时，你需要将自己和孩子的每次互动以及行之有效的提示方法记录下来。你可以判断出哪些事情最能打动他，哪些事情能帮助他更有信心地独立应对当时的情况。这些信息都可以作为将来参与社交活动的重要参考。

口袋教练：场边指导

如果孩子中断活动，来找你告状或者请你帮忙解决问题，那么你可以先问问孩子：

- 出什么问题了？
- 怎么会这样？你们在做什么？
- 你看到了哪些信号？
- 你如何做才能让活动进行下去？
- 你今天的活动任务是什么？如何让活动回归正轨？
- 你的朋友想做什么？
- 如果听从了朋友的想法，情况会怎样？有可能发生什么呢？
- 我们提前考虑过这个问题，想想我们当时的计划是什么。

鼓励孩子在活动过程中独立解决问题的 7 个方法

信心来自实践。如果孩子依赖性太强，那么培养孩子独立解决问题的能力，可以作为活动中的训练任务。孩子出现下面三种行为往往会引起家长的直接干预，结果却是让孩子失去练习独立解决问题的机会。

回旋镖行为。孩子总是来找你告状，或者向你求助，或者只是不想和其他孩子一起玩。你可以让孩子想一想：他应该如何应对这些情况？为什么他总要跑过来找你？这次活动的训练任务是什么？在当前的环境下，他怎样才能玩得开心？

"火山行为"。如果孩子的情绪崩溃，那么你可能会立即跑过去干预。这时，你要提醒孩子，让他想想有哪些方法可以让他冷静下来，问问他应该怎样做。"什么事情让你不高兴了？"让孩子自己想一想如何解决眼前的冲突，或者如何改善让他懊恼的情况。

拒绝参与活动。如果你看到孩子退缩不前、犹犹豫豫，甚至拒绝参加活动，或者被其他孩子忽略排斥，那么你可能会立即上前干预。你可以先问问孩子：到底发生了什么？为什么不参加活动？想想事先练习过的方法有哪些，问问他喜欢什么样的活动，也让他说说怎样才能和朋友一起参与游戏。

看到以上这种情况时，父母的第一反应可能就是要上手干预。但是，不要忘记你的目标是要让孩子练习新的技能，获得经验，从成功和失败中学习。你的目标是培养孩子的自立能力。下面的7个方法可以用来帮助孩子在家庭训练中和真实的社交活动中独立解决问题。

1. **分角色扮演**。需要孩子演示的情形：当你与他人发生冲突时，你先问清楚对方的需求，然后自己做出让步，就像你在"灵活适应"练习中做的那样。或者你可以事先和孩子将事情列出来，当孩子不知道如何做时，你做一下示范。

2. **提前和孩子商量**，整个活动将要失控时，他应该做些什么。"当你犯了错时，你需要保持冷静，找机会纠正错误，尽量恢复到正常状态。你可以先停下来，回忆一下事情的经过，然后按照事先想好的计划行事。如果你感到难过,那么你可以先缓慢地进行深呼吸。"

3. 和亲朋好友一起模拟发生问题的场景。这样,孩子可以在情绪可控的情况下,练习独立处理冲突的能力。

4. 设定一个计时器,让孩子能够随时留意时间,不会忘记让大家轮流参与游戏。如果孩子还没掌握按次序进行的技能,家长可以在活动之前,用计时器帮助孩子练习计时。用计时器对日常事务进行计时,例如晚餐时间、用电脑时间、家庭作业时间、互动游戏时间等,这样可以强化孩子的时间观念。

5. 如果孩子的情绪很容易激动,或者某些玩具很容易造成冲突,那么家长需要采取"隔离"方式。和孩子提前商量,事先将那些容易引发冲突的玩具收起来。如果有朋友问起,你可以提前和孩子约定,让他自己和朋友解释,今天先不玩那个玩具,以后再玩。

6. "你必须自己努力解决问题",可以把这一项作为孩子们当天一起玩耍的规则。和孩子分角色扮演,看看孩子是否懂得与人协商解决分歧。"我们互相各让一步好吗?"孩子可以提出建议。在向家长求助之前,让孩子先尽力尝试自己解决问题。

7. 如果孩子的依赖性非常强,什么事情都要来问你。你可以说:"我觉得这不是什么大问题,你为什么会担心呢?"你的终极目标是要帮助孩子习得新的技能和行为模式,并形成习惯。孩子不仅在家庭练习中可以做到,而且在社交活动中也可以做到。因此,孩子需要独自识别遇到的问题并尝试独立解决。

■ 问题:活动持续多长时间合适?多长时间意味着时间太长了?

在当今这个时代,很多时候,我们需要将孩子放在朋友家中,让他和其他孩子一起玩,这样我们能抽身去处理一些琐碎事务。我们也时常需要开车带其他孩子一起出去。即使其他家长说好 1 小时左右来接孩子,但是往往无法按时接走。如果遇到这种情况，你先不要轻易答应，权衡后再做决定。如果你家孩子在某个时间段内无法做到全身心投入，最好不要在这一时间段约伴玩耍，因为你的目的是让孩子练习新的技能，而不是考验他的耐力。所以，安排孩子一起玩的时间越短越好。45分钟到一个半小时的时间段内，孩子们可以逐渐进入状态，参与活动。在他们还没有过度疲劳、过度兴奋或者发脾气之前，活动就已经结束了。

一旦孩子们开始活动，自家孩子需要从始至终坚持下来。如果计划有变，活动时长超出了孩子的承受范围，那么你需要准备一项自己可以参与的备选活动。这并不意味着你要干涉孩子的活动，而是说你可以帮忙组织活动，例如一起做手工，或者让孩子们帮忙做饭，或者带着孩子们去一个他们喜欢的活动场所。这样，孩子在练习社交技能时不会感到压力太大。

如果因为活动时间短而找不到合适的朋友，那么你可以在社区中心或者附近的公园找找，看看是否有合适的开放活动。在不过度暴露孩子社交目的的情况下，找一些愿意参加45分钟活动的孩子，让他们一起玩。随着孩子社交技能的不断提高，活动的时间可以适当延长。■

■ 很难做到不干涉孩子

当然，不干涉孩子的活动，对家长来说很难做到。但是，当孩子们之间的互动内容不再是琐碎小事，而是抢东西、斗嘴或者各种偶然事件时，家长就必须控制自己的冲动，因为：

- 你的介入可能会让孩子难堪。过了学龄前阶段的孩子就能够自己约着小朋友一起玩了。如果其他孩子看到你总是干涉孩子的活动，他们就会觉得奇怪：为什么他妈妈过一会儿就来干预一下？
- 孩子可能会表现出粗鲁和欠考虑的行为，然而，这是孩子学习社交沟通和学习承担行为后果过程中必然要经历的。他们会逐渐意识到，什么样的方式是有趣的，怎样做有助于交到朋友，怎样做会伤害友谊，怎样做会有些过分，怎样做才能克服障碍和朋友们继续玩。这是一个孩子不断地自我探索、自我定位的过程。

- 更重要的是，家长的干涉意味着孩子丧失了在社交环境中表达自我和解决问题的机会，而让孩子表达自我、解决问题正是家长的初衷。

当你感到自己有干涉孩子的冲动时，你要有意识地切换到教练模式。要引导孩子以解决问题为目的，开动脑子来理清思路，再对下一步的行动做出决定。约朋友一起玩的时候，孩子们免不了会需要你或其他家长帮忙。但是，如果你总是指挥孩子，告诉他应该怎样和别的孩子互动，那你其实就剥夺了他进行尝试、体验失败、努力改进的机会。可能孩子过去在这些方面不太擅长，因此你会习惯性地为他担心，而这种为孩子担心的习惯是最难打破的。如果你能意识到是哪些因素影响了你的情绪，你就能够克制自己的冲动，给孩子创造实践的空间。为了克制自己的冲动，你可以问问自己：

- 是什么行为触发了自己干预的冲动？
- 我现在该有什么样的反应？
- 我怎么做才能保持冷静？

你和孩子应该各司其职。孩子需要从实践中学习，作为家长，你也一样。

信号、暗语、提示和问题

为了防止因为你的介入使得孩子受到同伴的排挤，当你给孩子提示时，应该尽量采用隐蔽的方式。有的孩子喜欢用暗语表示"不要打断别人"或者"多为他人考虑"。有个孩子使用的暗语是"小丑"，因为他妈妈总是用眼神和眉毛上扬来提示他注意自己的行为。然而，当他和别的孩子一起参加活动时，他会告诉妈妈："我根本没有注意到你的信号。"和孩子约定一个隐蔽的信号，暗语和动作都可以。我发现，如果暗号是孩子自己选定的，那么这样的暗号会更加有效。所以，最好让孩子选择一个对他有帮助的暗号。

通常，最有效、最直接的信号可能就是一个简单的问题。如果孩子打了很长时间的电子游戏，你可以给他拿几盒果汁，顺便提示他："乔，你的朋友在做什么呢？你们现在想不想做点别的事情呢？"这个问题实际上是在暗示孩子：赶紧看一看你的朋友在做什么，看一看是否有默示信号，想一想你现在的行为会给朋友带来怎样的感受。

■ 我家孩子很黏人，我该怎么办？

实际上，孩子粘人的行为是在告诉你："我不知道该怎么办。"你可以问问孩子："为什么你需要我帮你做这个呢？是因为你担心不安全，还是因为你觉得没意思？是因为你自己情绪太激动了，无法独立应对这件事情，还是因为需要解决冲突？"让孩子自己说一说除了找家长帮忙，他还可以怎样做。如果孩子在一些具体的问题上遇到了困难，你可以在训练环节通过角色扮演的方式培养相关的技能。例如：①在一群孩子面前，他不知如何表达自己的想法，导致总是别人帮他做决定；②一旦不高兴，他就会变得沉默不语；③容易厌倦，只要不喜欢别人做的事情，他就会退出活动；④当有人不遵守规则时，他会变得很不高兴；⑤由于受到冒犯，他和别人产生了冲突。孩子是只黏着你，还是也会黏着其他人？问问孩子这么做背后的原因是什么。问问孩子：如果他和大家一起玩，哪些事情会让他感到疑惑或者担心？回到最根本的问题：让孩子感到为难的原因到底是什么。■

记录

在约朋友一起玩的训练中，家长可以随身携带一个本子，随时将孩子的行为记录下来，以便事后和孩子一起总结讨论。你要留意孩子有哪些行为和以往不同，关注孩子取得的进步。当别人对孩子说"我不喜欢你这样做"时，你可以记录下来，活动之后，和孩子讨论一下。孩子回忆起当时的情形，可能会说："我推了他一下，他就推我，真小气！"你可以将自己的观察记录下来，问问孩子："那个孩子是不是对你说了什么，所以你才推他了？有没有其他解决办法呢？"

活动结束后，孩子可能会忘记大部分细节。这时，你的记录能为讨论环节提供很多重要信息。将你观察到的整个互动过程以及孩子的行为讲给孩子听，这一点非常重要。作为旁观者，你需要置身事外，不要随便干预孩子们的活动。做记录这一任务可以帮助你很好地控制自己的冲动。一旦有要干涉的冲动，你可以马上记录下孩子当时的活动情况。

■ 问题：我什么时候可以让孩子去其他孩子家玩

根据第8章"进度控制"的内容，如果你发现孩子取得了进步，你就可以让孩子去其他孩子家玩了。例如，格里夫清楚地认识到自己以前的行为是不合适的，在家中进行训练时，他已经学会了不打断他人说话。这说明他已经完成了最关键的任务。这时，家长就可以放心地让他去其他孩子家玩了。

无论孩子是在你自己家中，还是其他朋友家中玩，提前做好计划都是非常重要的。选择哪些玩伴、哪些活动内容、什么样的环境，活动要持续多长时间，这些都需要提前做好计划。这样能够帮助孩子顺利地进行社交活动，同时取得具体的进步。下面情形说明孩子已经做好了去别人家玩的准备。

- 孩子清晰表达了对自己的认识。
- 对于此前最需要改善的行为，孩子已经表现出了恰当的行为模式。
- 孩子和一起玩的朋友脾气相投。
- 在同类活动和类似环境中，孩子曾经有过良好的表现。

家长可以对孩子执行功能训练的进展情况做一个评估。如果你花费了数月时间，主动邀请他人到家中一起玩，帮助孩子创造环境，让孩子有机会适应这类活动，同时孩子能够有意识地纠正自己的行为，那么其他家长对孩子就会更加宽容，因为他们能看到孩子正在非常努力地做出改变。■

你做到了

孩子的表现不会是完美的。他们一定有些地方做得不错，而有些地方表现不佳，这是学习的必然过程。训练能让孩子积极主动地参与目标明确的练习，通过努力培养孩子的社交技能和全新的行为模式，帮助孩子在将来能够适应社会。在这个过程中，每一次结伴玩耍都是孩子学习、提高的机会。

第 22 章

活动进行得如何
活动过后的讨论和总结

有建设性的回顾、反思和鼓励,能够帮助孩子提升执行功能类技能,从而让他们更好地认识自我和社会。

活动结束后,我们还需要完成训练活动中最重要的一步:与孩子一起总结、讨论和学习,站在他的角度进行回顾,看看这次活动效果怎么样。

你和孩子需要在你们对活动的记忆还比较清晰的时候,进行总结和反思。看看哪部分进展得顺利,哪部分还需要提高。每当孩子运用所学技能取得进步时,无论这种进步看起来是多么微不足道,其实都值得庆贺。因为每一个微小的进步,都是孩子努力付出的结果,是孩子在社交方面取得的进展。总结是为了让孩子学会自我审视、自我评估、制订计划和设定目标。这可以帮助孩子回顾和思考整个活动的过程,理解人与人之间的相互关系是如何形成的。这些都是孩子在与人相处时所需要的执行功能类技能。

我经常收到家长发来的篇幅很长的电子邮件，告诉我结伴玩耍过程中发生的糟糕事故。然而，每次当我和孩子们谈论起这样的事情时，他们对此几乎没有印象，因为他们对自己的行为缺乏认识。所以，当你和孩子讨论时，你要记得，他们的记忆可能模糊不清。因此，在活动之后，你需要及时和孩子进行总结和探讨，以便他能清晰地回忆起当时的情景和自己的行为。总结可以在活动之后马上进行，也可以稍后进行。无论如何，总结和反思最好在活动结束后 24 小时之内进行。

现在开始

刚开始的时候，先从孩子具体的行为入手，对孩子所表现出的某个适当的行为举止，我们要及时给予肯定："我从那个孩子的肢体语言看出他并不喜欢那个游戏，而你马上就注意到了这一点，于是你换了个新游戏。你比两周之前有进步了。我能看到你在这方面的变化。"你要继续保持随和积极的态度，要多问少说。问问孩子："活动过程进展得如何？你玩得开心吗？"

按照列表逐项进行讨论，看到孩子做得好的地方要给予表扬，然后再说说他需要提高的地方。你可以对照笔记，以平和的语调，问一些你所看到的、听到的具体内容。你的目的不是为了指责和批评，而是通过听孩子讲述更多的细节，讨论可能的做法及后果。

针对一个具体的困境，你可以问问孩子："那种情况下的社交规则是什么？怎样做才能给人留下好印象？"

孩子对自己的行为思考得越多，被问的问题越多，就越有机会听到自己对自身感受和行为的描述，也就是清晰地看到自己的思考过程，从而让自己的认识越趋深入，元认知能力越强，这是训练的重要目标之一。孩子会成为自己的"观察者"，他不再说："哼，这些全是胡说八道。"而是说："好吧，我知道为什么会出现这种情况。"实践是学习的过程，而回顾和反思会强化学习效果。总结的过程，会将大脑中的各个点联结到一起，从而形成神经网络，让孩子更容易回忆起学习过的内容，并将学到的技能运用到将来遇到的实际场合中。

作为教练，你的语调、你倾听的态度而非说教的方式至关重要。你可以有自己的观察和结论，但是，在开始的时候，要先让孩子说出自己的体会。帮助孩子完成自我评估的过程，鼓励他想一想自己有哪些选择，哪些做法有效，哪些无效，再遇到类似的情况，怎么做才能取得更好的效果。在总结讨论的时候，你要提出鼓舞人心的、建设性的方法，对孩子的微小进步要不吝赞赏，即便孩子犯了错，你也要看到积极的一面。

当孩子说完他对活动的看法后，你可以讲讲你对活动过程的观察。这时，你可以和孩子探讨：哪些方面进展良好，哪些方面有待改进。当孩子听了你的讲述后，他会把自己的理解和你讲述的内容进行比较。当他把你的观察角度和自己进行比较后，他头脑中会同时出现两个观察视角。这样的做法能够帮助孩子强化其中一项最重要的社交技能——换位思考。

下面的清单可以帮助你和孩子分步骤完成总结讨论。

■ 社交技能训练计划辅助工具：总结讨论清单⊖

第一步：赞赏孩子的行为

选择一两个孩子表现良好，并且与学习目标相关的行为。明确说出这些行为体现了哪些优秀的社交技能。你可以这样开始对话：

我觉得你这方面做得很不错……

我发现你在活动中……

第二步：哪些方面进展顺利？你是如何顺利地完成自己的训练任务的？

问问孩子：哪些活动内容进展顺利？他在训练中是否遇到了困难？然后让他给自己的训练表现，按照 1～10 分进行打分。

⊖ Some probes adapted from livesinthebalance.org by Dr. Ross Greene.

小贴士

- 专注于事实部分。
- 对于孩子任何微小的进步,都要给予表扬。
- 对孩子的具体行为进行表扬。
- 讨论哪些时刻对孩子来说是有教育意义的。
- 让孩子清晰地意识到自己表现出了哪些积极的行为。
- 不翻旧账,关注当前的活动,而不是以往的活动。
- 避免对孩子进行大段说教。
- 说话简洁、清晰。
- 对孩子表示共情和理解。
- 保持冷静。

第三步:给予奖励

如果你和孩子事先有所约定,当他完成某些任务,或者展示出了某些行为时,你会给他奖励,那么,奖励就需要及时兑现。你可以说:"因为你做到了这三件事情,所以你可以得到一枚贴纸。"或者说:"你做得非常好,我先记下来。"我们要让孩子感觉到他付出的所有努力都是值得的。你可以将这个部分和"进度控制"联系起来。你需要关注的是孩子持续不断的进步,而不是一蹴而就的改变。

第四步:讨论你们要努力培养的新的行为模式

陈述事实,保持中立,少做评论。你现在要做的是收集信息,了解孩子对新的行为模式的理解。

挑选一两种最具有破坏性的行为,或者是那些与家庭训练要培养的技能相关的行为。你可以像下面这样启动一次对话。

我发现……

有那么一个时刻……

我在想,当你这么做时,你的某个朋友是什么感受……

我有点好奇,当时发生了什么……

咱们再回忆一下，当时出现了什么状况？

要不咱们再回忆一下当时的对话。你当时是怎么说的，他们是怎么说的？

你是不是觉得当时还有别的事情？是什么事情呢？

第五步：评价活动中的每一个因素

同伴脾气是否相投

活动地点

活动是事先规划好的，还是自由活动

环境

活动的具体内容

活动的时间长度

活动的开始时间是否合适

准备的食物是否营养适当

活动是否需要父母参与

孩子们是否精力充沛

孩子和同伴之间是否有积极的互动

第六步：总结经验教训

在社交过程中，总有一些关键时刻，你希望在总结时提出来和孩子一起讨论。这些关键时刻有可能是孩子做出了一项选择，但是进展并不顺利的时刻，也可能是他感到非常吃力的时刻，或者是他不知所措的时刻。这时候，你可以说："我发现你和朋友合作得非常好，可是，一拿出电子游戏，情况就变了。为什么呢？你当时感受如何？"

如果孩子这时候表现得一头雾水、不知所云，你可以启动教练模式，采用回应式倾听。这种方式可以快速启动孩子的执行功能。

嗯……你能详细说说吗？

你的意思是……

你觉得那会是什么样的感觉呢？

如果孩子回答说不知道，你可以说："那我列几个原因，如果我说对了，你能告诉我吗？你当时是不是不知道该怎么做，或者你不想那样做？"你可以给孩子提供几个备选答案。

你可以总结一下你的观察："我发现有几次你对游戏规则很不满意，为什么呢？"

你也可以说："好吧，我就是想搞清楚当时的情况。"然后，你可以回顾一下你所看到的情况以及你的理解。如果孩子还是拿不准，你可以给他讲讲自己的看法。

第七步：假如再给你一次机会

首先，问问孩子：如果有机会的话，是否有哪个时刻，他愿意重新来一遍。你可以建议他将某件事情重新做一次。下面列出了一些备选问题。

如果有机会，你打算改变哪些做法呢？

除了这样做，你还可以怎么做呢？

现在回想起来，你觉得当时应该怎么做？

你当时是什么角色？

如果要让活动进行下去，你需要做些什么呢？

第八步：发现孩子需要提高的技能

在孩子们一起玩的过程中，你或许会发现孩子不会管理自己的情绪。孩子可能不懂得妥协和让步，要么过度委屈自己、讨好他人，要么就完全不理他人。每一种情况都说明孩子有需要解决的问题，或者有需要逐步提升的技能。你可以利用社交技能训练中的练习、工具和表格完成这项工作。基于执行功能问卷的评分结果，如果某些练习孩子并不需要做，那么你们就没有必要完成所有的练习。或许，你发现孩子需要的仅仅是以解决问题为导向，针对具体的问题，培养新的行为模式而已。

咱们聊聊吧

事后的总结活动，能够让孩子了解自己的行为，并且进行回顾和反思。与孩子探讨他哪些方面表现良好，对表现好的方面，家长要给予表扬。然后，和孩子谈谈他哪些方面还需要提高。

- 需要改进的方面有哪些。我们可以回顾整个活动过程，帮助孩子思考当时是否可以采用其他的行为方式，让事情向不同的方向发展。这个步骤很重要，因为孩子本来不知道有其他的做法，他自己根本想不到。

- 当局面变得不可收拾时，他们是能够意识到的。但是，他们不明白"如果换一种做法，情况可能会不一样"。你可以说："在……（出现问题）之前，一切都进展得非常顺利。我看到你当时的做法是这样的，你觉得是否还有其他做法呢？在那种情况下，我觉得你还可以这样做，你觉得怎么样？你还有其他的办法吗？"

- 有时候，他们内心清楚某些情况需要自我调节。他们可能会说："我觉得太烦了，我很不高兴。但是，或许我可以这样做（他们想出来的某个替代行为）。"

- 如果你问孩子他是否有其他办法，他可能毫无头绪。这时，你可以给他提个建议，问问他觉得建议如何。

- 我经常说："当时的场合对人们的行为有哪些期待？这个社交场合的行为规范是什么？"这个问题能够帮助孩子回顾训练中学习的社交行为、身份角色等内容。

回顾和总结的一项重要内容就是要思考其他的行为模式，同时，对于那些阻碍因素，你要和孩子一起找出应对的办法。有些孩子知道当时的场合对他们行为的期待，他们也希望事情能够顺利进行，只不过当情绪因素让他们偏离了正轨时，他们的大脑并没有做好进行自我调节的准备。

当活动不顺利时，父母往往会将过错完全归咎于孩子。在我们仔细地分析整个活动过程后就会发现，活动搞砸背后的原因可能是活动时间过长，或是某些因素干扰了孩子的行为。孩子还没有做好应对所有干扰因素的准备。我列出的回顾活动参考问题清单，有助于我们对照了解当时的情况，让我们有机会做个深呼吸，仔细观察所有的相关因素，确定哪些因素在今后的活动中需要调整。如果孩子坚持邀请某个朋友来一起玩，虽然你觉得不合适，但是你还是答应了他。这时，你可以利用这个机会，和孩子一起讨论一下性格匹配的问题。这样的讨论可以帮助孩子回忆曾经发生的事情。这些都是与执行功能相关的练习。

你需要先了解孩子需要培养哪些技能。除了执行功能问卷和工具清单之外，你可能还会在活动过程中发现其他问题。家长可以引导孩子回忆当时的情景："我很好奇，当时发生了什么？"例如，在生活中，组织活动的孩子个性上如果相对被动，他可能就让其他孩子出主意来组织活动，自己只是坐在沙发上，看着他人忙来忙去。可是，当大家都有点厌倦时，作为小主人，他会显得有些着急。孩子的性格是造成这种情形的部分原因。这时，你如果跟孩子说："别人和你说话时，你该怎么做呢？你在这次活动中的角色是什么？"孩子可能会说："这是我家啊，我觉得不需要我做什么了。"这说明他需要练习一整套与人打交道的技能，而不应该选择回避。孩子需要理解：为了让活动进行下去，他们需要保持一定的活跃度和参与度。参与是一种微妙的社交技能，需要父母格外注意和培养。

为了培养社交技能，孩子需要多久参加一次活动呢？答案是每周一次。但是，孩子不一定能够做到。约着一起玩并不是唯一的社交机会。在某些情况下，孩子们会参加一些指定任务的群体活动。

为了掌握一项新技能，人们需要至少做 5~6 次练习和评估。

要注意过犹不及，避免给孩子安排过多的社交活动。如果孩子总是窝在沙发上，那你当然需要和他一起总结讨论，然后分角色进行练习。你也可以安排孩子和亲戚家的孩子一起玩。这样的孩子需要更多的时间来体会和吸收训练内容，并且应该在下次活动前进行反思。孩子约朋友一起玩之前，最好能在家中做几次模拟练习。

总之，你需要确保孩子理解你们在总结阶段所讨论的内容，并且确实有所收获。你可以这样说："根据我们讨论的这些内容，你觉得下次活动时可以怎么做？"

如果你不理解孩子的感受和他当时面临的状况，那你可能就会想当然，凭着自己的判断直接上手解决问题。这是人的一种思维定式。其实，在其他场合，我们并不会这样做。例如在生意场上，如果遇到了问题，我们通常不会假定自己知道原因何在，而是深入地分析各种因素，向有关的人了解情况。可是，面对孩子，我们通常不会询问他们的想法，而是立即亲自上手解决。你需要了解一点：教练活动重在相互间的配合，你们是一种合作关系。教练不能独自解决问题，我们也无法代替孩子解决问题。我们需要和孩子一起解决问题。如果不理解孩子的想法，我们就无法与他们一起配合来解决问题。

一位6岁孩子的妈妈感到非常沮丧，因为孩子容易冲动，曾经休学一段时间，现在又拒绝参加夏令营活动。孩子之前参加过夏令营活动，尽管他不太热衷，但还是勉强参加了。现在他却坚决不去了。妈妈尝试说服他："知道吗，今年夏令营会有'某些活动'。"我们经常用这种方法劝说孩子。她想着，如果她严厉一点，给孩子一点压力，孩子可能就同意去夏令营了。可是，孩子还是坚持不去。妈妈变得非常着急，软磨硬泡，连哄带劝，孩子都不为所动。孩子越抵触，妈妈越生气。突然，这位妈妈想起了教练模式。她深吸一口气，不再没完没了地劝说，而是平静、认真地问孩子为什么不想去夏令营。在此之前，她从来都没有问过孩子这个问题。

这位妈妈从她和孩子的对话中了解到，孩子不去夏令营是因为他不喜欢拥挤。那种环境让他紧张不安。除了社交压力之外，他自己的这种紧张情绪也让他喘不过气来。在这次对话之前，妈妈一直以为是因为自己工作时间太长，孩子不高兴，所以他才不想去夏令营。作为教练，你不能想当然，你需要和孩子对话，直接问清楚情况。问过孩子之后，这位妈妈才知道，原来有很多事情可能给孩子带来压力，让他无法承受。比如，家长接送、环境陌生等，这些让他觉得压力巨大，却又不知所措。成年人自以为理解孩子的想法，但却忽略了背后的真实原因。

然而，如果生活已经混乱不堪，我们又不想吵架，那怎么办呢？"不去夏令营，也不想去游泳，那你自己在家待着吧。"你可以尽最大努力避免僵局。如果实在不行，你可以认为："孩子不适合夏令营的活动，他喜欢看书。"这样的想法在某种程度上是对的，只不过这样做依然会给自己或者孩子带来焦虑，问题依然有待解决。

训练进行时

在总结讨论时，难免会出现一些棘手的问题或孩子不愿意承认的问题。为了帮助孩子持续进步，你可以将你所观察到的内容描述出来，让孩子自己看到存在的问题。这样，你们的讨论才能得以继续。有时，我们总想直奔主题，但是在开启话题前做些铺垫，更容易帮助孩子参与到对话中。下面两个案例可供你和孩子参考。如果第一个案例过于直接，你可以直接跳过，使用第二个案例。

- "有件事情我需要跟你谈谈，尽管讨论这件事会让你很不舒服。"
- "我在回想你们一起玩时发生的一件事。你让朋友扮演突击队员，而你自己扮演天行者卢克，我看到你的朋友很想变换一个角色。咱们一起来看看当时的情况，你能跟我说说当时发生了什么吗？你们当时是怎么商量的，你说了什么，你朋友说了什么？"

然后，孩子会提供更多的信息和细节，告诉你当时发生的情况。（如果在总结的过程中讨论困难话题，请参照总结讨论清单第四步和第五步。）

孩子们一起玩时，难免会由于各种原因而产生问题，脱离轨道。通常情况下，父母还没弄明白到底发生了什么，就会马上认定一切都搞砸了。总结用的问题清单可以帮助你后退一步，做个深呼吸，然后看看活动规划中的各项因素是否还有调整的余地。如果一起玩的是孩子非常希望交往的朋友，只是这一次活动搞砸了，那么可以看看什么样的环境更适合这个朋友，以便下次活动时能做得更好。

当你表现出倾听的意愿，并且和孩子一起反思，而不是对他进行评判时，他很可能会跟你说实话，告诉你当时他的真实感受。如果孩子认识到了自己某些方面没做好，作为教练，你要让他看到做得好的方面。你可以说："你说得没错，但是我看你在其他方面做得很不错。"

如果孩子说"我没有按照预期的方式做"，那么你可以这样回应：

- "对，你没完全按照计划做，但是很多地方都做得很好啊。"
- "我看到你做了很多一个月前还不会做的事情。"
- "稍等，我想说说你突然开窍的那一刻。你一直很努力，希望在这一点上做出改变。我看到你当时刚要打断别人说话，想推开挡了路的人挤到前面去，可你突然停了下来。"
- "哇！你太棒了，你意识到自己应当停下来，就马上停下了自己最喜欢的话题。"

■ 如果你看到了孩子良好的表现，那么一定要说出来！

有时候，父母担心因为一点小事而过度表扬孩子会显得有点小题大做。我更希望你能养成"看到就要说出来"的习惯，并且采用这样的方式对待孩子所取得的成绩。有效的表扬是具体和真诚的。你知道孩子正在努力突破社交困境，而他的努力产生了积极的效果，你当然要让他知道。这不是空洞的夸奖，而是训练活动的一部分。当你指出孩子通过努力所取得的进步时，这种表扬就是很有意义的。例如：

你今天的表现太棒了——我注意到你能及时控制自己，让朋友优先。

我看到你和朋友就事论事地解决了问题之后，感觉你更懂得倾听了。这是个重大进步。

即使大家一起选的游戏不是你提议的，你还是和大家一起玩了。你顺利完成了这项训练任务。

我看到你尝试着玩一种新游戏。这样做非常好！

我看到你让朋友先开始玩。

你做到了

如果你坚持记饮食日记，那么日记就能代表你的饮食习惯。当你和孩子进行活动总结时，你相当于给孩子举起了一面镜子，让他能从中更清晰地看到自己的社交思路和社交行为，也让你们有机会一起庆祝所取得的进步。如果你对孩子在活动中的表现感到失望，那么在总结讨论之前，你需要先停下来，处理好自己的情绪。你的情绪不该是总结讨论的内容。你的角色是帮助孩子培养与执行功能相关的能力，从而帮助他全面审视他自己的行为，从过去的行为中学习，并积极面对下一次活动。

Why Will No One Play with Me

第 23 章

纠错
如何从困难和挫折中学习

困难会创造对话的机会，加深我们对孩子经历的理解，并让我们和孩子保持顺畅的沟通。

任何一位教练都会时不时遇到预料之外的困难。在孩子的成长过程中，抵触和退步是非常正常的。通常来说，与社会性、情绪、身体、认知相关的发展并不是均衡的。抵触情绪就像渗漏的屋顶。刚开始时，渗漏之处迂回曲折，最后才会大片地出现在天花板上。有时，孩子不得不面对其他方面的额外压力，例如学业压力、疾病、丧失、重大的家庭变故和家庭压力。这些额外的压力会极大地消耗孩子的精力，让他在应对社交这类还不算太困难的事情上更加乏力。

有的孩子可以克服这些困难，坚持参加训练，而有的孩子可能因为发烧、感冒之类的事情就中断了训练。放假或者其他事件也可能会让孩子参加训练的动力水平下降。你可能会失望地发现，在家庭训练和练习活动之外，孩子根本不知道如何运用他所习得的社交技能。孩子也有可能会厌倦，或者觉得取得的进展已经足够了。这背后的原因，可能是他发现某些训练内容格外困难和吃力，导致他的学习动力随之下降。走出舒适区，会给孩子带来压力。另一种可能是孩子认为坚持训练毫无必要，完全是家长自己一厢情愿。孩子对训练的抵触情绪有着各种不同的理由，但不管有什么理由，孩子都应该继续进行社交技能的学习。

面对并处理孩子的抵触情绪，就如同一场持久战，但这并不是意志的比拼。在教练模式中，你可以将孩子的抵触情绪当作他希望引起他人注意的信号。他需要你积极参与，而不是置之不理。你可以参考社交技能训练中的教练原则和沟通技巧，了解孩子抵触行为背后的原因，并给予有效回应。你可以首先进行回应式倾听，给孩子提一些开放性的问题，同时及时表扬和提醒孩子（见第 5 章）。

现在的重点是你要理解孩子的抵触行为，并且针对这种行为进行调查研究。

有时候，孩子裹足不前的原因只是他不知道自己的盲区。他并非拒绝改变，只是不明白为什么这些不愉快的互动总是发生在自己身上。孩子在学校与同学相处时发生了什么，作为家长，你是看不到的。你只能看到孩子在家里和亲戚家的孩子相处的情形，在周末和朋友一家一起出行时的表现，或者在其他一些随意的社交场合中受到同伴冷落的情况。孩子不得不接受形单影只的现实，顶多回家跟你抱怨几句。

不管你是否清楚背后的原因，作为教练，都不要直接指出，而是要通过纠错型对话，让孩子对当时的情形进行回顾，提供更多的细节。在不直接告诉孩子结果的情况下，让他自己反思他的互动模式，这才是家长的任务。因为孩子最强烈的学习体验、最持久的学习效果，都来自自己的认知和亲眼所见，而不是你反复的说教。

你应该怎样开始这个对话呢？首先，你需要保持冷静并适当地疏离，不要一下子就扎进去解决问题。其次，始终抱着多了解事实的心态，向孩子示范这种以解决问题为导向的思维方式。设身处地站在孩子的角度，回顾事情发展的整个过程。

最后，你要采用开放式问题和回应式倾听，引导孩子不断地解决问题，从澄清事实开始，逐渐推进到反思和解释。

下面这些开放式问题可以用来开启对话。

发生什么事情了？
你打算参加他们的活动时，他们正在做什么呢？
他们那样做的时候，你正在做什么，正在说什么呢？
上一次你和他们一起玩的时候，发生了什么事情？

训练进行时

在训练过程中，孩子的抵触情绪会经常出现，孩子的意愿和耐力水平也会有所下降，这并不意味着你应该停止和孩子沟通，恰恰相反，你应该将沟通坚持下去。孩子抵触的原因和强度各有不同，家长可能只需将具体的做法适当调整就可以了。如果孩子觉得自己的进步不明显，不想继续坚持，那么家长可以着重强调孩子已经展现出来的积极变化，这对于面临社交障碍的孩子来说非常重要。不管孩子究竟为何抵触，最有效的是找到父母和孩子都能接受的方法，把训练和沟通继续进行下去。你可以问问孩子："如果想达到目标，你需要在哪些方面做出改变？"下面是一个妈妈和她10岁儿子的真实案例。儿子准备放弃努力，而妈妈首先告诉他，当我们遇到困难时，向他人寻求帮助并不容易。

父母：我是否和你说过，我在（以某件事为例）方面得到过帮助？
孩子：我不想这样做。
父母：你是什么意思呢？

孩子：我觉得那样做会占用我的自由活动时间，我放学以后就想放松。

父母：我明白了，那我们在这两件事中间找个平衡点怎么样？

孩子：不行，没有平衡点。

父母：嗯。我觉得我们能找到平衡点。是因为别的原因导致你觉得做不到吗？

孩子：因为这么做没有用。

父母：嗯。你为什么这么觉得呢？

孩子：本来就是。

父母：也就是说，你不仅仅觉得这件事情占用了你的课外时间，而且你觉得你的情况无法改变？

孩子：是的。当然课外时间也很重要。

父母：好的，我听明白了。你为什么觉得课外时间很重要呢？

孩子：我喜欢在课外时间自由活动，上学太辛苦了。

父母：那我们能不能找到一个中间方案呢？我们可以尝试一下，就当作实验？如果我们能解决这个问题，你觉得自己应该做出哪些改变呢？

孩子：我想不出来，这怎么可能？（孩子耸了耸肩膀。）

父母：你担心什么呢？

孩子：我觉得这么做花费了很多时间，我连交朋友的时间都没有了。

父母：咱们可以约定一些奖励，这样既有时间玩耍，又能够帮助你交朋友。你觉得如何？

（孩子耸耸肩膀）

父母：咱们来一起尝试一下。来，咱们一起看一看，一起尝试一下。

如果孩子把路堵死了，你就此放弃了沟通，那就等于告诉孩子，他可以选择回避生活中的困难。这一定不是你的初衷。如果我们和孩子保持沟通，就有机会告诉他们，我们不回避困难就是我们面对困难的方式。无论你和孩子沟通的环境和场景发生怎样的改变，你都应该坚持将沟通进行下去。

有时你会碰到孩子反应激烈的情况，有时整件事变得非常困难，进展缓慢。然而，只要你坚持告诉孩子他在哪些方面表现良好，以及他已经取得的成绩，他就能意识到自己在不断地进步，最终会有动力将培养社交能力的训练坚持下去。

口袋教练：训练过程中的纠错

应对抵触情绪的办法

寻找现实意义

孩子对社交技能培养活动的抵触情绪，说明他对这件事情的意愿度以及他对训练的接受程度可能发生了变化。孩子对训练的接受程度是不同的。孩子对活动不那么热衷，并不意味着训练不能继续进行。孩子现在表现得不情愿，并不意味着今后不认同，尤其是当他们看到自己的进步时，情况就会发生转变。孩子的抵触行为可能是他们表达恐惧和焦虑的一种方式，就像游泳初学者站在跳台边缘，看了一眼就想要退缩一样。

随时准备面对孩子编故事、打哑谜、说瞎话的小把戏

当孩子遇到困难时，他就会歪曲事情发生的经过，他的情绪就像打地鼠游戏一样，此起彼伏。

这太难了？
我为什么要做这个呢？
凭什么非要我做出改变啊！
我已经有一个朋友了，足够了。
现在已经有改善了，咱们别再训练了。

有时候，孩子能够看到自己的进步。然而，他们可能没有意识到，他们看到的这些进步只是环境变化的结果，例如新学期开始、学校迁址或者转学。除非孩子的社交技能能够得到持续的发展，他能够始终积极地参与

社交互动，并且建立和维持良好的朋友关系，否则这些改善都只是暂时的。如果孩子确实取得了一些进步，那么他可能觉得自己已经完成了任务。你最清楚他在哪些方面还需要继续努力，你也明白现阶段培养基于大脑功能的社交技能是多么重要，所以不能消极地等待与观望。

重视基础能力

把前面的训练内容重新回顾一遍，确保你对训练的每一步都给予了必要的重视。如果某些方面有所欠缺，那么你需要想办法让孩子再次学习相应的内容。

- 严格按照训练计划进行，不要省略其中制订计划的环节和具体的训练活动。
- 孩子可能会听到一些夸大的、负面的社交体验。孩子有任何一点微小的进步和积极的变化，你都要及时指出来，尤其是在训练总结阶段不要省略。
- 让孩子参与实际的社交活动来练习社交技能，这一点非常关键。如果你找不到这样的活动机会，你可以找老师、朋友或者社区寻求帮助，他们可能会给孩子推荐玩伴，或者推荐一些孩子可以参与的社交活动。
- 听听老师的观察和建议，应该怎样帮助孩子调整自己的社交行为，提升社交技能。
- 提高家庭成员的参与度，争取得到家人的鼓励和支持，创造更好的家庭内社交环境。

让孩子讲一讲：

- 现在的训练计划中，你觉得自己最难接受哪个部分？
- 我们怎样才能让训练效果更好？

- 怎样才能让训练活动更有趣？
- 如果你可以调整训练活动的任何内容，你最想改变什么？

■ 如果孩子总是躲着我，我怎样才能和他保持沟通呢？

当孩子躲着我们时，他们就会像变魔术一样，总能想方设法避开与我们的沟通。下面一些方法可以帮助孩子回到正轨。

- 看一看家庭的时间规划，或者看一看孩子在学校和放学后的时间是怎么安排的，能否做些调整，空出一段时间，用来进行一对一的谈话。开车、吃零食、就餐时，做手工、做饭、孩子参与自己选择的特殊项目时，或者在一起散步、一起外出就餐时，这些时间段都可以和孩子谈话。家长可以看看这些时间段是否可行。
- 如果孩子平时没有和你经常聊天的习惯，例如8岁的孩子总是躲在自己的房间里看书，或者坐在那儿看电视、玩电脑，那么家长需要和孩子谈一谈你对他的期望，和孩子商定一个谈话的时间段。（见第9章）和孩子聊一聊，看看你们能做些什么。家长可以创造更多的机会，帮助孩子参与简单的社交活动。
- 你可以说："我觉得你在地下室待得太久了，你在房间里看书看了好长时间了。咱们谈一谈，看看其他哪些事情能让你的电子产品使用时间和运动时间更加平衡。"■

■ 如果孩子问我是否可以休息一下，我该如何回应呢？

我们每一个人都在忙碌，很难不与人交往和相处。那么，家长是否可以和孩子一起，让社交技能的训练内容变得轻松一些呢？当然可以。一个10岁的女孩跟她妈妈说："我不想每个周日都用来练习社交技能了，我想在周末自由活动。"她和妈妈认真地谈了谈，最后她们约定，只要女儿能够不断地掌握她需要的社交技能，并且持续参加日常训练，设定新目标，取得新进步，那么她们就可以取消周末的训练活动。她们按照这个约定执行，发现效果很好。

如果你能够和孩子一起商量，一起想办法，你就能够让训练活动持续下去。这一点是我的切身体验。

你做到了

如果孩子确实想放弃训练，坚决不再继续，或者总是因为同样的原因纠结，不断抱怨，这说明训练实在太有必要了。因为此类问题不会自动消失，家长越是能够及早着手应对，就能越早为孩子提供成长的机会。无论你付出怎样的努力，也无论你如何绞尽脑汁，你都应该坚持和孩子进行旨在培养社交能力的谈话。

Why Will No One Play with Me

第 24 章

你做到了

在故事书中,奇迹出现的时候总伴随着美妙的音乐,一切希望、梦想都会得到明确的回应。故事中的奇迹让我们习惯于期盼转瞬之间的剧变。然而,现实生活中只有悄无声息的胜利,来之不易的奇迹才会带来最深刻的变化。

本书中讲述的是孩子参加社交技能训练后,在培养与执行功能相关的社交技能过程中,通过艰苦努力创造的奇迹,是你作为教练和孩子共同努力的结果。现在你已经掌握了相关的教练技能,能够和孩子开展对话、完成训练和练习活动,通过实践培养和提高了孩子所欠缺的技能。我相信,对于培养孩子的技能,你愿意投入热情和精力。在这个过程中,你对孩子取得的点滴进步给予赞赏,和孩子一起解决一个个小小的困惑并享受过程中大大小小的喜悦，和孩子一点一点进步。如果你希望看到孩子在社交行为上的重大转变，那么你可以参考一下大众汽车公司曾经提出的口号——"想想还是小的好"（Think Small），即日积小善，终成大德。

你一定有过这样的经历：任何重大的转变都来自点滴的积累。如果你想减重10磅，那么你总是要先完成减重3磅的任务。婴儿总要自己站起来，经历跌跌撞撞的过程，才能学会走路。当他们认识某个字母后，还需要通过描摹，才能学会写字。我在社交技能训练中指导过的每个孩子和家长，都经历了从微小的进步到显著进步的过程。

我从家长那里听到最多的说法是，参加社交技能训练后，家长能够看到，其实最后发生最大变化的是家长自己。他们学会了如何找到改变孩子问题行为的全部步骤，并且能够让孩子看到自身行为之间的关联。这种认识给家长从事教练活动提供了动力，也给孩子专注于具体的训练任务，一步步取得成功提供了动力。孩子和家长都会告诉我：他们的经历、那些令他们豁然开朗的时刻，以及他们参加训练后所取得的成绩。幼儿园、小学、中学、大学的学生以及家长跟我分享了很多他们自己的经历，告诉我他们如何在各种社交场景之中运用他们所掌握的社交技能。

在新环境中，他们发现之前学习的人际交往能力，包括观察社交场合、倾听与回应、解读社交信号、自我调节等，确实有助于他们应对当下的场景，调整自己的行为，促进社交关系的持续发展。取得这些进步并非轻而易举，毕竟我们不可能总是一帆风顺。无论怎样，孩子们在训练中习得的能力以及在实践中积累的经验，都能够让他们有信心将社交活动继续下去。在与人交往时，他们会变得更加从容。他们也有能力解决社交场合中遇到的各种问题，这些都是他们以前不知道该如何应对的。意识的改变会带来行为的改变，进而带动社交技能的养成和提高。每个孩子的故事都有独特的细节。现在我来给大家讲讲安妮的故事。

安妮上四年级时，她妈妈带着她来见我。当时，开学一个月以来，安妮就像过去的四年一样度过她的午餐时间。她自己吃饭，从来不和同学去餐厅。她害羞、胆怯，觉得自己讲的什么事情都没意思，所以她根本不敢去餐厅。可是，她给父母的印象却是：她在餐厅吃饭，并且感觉很好。但实际上，安妮在午餐时间只是一个人躲进图书馆、计算机实验室，或者其他什么地方，总之她就是要避开自己的同学。

后来，安妮突然醒悟了，因为在训练过程中，她似乎观察到了自己的行为。她意识到，想要交朋友，仅有愿望是远远不够的，她需要改变自己的行为。安妮取得突破的那一刻，就是她终于走进了午餐餐厅。她并没有和其他人顺畅地交谈，也没有和那些人气十足的同学坐在一起。她只是去餐厅吃了顿午饭。"我这周去餐厅吃饭了！"太棒了！如果没有迈出这一小步，她就无法继续进步。这一步是她从现状迈向目标的第一步。她意识到了自己内心的需求，这一需求强烈地驱使她付出努力。她迈出的这一步并非来自妈妈的推动，而是她对自己的要求。这是非常重大的进步。

你也许能想到，在开始社交技能训练之前，安妮妈妈曾经在不同场合，多次建议她去餐厅吃饭。可是对孩子来说，反复唠叨毫无益处。训练过程中的对话和练习促使安妮发生了改变。安妮始终坚持练习"合作式对话"中的技能，在家庭训练中表现良好，最终鼓起勇气在新的环境中付诸行动。这种情况在训练过程中反复出现。我们和安妮一起练习了很久，帮助她学会加入对话，并采用合作式对话的方式把对话进行下去。只要她开始运用这些技能，她就会立即意识到：我能做到！但是家长要牢记，让孩子有意愿开始尝试，正是训练所发挥的作用。

作为教练，家长的责任之一就是要帮助孩子形成全面观察的视角，并且始终把这一点牢记在心里，这是基于大脑的元认知任务。能够把失败看作暂时的挫折，重新调整好自己的状态，专注于问题本身，不让失败成为束缚自己的枷锁，对于任何人来说，这都是具有里程碑意义的重要进步。然而，在训练过程中，这种做法是可以传授的：自我调节，然后继续前进。

我们都希望孩子走入现实社会时，具备所需要的基本社交技能：有能力控制自己的情绪、懂得观察社交环境、主动接触他人、站在他人角度看问题、能够读懂社交信号，并且随时准备做出调整，保持自己的灵活性和适应性。只要我们心中有这样的目标，孩子在朝着目标一步步迈进，我们就不必过于在意眼前每一次活动的结果。孩子会在实践中不断取得进步。真正重要的不是眼前的挫折，而是孩子将来在社交过程中能够游刃有余。

总而言之，无论孩子目前处于"成长的桥梁"的哪个阶段，只要他明白自己需要做出改变，理解人的行为会对他人造成影响，不再充当"社交警察"，能够忍住不说那些不该说的话，他的生活就一定会发生巨大的变化。因此，孩子自身意识的觉醒是一个无法估量的巨大进步，其他细枝末节的问题自然会迎刃而解。

我之所以要进行社交技能培训，来帮助低龄儿童掌握与大脑执行功能相关的社交技能，是因为我认识的和这些年我培训过的成年人，在生活和工作方面，由于缺乏社交技能而受到了极大的限制。他们不知如何离职、如何转学，无法改变任何事情，无法在现实环境中找到自己的位置。虽然他们内心充满渴望，但是却极度痛苦。对于这种不愉快的经历，他们会试图做出很多合理的解释。实际上，他们只要掌握了相关的技能，就有更多的机会来改变自己的生活。

你希望孩子过怎样的生活？他们怎样才能成为最好的自己？在他们成年之后，你希望他们和你保持怎样的关系？你期待孩子达到怎样的人生目标？帮助孩子掌握社交技能，并不是要控制他们的一举一动，或者按你的想法来塑造他们。根本问题是：你对孩子有怎样的期待？

几年前，一位父亲带着11岁的儿子来我这里接受培训。当时，孩子的学业压力已经到了他无法承受的地步。这个男孩看起来桀骜不驯，显然缺乏我们之前提到的那些社交技能。我在和男孩父亲的单独谈话中，了解了一下孩子的情况。开始时，这位父亲一直都在谈论孩子的学习成绩。当我跟他解释了执行功能类社交技能后，这位父亲的表情舒缓了。他深深地吸了口气，停顿了好一会儿，说道，其实我所说的社交技能才是他内心最大的担忧。

学习成绩是让父子俩前来咨询的触发因素，而父亲对孩子最深层的担忧却无法用语言表达。

"我只是想确保他不会出问题，希望他长大后能找到一份自己喜欢的工作，交到一些真正相互关心的朋友，找到自己的生活伴侣，安安稳稳地过日子，享受普通人的快乐。"但当时他完全看不清楚孩子的未来会怎样。

我会时常想起这对父子，也会想起去我办公室的路上会经过监狱的那位母亲。每次她路过监狱，就忍不住哭泣，她担心如果儿子陷入了脱离社会的状态又无法自拔，最终不免以此为归宿。这些父母和我在工作过程中碰到的其他父母一样，由于对孩子有着同样的担心，于是决定采取行动。他们为孩子寻求帮助，并最终成为孩子的搭档，成功地利用社交技能训练中的方法培养了孩子的社交技能。

有一次，当我正在清理车库时，我曾经的一位叫卡丝的客户正好骑单车路过。卡丝接受培训时只有10岁，而她现在已经是22岁的年轻女士了。卡丝和妈妈一起去风景区远足，看到我在路边，就停下来跟我打招呼，跟我讲述了她目前的生活状况。她已经大学毕业，充满活力，是一名优秀的兽医。卡丝告诉我，她之所以取得今天的成绩，是因为她在遇到任何问题时，始终会专注于问题本身来寻求解决之道。当她需要深入反思型的对话而不是平时的闲聊时，她坚持在家中和妈妈进行对话训练。不久前，她遇到了一个让她犹豫不决的问题，她还给妈妈打了电话，进行了对话练习。从第一次参加社交技能训练开始到现在，这样的练习她坚持了10多年。和妈妈对话时，她妈妈只是倾听，没有说教。妈妈似乎为卡丝举起了一面镜子，她们会一起对当时的情况进行分析。卡丝会围绕问题，梳理全部相关因素，找到解决办法。现在，卡丝已经长大成人。和所有参加过训练的孩子一样,她也清楚地知道:我们每个人都需要学会适应和改变,因为世界不会主动来适应我们。

社交技能不仅仅是闲聊和礼节,它会决定你的生活,因为社交技能为你构建了一个基础,让你在这个基础上与他人建立联结,理解自身在全局中的角色,塑造一种置身于群体之中的生活。这套技能对我们来说不可或缺,不管是在家里、操场、教室、大学、社区,还是在工作场所中,都是必备的。训练活动给了孩子一份毕生的财富,因为训练过程告诉他们要坚持成长,努力拼搏,就如同今天的我们一样,时刻都在拼搏着。现在,孩子已经掌握了训练中所教授的技能,他将会把目标转化成具体的行动。

Why Will No One Play with Me

附录 A

活动观察记录[一]

活动任务：

	希望继续保持的有效做法	需要调整的内容
设施		
环境		
家长在场		
玩伴		
开始时间		
加餐		
持续时间		
孩子行为进步的标志（注意观察和倾听）		
角色扮演环节中的难点		
同伴给予的值得重视的评价		
进展顺利的部分（值得庆祝的成绩）		
活动任务完成情况		
努力程度		
社交技能家庭训练计划需要补充的内容		
备注：		

[一] Adapted from Borgmeier, 2010; Dawson & Guare, 2009; Frost et al., 2008; Hemmeteret al., 2001; Santrock, 2009.

Why Will No One Play with Me

附录 B

活动规划清单

下面是规划一次活动需要考虑的因素清单，请将做得好的部分标记出来。

场所	环境特点	家长在场	玩伴	开始时间	加餐	持续时间

场所	环境特点	家长在场	玩伴	开始时间	加餐	持续时间
自己家	刺激	在场	混龄	早晨	活动前加餐	较短（30分钟内）
朋友家	嘈杂	附近	同年龄	白天	活动中加餐	中等（不超过60分钟）
家庭之外的活动场所	新潮花哨	保持一定距离	单一性别	学校半天课程结束后的白天时间	活动后加餐	

Adapted from Borgmeier, 2010; Dawson & Guare, 2009; Frost et al., 2008; Hemmeter et al., 2001; Illes, 2004; Santrock, 2009.

附录 B　活动规划清单

（续）

场所	环境特点	家长在场	玩伴	开始时间	加餐	持续时间
户外	动手实践	不在场	混合	晚上		
室内				放学后立刻开始		
操场						
泳池或者海滩						

Why Will No One Play with Me

附录 C

积分奖励表

姓名：_____   第_____周

活动内容	周一	周二	周三	周四	周五	周六	周日

如果我本周可以做到_____，那么我可以得到的奖励是_____。

Why Will No One Play with Me

附录 D
社交侦探徽章

© 2016 Maguire

社交技能训练项目教练用便携手册

  教练不应该预设结论,而是应该问孩子一些开放性的问题,例如何时、何地、何人、何事这类问题。这样的问题能够开启对话,而不仅仅让孩子回答"是"或"否"。开放性问题通常会引发孩子的好奇心,有助于孩子进一步地发现自我，加深对社交技能的理解。这些问题的目的是询问，而非告知。

帮助孩子站在他人的角度进行观察

- 别人对你的行为有何感受？
- 他们是如何对待你的？
- 他人的面部表情说明他们当时的感受如何？
- 你的哪些行为会给人留下好印象？
- 在那样的情况下，什么行为是合适的？
- 当你那样做时，你觉得我会怎么想？
- 你的邮件／行为会给他人带来怎样的感受？
- 你了解关于他们的哪些信息？根据这些信息，你觉得自己应该怎么做？
- 你发出了什么信号？你觉得他们收到了什么信号？
- 你的声调传递了什么信号？
- 你这种行为的意图是什么？

关于朋友和同伴

- 如果你对某个人显得漠不关心，其他人会怎么想？
- 当时的环境是什么样的，你是如何进行自我调整的？
- 多数人是怎么做的？
- 你注意到了有关对方的哪些消息？
- 如果感觉无聊，你可以做点什么呢？
- 如果你的语调干脆利落，后面的情况会怎样？
- 如果你感觉无聊，突然不说话了，你觉得其他人会怎么想？
- 你的体会如何？

- 你还可以采用哪些方式来回应呢？

关于行动

- 你的行动会怎样影响别人对你的认识？
- 你的行动会怎样影响别人对你的看法？
- 那样做是你的本意吗？

进一步了解基本信息

- 可以再详细讲讲当时的情况吗？
- 我可以和你分享一些信息吗？
- 那样做有什么问题吗？
- 那是一种怎样的感受呢？
- 那看起来是什么样子呢？
- 那对你来说是什么感觉呢？
- 为什么你觉得那样很困难呢？
- 你有别的选择吗？
- 你尝试过了哪些方法？
- 我们看看还有哪些可能性？
- 这是发生在哪里的事情啊？

活动过程中的指导

- 嗯，我有点好奇。
- 你再详细讲讲当时的情况。
- 你现在感觉如何？
- 这件事重要吗？

- 当你……时，他人感受如何？
- 你为什么觉得……很难呢？
- 我看到你……，你能跟我解释一下吗？
- 你能看出这是什么模式吗？
- 那样做对你有什么用呢？
- 保持不变的代价是什么？
- 让我们开动脑筋想一想，你都有哪些选择？
- ……行为看起来是什么样子的？
- 你为什么喜欢这样做呢？
- 你现在为什么觉得这样很困难/重要/难受？

Why Will No One Play with Me

附件 E

你的目标听众是谁

© 2016 Maguire